ÉPIGRAPHIE
DU CANTON DE
CHAUMONT-EN-VEXIN

Tirage à cinquante Exemplaires.

ÉPIGRAPHIE

DU

CANTON

DE

CHAUMONT-EN-VEXIN

PAR

L. RÉGNIER & J. LE BRET

BEAUVAIS
IMPRIMERIE D. PERE, RUE SAINT JEAN. — A. CARTIER, GÉRANT.

1896.

ÉPIGRAPHIE

DU CANTON DE

CHAUMONT-EN-VEXIN

AVERTISSEMENT.

Ce travail n'est pas un ouvrage d'érudition. En recueillant, dans les quarante-trois anciennes paroisses dont se compose le canton actuel de Chaumont-en-Vexin, les deux cent cinquante inscriptions que nous publions aujourd'hui, nous avons songé bien plutôt à sauver des documents historiques qu'à décrire des monuments archéologiques. Bien qu'ils n'aient pas la fragilité des pièces d'archives, ces documents n'en sont pas moins exposés à mille chances de destruction, et ce serait se préparer de cruels mécomptes que de se confier trop aveuglément pour leur conservation à la sollicitude des municipalités, des fabriques ou des particuliers. Il s'agissait donc avant tout de publier des textes. On ne craint pas, depuis une vingtaine d'années, de remplacer souvent les dissertations historiques par des recueils de documents. C'est ainsi que nous avons procédé pour les documents épigraphiques. Toutes les fois que cela a été possible, nous y avons joint des notes et des explications, mais nous ne nous sommes pas attachés à donner à ces commentaires un grand développement, qui nous eût demandé de longues recherches et eût compromis peut-être la réalisation de notre projet. Nous avons cherché à faire connaître les inscriptions qui existent dans le canton de Chaumont, sans prétendre en tirer tous les éclaircissements qu'elles peuvent fournir à l'histoire locale ou à l'histoire générale.

L'intérêt archéologique, d'ailleurs, est loin d'être absent de nos inscriptions. S'il ne nous a pas été donné de rencontrer beaucoup de ces belles pierres tombales historiées des xiiie et xive siècles que tout le monde admire dans les musées et dans certaines églises privilégiées, nous avons trouvé quelques autres spécimens d'exécution remarquable, que nous n'avons pas hésité à reproduire d'après des estampages en papier. D'autre part, les cloches anciennes, — et nous en avons rencontré d'assez nombreuses remontant aux xvie, xviie et xviiie siècles, — n'intéressent pas seulement l'historien, mais aussi l'archéologue. L'une d'elles, entre autres, celle de Serans, datée de 1561, offre l'un des plus anciens exemples que nous connaissions dans la région, de l'emploi des capitales romaines pour les inscriptions campanaires.

Nous avons adopté le parti de comprendre dans notre publication les inscriptions modernes, dont l'existence devient aussi aléatoire parfois que celle des monuments plus anciens, et dont l'importance pour l'histoire de nos communes et pour celle des familles nobles ne peut échapper à personne.

Il était plus difficile de fixer, quant à la nature même des inscriptions, les limites où devaient s'arrêter nos investigations. Nous devions évidemment recueillir les inscriptions des pierres tombales, des pierres de fondation, des cloches, des croix de cimetière et autres, celles qui rap-

AVERTISSEMENT.

pellent des restaurations importantes ou des reconstructions opérées dans les églises et dans les autres monuments publics. Mais devions-nous également admettre les légendes inscrites au bas des verrières, les signatures d'œuvres d'art, les dates gravées isolément sur les édifices, les devises accompagnant parfois les armoiries figurées aux clefs de voûte, les inscriptions pieuses ou historiques qui se lisent sur les objets mobiliers? Nous ne l'avons pas pensé. Ces textes appartiennent exclusivement à la description archéologique de nos monuments, et nous ne pouvions songer à introduire ici cette description.

Archéologues convaincus et consciencieux, nous ne croyons pas manquer de modestie en souhaitant de voir notre exemple suivi. L'*Epigraphie du département de l'Oise*, ainsi entreprise par cantons, formerait un recueil d'une incontestable utilité. Nos confrères connaissent maintenant notre but et nos idées. C'est à eux qu'il appartient de nous donner raison.

L. RÉGNIER.
J. LE BRET.

10 mai 1892.

BACHIVILLIERS.

A. — ÉGLISE.

I.

Tombe effacée (XVIIIe siècle).

Pierre encastrée dans le pavage, à l'entrée de l'édifice.

Longueur : 1 m, 67 ; largeur : 93 cent.

```
N . . . . . . . . . . . . . . . . Domini
. . . . . . . . . . . . . . . . . . . .
Cvr. . . . . . . . . . . . . . . . propi
. . . . . . . . . . . . . . . . . . . .
. ne . . . . . . . . . . . . . . . . .
. . de . . . . . . . . . . . . . . . .
. . . . . . . . . . . . . . . . E vita
cvrdic . . . . . . . . . . . . raphivm
Hunc . . . . . . . . . . . entia solem
Gu . . . . . . . . . . . . . . gradus
                                     di
cum . . . . . . . . . . . . Redaman
. . . . . . . . . . . . . . . a sacrum
. . . . . . . . . . . . . . . Quiescat.
```

II.

Fondation par Louis Duru, curé de Bachivilliers (1671).

Lettres dorées, sur marbre noir placé contre la muraille au nord du chœur, entre l'arc triomphal et l'arcade faisant communiquer le chœur avec la chapelle septentrionale.

Hauteur : 66 cent ; largeur : 49 cent.

D. O. M.

L'AN 1671, LE 10e OCTOBRE DECEDA
MESSIRE LOVIS DV RV CVRÉ DE
BACHIVILLER, LEQVEL A DONNÉ A

L'EGLISE DE CEANS TRENTE QVATRE
LIVRES NEVF SOLZ SIX DENIERS DE
RENTE; PLVS VINGT ARPENTS DE
TERRE, ET VN CALICE DARGENT, A LA
CHARGE DE FAIRE DIRE A PERPETVITÉ
DEVX MESSES PAR SEMAINE;
PLVS VN OBIT LE IOVR DE SON DECEZ
ET VN L'IBERA CHACVN IOVR DES
QUATRE FESTES SOLENNELLES ET
AVSSY DE ST SVLPICE, SVIVANT DEVX
CONTRACTS PASSEZ DEVANT NICOLAS
ET PIERRE ROFFET; L'VN LE 26e
SEPTEMBRE 1644, ET L'AVTRE LE 13e
JVILLET 1655, LE TOVT PAREILLEMET
CONFORME PAR SON TESTAMENT PASSÉ
DEVANT LEDIT PIERRE ROFFET LE 4e
OCTOBRE 1671.

Requiescat in pace
Amen

La plaque de marbre noir est encadrée par une boiserie formant fronton à la partie supérieure. Au centre de ce fronton on a peint une tête de mort.

III.

Epitaphe du cœur d'Antoinette de Gaudechart, femme de Richard de Pillavoine, seigneur de Méré[1] (1550).

Pierre encastrée dans le mur, à l'intérieur de la chapelle méridionale, convertie en sacristie.

Hauteur : 685 mill.; largeur : 505 mill.

Cy = deuant = gyst = le = coeur = de = damoiselle = anthoinette =
de = gaudechart = en = son = viuant = fâme = de = noble = hôme

---

(1) Commune de Chaussy, canton de Magny (Seine-et-Oise).

Richart = de = pilauoine = escuie = seigneur = de = mesre laquelle = trespssa = le xxiiie = may = v^cc cinquante = priez Dieu
pour eulx.

Cette épitaphe est gravée dans un cartouche rectangulaire, au bas d'une décoration architecturale occupant toute la surface de la pierre. Sur l'attique qui supporte le fronton supérieur se détachent deux écussons. Celui placé à gauche n'a jamais reçu de pièces héraldiques ; l'autre porte les armoiries des Gaudechart : *D'argent à neuf merlettes de gueules en orle*, 4, 2, 2 et 1. Voir la planche ci-jointe.

IV.

Cloche (1831).

Diamètre : 1 m. 08.

† LAN 1831 JE SUIS BENITE PAR MR FREDERIC LEBRET CURE DE BACHIVILLIERS ET NOMMEE CHARLOTTE PAR MR DURAND BOREL DE BRETIZEL (*mot effacé*) DE CETTE PAROISSE

ET PAR DAME CHARLOTTE DE CATHEU SON EPOUSE EN PRESENCE DE MR DOCTROYEE CREVECŒUR MAIRE DU DIT LIEU.

Sur la panse : J BTE MORLET FONDEUR A VESLY EN VEXIN.

M. Durand Borel de Bretizel, né à Beauvais le 23 juillet 1764, mort le 1er mai 1839, successivement lieutenant-général au présidial de Beauvais, procureur-syndic de la commune de Beauvais, membre du Conseil des Cinq-Cents, conseiller à la cour de cassation, député de l'Oise, était, en 1831, propriétaire du château de Bachivilliers. Sur sa vie, voyez Ch. Brainne, *les Hommes illustres du département de l'Oise*, t. Ier, 1858, p. 124-128.

B. — CIMETIÈRE.

V.

Don du nouveau cimetière par les familles Borel de Bretizel et Crèvecœur (1872).

Marbre blanc, derrière la base du calvaire.

Hauteur : 77 cent.; largeur : 65 cent.

Fig. I.

BACHIVILLIERS. — III.

Epitaphe du cœur d'Antoinette de Gaudechart.

(Epigraphie du canton de Chaumont)

M. et Mme
BOREL de BRETIZEL
et M^rs et Mmes
CREVECŒUR
ONT DONNÉ LE TERRAIN
DE CE CIMETIÈRE EN 1872
ET ONT FAIT ÉRIGER CE CALVAIRE
EN 1873.

Le nouveau cimetière est situé dans la plaine, au sud du village.

BEAUSSERRÉ. (1)

Néant.

BOISSY-LE-BOIS.

A. — ÉGLISE.

VI

Tombe de Renaud de Chaumont, seigneur de Quitry et de Boissy, et de Jeanne de Beaumont, sa femme (?) (XIV° siècle).

Grande pierre encastrée dans le pavage de la nef, à droite de l'arc triomphal et devant l'autel de la Vierge. Elle recouvrait la dépouille mortelle d'un seigneur de Boissy et de sa femme, dont l'effigie, de grandeur naturelle, était gravée à la surface, au milieu d'une superbe décoration architecturale et végétale. Malheureusement, cette belle dalle se trouve à demi cachée par

---

(1) Ancienne paroisse, aujourd'hui réunie à Courcelles-lez-Gisors.

l'enmarchement en pierre de l'autel, et la partie visible (longueur : 2 m. 15 ; largeur : 1 m. 43) serait complètement effacée si des incrustations de marbre blanc, beaucoup plus multipliées qu'on ne le voit communément dans les œuvres similaires, n'avaient, mieux que la pierre, résisté à l'usure produite par la circulation des fidèles. Grâce à ces incrustations de marbre, la silhouette des personnages nous est restée, avec l'indication sommaire de leur costume, et nous pouvons affirmer que le mari appartenait à la famille de Chaumont, car il porte sur sa cotte d'armes le fascé bien connu des armoiries de cette maison (1). Ces armoiries étaient, d'ailleurs, représentées à gauche et à droite de la tête du gisant, sur deux écussons en forme de bouclier. La femme est aussi accompagnée de l'indication de ses armoiries. Mais de l'écu mi-parti qui les portait, il ne subsiste que le côté dextre, grâce toujours aux fasces de marbre blanc. Si nous n'avions, comme on va le voir, quelques indications historiques, malheureusement un peu vagues, il nous serait donc tout à fait impossible de l'identifier. Cependant, les costumes indiquent comme époque la seconde moitié du xive siècle. Celui du mari se compose d'une cotte d'armes ou mieux d'une *jaquette* très serrée à la taille, moulant le buste, et munie de manches étroites. Le bas de ce vêtement recouvre la partie supérieure des cuisses, emprisonnées dans des chausses de mailles collantes. Les jambes, protégées, semble-t-il, par des plaques de fer (2), disparaissent, à partir du genou, sous l'autel de la Vierge. Une épée était suspendue au côté gauche et une dague au côté droit. Les vêtements de la femme ont beaucoup plus d'ampleur. Elle est couverte d'un surcot garni pardevant d'une longue et large bande de riche étoffe ou de fourrure, comme le portaient les dames sous Charles V et au commencement du règne de Charles VI, et probablement ouvert latéralement, depuis les épaules jusqu'aux hanches, pour laisser voir la robe.

Il ne reste pas la moindre trace de l'inscription. Mais, en comparant le costume du mari avec ceux que montrent les

---

(1) *Fascé d'argent et de gueules de huit pièces.*

(2) Cf. J. Quicherat, *Histoire du costume en France*, fig. de la page 236.

pierres tombales de Mathieu de Montmorency (1360), dans l'église de Taverny (1) de Jean de Villiers (1360), dans l'église de Domont (2), de Jean Bonnet de Troyes (1386), à la Sainte-Chapelle (3), de Jean Le Mercier (1397), dans l'église de Boulogne-sur-Seine (4), on se trouve amené à fixer aux environs de l'année 1380 l'époque où mourut le personnage inhumé. Quant au costume de la femme, c'est absolument celui dont est revêtue la statue de Jeanne de Bourbon, épouse de Charles V, décédée en 1377, telle qu'elle est figurée par Quicherat dans son *Histoire du costume* (p. 243). Dans ces conditions, il nous paraît possible de supposer que nous sommes en présence de la tombe de Renaud de Chaumont, seigneur de Quitry, écuyer, qui fit entrer dans sa famille la seigneurie de Boissy-le-Bois par son mariage avec Jeanne de Beaumont, fille de Pierre de Beaumont, seigneur de Boissy, et de Jacqueline Le Bouteiller de Senlis (5). Le compte de Nicolas Odde, trésorier des guerres, nous apprend que ce seigneur commanda, au mois d'octobre 1359, dans le château d'Ambleville (6), contre les Anglais, avec trois écuyers et six arbalétriers (7). Il put donc mourir vers la fin du règne de Charles V. Son fils, Richard de Chaumont, était seigneur de Quitry en 1387. Le P. Anselme et La Chesnaye-Desbois disent que Jeanne de Beaumont fut enterrée à Boissy-le-Bois, mais ne font pas mention de la sépulture du mari ; il est très vraisemblable toutefois que celui-ci, n'ayant pas été tué en guerre, revint dormir son dernier sommeil auprès de la compagne de sa vie. D'après les mêmes auteurs, Richard et sa femme, Jeanne de Fours, furent

---

(1) Cf. F. DE GUILHERMY, *Inscriptions de la France du Ve au XVIIIe siècle. Ancien diocèse de Paris*, t. II, p. 318.

(2) Cf. même ouvrage, t. II. p. 414.

(3) *Id*. t. 1er, pl. II.

(4) *Id.*, t. II, p. 81.

(5) Le P. ANSELME, *Histoire des grands officiers de la couronne*. t. VIII, p. 886 ; LA CHESNAYE-DESBOIS et BADIER, *Dictionn. de la Noblesse*, 3e édit.. t. V, col. 512.

(6) Cant. de Magny-en-Vexin, arr. de Mantes (Seine-et-Oise).

(7) Le P. ANSELME, t. VIII. p. 886 ; LA CHESNAYE-DESBOIS, t. V, col. 512.

aussi inhumés à Boissy, ainsi que leur fils, Guillaume de Chaumont. On sera donc fondé à nous objecter que la sépulture dont nous parlons peut tout aussi bien être celle de Richard de Chaumont, mort en 1390, et de sa femme, ou même celle de Guillaume, qui testa en 1402, et de Robine de Montagu, qu'il avait épousée. Toutes ces dates se suivent, en effet, d'assez près, et le costume ne subit pas de grandes variations pendant les vingt dernières années du xiv° siècle. Nous croyons toutefois que la pierre tombale de Boissy doit être mise beaucoup plus près de 1380 que de 1400, et, pour nous, son attribution à Renaud de Chaumont et à Jeanne de Beaumont demeure la plus vraisemblable.

VII.

Cloche (1755).

Diamètre : 0 m. 80 c.

† 1755 LAN (SIC) IAY ETE BENITE PAR M^RE LAURENT BERTAUX CURE DE LAILLERIE ET NOMMEE MARIE MARGUERITE
MATHIEU BREANT MARGUILLIER.

Cette cloche provient, paraît-il, de l'ancienne église paroissiale de Laillerie. Elle ne porte aucune signature de fondeur.

B. — *CIMETIÈRE* (1).

Dans une petite enceinte entourée d'une grille, près de la sacristie, sont les deux sépultures suivantes :

VIII.

Tombe de Th.-Br. Mollandin, veuve de F.-R. Michel de Goussainville, seigneur de Boissy-le-Bois, Loconville et Gagny (1829).

Sarcophage rectangulaire sur trois faces duquel des plaques de marbre blanc portent des inscriptions.

---

(1) Contigu à l'église, du côté sud.

Face antérieure :

CY GIT
TRÈS HONORABLE DAME,
THÉRÈSE BRIGITTE MOLLANDIN,
VEUVE DE M° FRANÇOIS ROBERT
MICHEL DE GOUSSAINVILLE,
ÉCUYER, SEIGNEUR, AVANT 1789,
DE BOISSY, LOCONVILLE ET GAGNY,
DÉCÉDÉE EN SON CHATEAU
A BOISSY, LE 28 JANVIER 1829.
PRIEZ DIEU POUR LE REPOS DE SON AME,
ET APPRENEZ ICI, SI VOUS LES IGNOREZ,
SES MALHEURS ET SES VERTUS.

Face de gauche :

JUSQU'A L'AGE DE 39 ANS
ELLE FUT LA PLUS HEUREUSE,
ET TOUJOURS LA PLUS DISTINGUÉE,
LA PLUS AIMABLE DES FEMMES.
LA RÉVOLUTION VINT PARTAGER SA VIE.
LE MÊME JOUR, 7 JUILLET 1794,
ELLE ENTENDIT DU FOND DE SA PRISON,
OÙ ELLE ATTENDAIT LA MORT,
TOMBER LA TÊTE DE SON ÉPOUX
ET DE SON FILS UNIQUE, A PEINE AGÉ DE 20 ANS,
VICTIMES DE LA FIDÉLITÉ
QUE TOUT FRANÇAIS DOIT A SON ROI.

Face de droite :

O PUISSANCE DE LA RELIGION
ET DU COURAGE QU'ELLE INSPIRE !
ELLE VÉCUT, RESTA VEUVE 35 ANS.
FUT LE SOUTIEN, L'AMOUR DE SA FAMILLE,
LA PROVIDENCE DES MALHEUREUX,
HONORÉE DES CHATEAUX,
ADORÉE DES CHAUMIÈRES.
ELLE EXPIRA DOUCEMENT DANS SA 75ÈME ANNÉE,
LAISSANT DE NOBLES EXEMPLES,
D'ÉTERNELS REGRETS,
ET UN SOUVENIR IMPÉRISSABLE.
TANT QUE LA VERTU ET LA BONTÉ
SERONT HONORÉES SUR LA TERRE.

IX.

Tombe de J.-Fr. Mollandin, maire de Boissy-le-Bois (1857).

Pierre couchée, sur laquelle une croix en relief, recouvrant le corps de :

« Jean-François Mollandin de Boissy, né le 28 août 1784, décédé le 20 février 1857, en son château de Boissy, maire de cette commune depuis 1829. »

M. Mollandin avait recueilli le domaine de Boissy dans la succession de Madame de Goussainville, sa tante.

C. — *MONUMENTS DIVERS.*

X.

Vierge de la place (1873).

Devant l'église, statue de la sainte Vierge, moderne. Sur la face antérieure du piédestal :

O MÈRE DE DIEU
QUI AVEZ RENDU MON FILS
A LA SANTÉ
PROTÉGEZ MES ENFANTS
ET PRIEZ POUR NOUS.

Causa nostræ lætitiæ
Virgo potens.

Comtesse DELLA SETA
Mai 1873.

XI.

Croix au sud du village (1854).

Une croix en bois, située à l'extrémité sud du village, au carrefour des deux chemins conduisant à Loconville et à Fleury, porte, sur son piédestal en pierre, l'inscription suivante :

ÉRIGÉE EN 1827
PAR ANTOINE GORÉ
CETTE CROIX A ÉTÉ RESTAURÉE
PAR FRANÇOIS GORÉ
ET LOUISE GORÉ,
SES PETITS ENFANTS,
ET BÉNITE
LE 11 JUIN 1854.

XII.

Colonne dorique surmontée d'une boule, dans le parc du château (1803).

Sur le piédestal, quatre plaques de marbre blanc.

Hauteur : 77 cent.; largeur : 60 cent.

Face antérieure :

SILVIÆ DICATUM
HOC FIDEI MONUMENTUM
ANNUENTE THERESIA MOLLANDIN
VIDUA RELICTA
F. R. MICHEL DE GOUSSAINVILLE
MEMORUM ET LOCORUM VILLÆ
DOMINA
HOC IN ELYSIO FREXERUNT
TRES UNO DEVINCTI
AMORE CONJUGES.
A^{no}. Dⁱ. M. DCCC. III.

———

Face postérieure :

A JACQUES DELILLE.
TOI DONT LA MUSE BRILLANTE
SUT DONNER AUX JARDINS --
UNE GRACE TOUCHANTE,
AU COIN DU FEU --
FIT ASSEOIR L'AMITIÉ,
CONSOLA LE MALHEUR, --
ATTENDRIT LA PITIÉ ;

DELILLE, REÇOIS NOTRE HOMMAGE.
QUE TON NOM SOIT D'AGE EN AGE
CÉLÉBRÉ SOUS CES BERCEAUX ;
QU'IL VIVE SUR CES ORMEAUX,
QU'UN LAURIER TOUJOURS L'OMBRAGE;
ET PUISSES-TU, SUR CE RIVAGE,
VIRGILE PAR TES TRAVAUX,
ÊTRE CHÉRI D'AUGUSTE, --
ET TROUVER LE REPOS.

―――

Face de droite :

A L'AMITIÉ.

VOUS QUE LA DOUCE RÊVERIE
SUIT ERRANS DANS CES BOSQUETS
OU LA NATURE EMBELLIE
DUT SES PREMIERS ATTRAITS
AU GÉNÉREUX DAPHNIS, --
A LA BELLE SYLVIE ;
QUE CE MONUMENT A JAMAIS
VOUS RAPPELLE LA BIENFESANCE,
LA TENDRE AMITIÉ, LES REGRETS,
ET LA RECONNOISSANCE.

―――

Face de gauche (1) :

VICINIS.

OU PEUT-ON ÊTRE MIEUX
QU'AU SEIN D'UN BON VOISINAGE ?
TOUT PARLE AU CŒUR, --
TOUT PLAIT AUX YEUX ;
SANS L'AMITIÉ --
POINT DE BEAUX LIEUX ;
VIVONS, VOISINONS, --
COMME NOS BONS AYEUX.

―――――――――――

(1) Cette plaque, cassée, est déposée au château.

BOUBIERS.

A. — ÉGLISE.

XIII.

Pierres tombales dans la nef (XVIe-XVIIIe siècles).

Une série de pierres tombales rectangulaires encastrées dans le pavage de la nef sont presque entièrement cachées par les bancs. Sur l'une d'elles on ne peut lire que deux mots : le vingt, de l'inscription gothique qui la contournait. Une autre ne présente plus que la fin des lignes de l'inscription :

    ORPS
    ILZ
    ARD
    LA
    DEM
    S LE
    DA
    C
    NNEÉ *(sic)*
    DONS
    DIEV
    AME

Deux os en sautoir se voyaient au bas de cette dalle.

XIV.

Tombe de Simon Lambert (16..).

Dalle de pierre, dans le pavage, sous l'arcade faisant communiquer la nef avec la chapelle ou appentis placé au nord de cette partie de l'église.

Longueur : 1 m. 60 ; largeur : 0 m. 59.

CI GIST HONNESTE
PERSONNE SIMON
LAMBERT FILS DE
BALTA3ARD LAMBERT
EN SON VIVANT
RECEPVEVR EN LA TERR^E
ET SEIGNEVRIE DE TIBIVI
LIER POVR MONSEIGNEVR
LE MARQVIS DV BEC ET Y
DEMEVRANT LEQVEL
DECEDA A IVRY LE TEM^O
PLE LE M... DIX HVIC
TIEME IOVR DE MAY
16.. AAGÉ DE
31 ANS PRIE3 DIEV
POVR SON AME

(Une tête de mort et deux fémurs en sautoir).

XV.

Tombe de Philippe Ligner, seigneur en partie de Boutencourt (1684).

Grande dalle de pierre, dans le pavage du croisillon nord.

Longueur : 2 m.; largeur : 91 cent.

CI [un cœur] GIT
PHILIPPES LIGNER ESCVIER
CON^{ER} ET SECRETAIRE DV ROY
MAISON ET COVRONNE DE
FRANCE ET DE SES FINAN
CES SEIG^R EN PARTIE DE
BOVTANCOVRT DECEDE
EN SA MAISON A BOVB
IERS LE 8 OCTOBRE
1684 AGE DE 69 ANS

REQVIESCAT
IN PACE

(Tête de mort).

Au-dessus de l'inscription, un écu ovale porte les armoiries du défunt : *De... au lion rampant de....* Cet écu est encadré par une sorte de fronton aux lignes contournées.

Pierre tombale très rongée par l'humidité.

XVI.

Tombes effacées dans le chœur (XVIIe et XVIIIe siècles).

On voit, dans le chœur, et placées côte à côte, trois grandes dalles trop usées pour permettre de reconnaître leur identité. La première, à peu près au milieu du chœur, mesure 1 m. 95 de longueur sur 97 centimètres de largeur et recouvrait probablement les restes d'un seigneur de Boubiers, car le mot CHEVALLIER se lit seul de l'épitaphe en capitales gravée dans un cadre ovale. Des os croisés garnissent les quatre angles.

La seconde (longueur : 2 m. 05 ; largeur : 1 mètre) portait également au centre quelques lignes en caractères romains, mais l'épitaphe proprement dite était tracée en gothique et se déroulait dans l'encadrement. Il s'agit de la tombe d'un curé de Boubiers très vraisemblablement, car on lit encore les mots suivants : [vénéra]ble et dif | crette perfonne............ preftre cure de | ....qui.....

Quant à la troisième, elle est en grande partie cachée par des bancs placés le long de la muraille. Nous n'avons pu donner aucun sens aux fragments de mots en capitales qui se voient autour. Longueur : 2 mètres ; largeur : 97 centimètres.

XVII.

Cloche (1783).

Diamètre : 1 m. 18.

† LAN 1783 IAY ETE BENITE PAR F IEAN
GUISLAIN GOURDIN CORDELIER DESSERVANT DE
LA PAROISSE DE BOUBIERS & NOMME MARIE
FRANCOISE BONNE PAR
☞ LE SIEUR IEAN FRANCOIS DAMBREVILLE
MARECHAL & PAR MARIE FRANCOISE BONNE

PETIT PAS EPOUSE DU SIEUR JEAN DE LA
FOSSE LABOUREUR & MARGUILLIER

☞ EN CHARGE DE CETTE FABRIQUE EN PRESENCE
DU SIEUR ELIE GORE SINDIC LABOUREUR ET RECEVEUR
DE CE LIEU.

Sur la panse : IAY ETE FAITE PAR CHARLES MOREL
DE GISORS.

Marque du fondeur. Dans un cartouche circulaire, une cloche autour de laquelle on lit : P CHARLES MOREL.

B. — *CIMETIÈRE.*

XVIII.

Tombes de Ch.-Et. Tarlay (1869) et de J.-B. Pihan (1857), maires de Boubiers.

Pierre debout.

ICI
REPOSE LE CORPS
DE CHARLES ETIENNE
TARLAY

. . . .

NÉ A BOUBIERS LE 10 MARS 1809
DÉCÉDÉ MAIRE DE CETTE COMMUNE
LE 6 MAI 1869

. . . .

PRIEZ DIEU
POUR LE REPOS DE SON AME

A côté, sur la sépulture de son regretté prédécesseur comme maire de Boubiers, une pierre debout porte cette inscription :

✠ ICI REPOSE LE CORPS ✠
DE JEAN-BAPTISTE PIHAN
DÉCÉDÉ LE 2 9ʙʀᴇ 1857
A L'AGE DE 59 ANS ET 6 MOIS.
IL EST MORT AVEC LES SECOURS
DE LA RELIGION.
A SON INTENTION
✠ De profundis. ✠

XIX.

Tombe de l'abbé Jean Nicol, curé de Boubiers (1883).

A LA MÉMOIRE DE
Mʀ L'ABBÉ NICOL
CURÉ DE BOUBIERS DÉCÉDÉ
LE 13 JANVIER 1884
O CRUX AVE SPES UNICA

XX.

Tombe de l'abbé Charpentier, curé de Boubiers (1871).

A LA MÉMOIRE DE
Mʀ L'ABBÉ CHARPENTIER
CURÉ DE BOUBIERS
O CRUX AVE SPES UNICA

Cet ecclésiastique occupa la cure de Boubiers depuis le 22 juillet 1839 jusqu'à sa mort, arrivée le 10 mars 1871.

BOUCONVILLIERS.

A. — ÉGLISE.

XXI.

Fondation par Jean Begeault, religieux de l'abbaye du Bec (1), prieur de Bouconvilliers (vers 1570).

Pierre appliquée contre la muraille occidentale de la nef, à l'intérieur.

---

(1) Abbaye de l'ordre de Saint-Benoît, dans l'ancien diocèse de Rouen ; aujourd'hui départ. de l'Eure, arr. de Bernay, cant. de Brionne.

Hauteur : 1 m. 04; largeur : 0 m. 70 cent.

Les marguilliers de loeuure et fabricque monsr sainct estienne de leglise de

ceans z leurs successeurs du temps aduenir sont tenus faire dire chanter et

cellebrer p̄ chacune sepmaine de lan a tousiamais ppetuellement en ceste dicte

egl͞e p̄ les cure vicaire ou chappellain dicelle au jo͞ur de mercredy a lheure de

huit heures du matin une basse messe Et premier q͞ la dire la faire tinter et

couppeter de deux cloches de lad͞e egle p̄ neuf coups Et apres la faire sonner

a bransle por lintelligence des paroisse͞s affin quilz ayent occasion de oyr

messe por tousiorrs seruir a Dieu et auoir memoire de luy Et aussi pour ce faire

fournir z liurer p̄ iceulx mg͞llrs et leurs͞d successeurs pain vin luminaire

aornem͞es payer le pbre z hōme degl'se qi dira et c͞hatera icelle messe le tout

aux despes de lad͞e oenure Et aussi faire dire en disa͞t z cellebra͞t icelle messe

les collectes z orailōs de n͞re dame de J͞t michel des tspasse͞z et de touffaintz

Et en la fin de profundis pareillem͞et le dire z denocer p̄ ledL cure ou vicaire

de lad͞e egl͞e p̄ chacun mois au prosne de la messe parochial (sic) z aux bōnes festes

solenelles de lan le ior que lad͞e messe se dira en la maniere acoultumee Et :

ce le tout por et a lintencio͞ de Noble et Religieuse persōne dom Jehan begeault

pbre Religieux de labbaye du becq helouyn de lordre de saint benoist Et

Fig.

Les marguilliers de l'oeuure et fabrique monsr sainct estienne de leglise de ceans & leurs successeurs du temps aduenir sont tenus faire dire chanter et

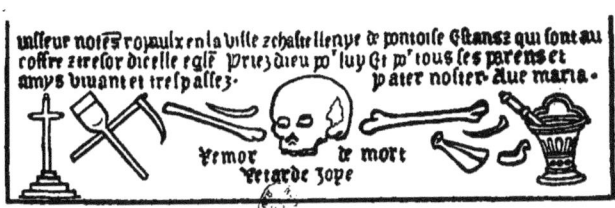
...sieur notes royaulx en la ville & chastellenye de pontoise estansz qui sont au coffre & tresor d'icelle eglise. Priez dieu pour luy & pour tous les parens et amys vivant et trespassez. pater noster aue maria.

Remor de mort retarde joye

BOUCONVILLIERS. — XXI.

prieur de sainct michel de bouconvillier demourāt ordinairemēt au prieuré de

conflans s͵ honnorine mēbre deppendāt de lad͵ abbaye du becq helouyⁿ fondateur

dicelle messe ⁊ choses susdites moyennāt la some de cent cinquante liures

tournoys poʳ lad͵ fondation q̄ led͵ begeault en a baillee payee ⁊ debourfee

ausdictz mgllrs ou a leurs predecesseurs qui icelle some ont cofesse auoir eue ⁊

receue poʳ lad͵ oeuure oultre ⁊ pdessus la some de vingt liures tournᵘˢ aussi p eulx

receue dud͵ begeault le tout pour eploier p iceulx mgllrs en Rente scauoir est

lesdictz cent cinquāte·l·t· au prousfict de lad͵ oeuure poʳ lentretenemēt de lad͵

sondaōn Et lesdictz vingt·l·t· aussi au prousfict dud͵ cure q̄ prādra ⁊ recepura

lad͵ rente a tousioʳˢ pour le regard desd vingt·l·t· pour dire par luy ou son

vicaire et lesd successeurs au prosne le ioʳ q̄ lad͵ messe se doibt dire come dessus

est dict le tout ainsi qu'il est plus a plain cotenu ⁊ declarre estres en breuet

de cōtract de ce faisās mention faict ⁊ passe pdeuāt pierre mor⁻reau et paul le

uasseur notes royaulx en la ville ⁊ chastellenye de pontoise Estans ⁊ qui sont au

coffre ⁊ tresor dicelle egle Priez dieu poʳ luy Et poʳ tous les parens et

amys viuant et trespassez.   Pater noster. Aue maria.

Au-dessus de l'inscription, agenouillé aux pieds de saint Michel vainqueur de Satan, se voit le donateur présenté par son patron, saint Jean-Baptiste, tandis que la partie inférieure de la pierre montre, dessinés au trait, une tête de mort séparée de sa mâchoire inférieure, deux fémurs, deux côtes, une omoplate, une croix, une pelle et une faulx en sautoir, et un vase à eau bénite pourvu d'un anse trilobé et accompagné de son goupillon. On y lit, en outre, cette pensée, qui se retrouve sur un contrefort du chœur de l'église d'Etouy (Oise) :

> Hemor de mort
> Retarde joye.

Voir la planche ci-jointe.

Cette inscription n'indique pas la date du contrat de fondation, qu'il est difficile de préciser, car Moreau et Levasseur furent notaires à Pontoise pendant une vingtaine d'années. MM. Depoin et Guignard ont constaté qu'ils exerçaient en 1560 (1), et nous avons publié nous-même un contrat passé devant les mêmes tabellions en 1578 (2). Nous croyons toutefois que l'on peut adopter comme centre d'horizon l'année 1570, car à la fin de 1561 le prieur de Bouconvilliers était encore Jean Les Graulz (3).

XXII.

Restauration de l'église (1879).

Marbre noir. Lettres d'or. Contre l'un des piliers du chœur, côté sud.

CETTE ÉGLISE
SOUS LE VOCABLE DE St ETIENNE
A ÉTÉ RESTAURÉE PAR LA GÉNÉROSITÉ
DE Mme LA COMTESSE des COURTILS, NÉE de GANAY,
ET BÉNIE PAR Mgr HASLEY, ÉVÊQUE DE BEAUVAIS
EN JUIN 1879.

---

(1) *Ephémérides pontoisiennes pour les années 1560 et 1561, tirées des archives notariales*, 1880, p. 11.

(2) *La Renaissance dans le Vexin et dans une partie du Parisis*, 1886, p. 90.

(3) Depoin et Guignard, *op. cit.*, p. 6.

XXIII

Cloche (1555).

Diamètre : 1 m. 10.

🝊 m ᵛᵉ l ᵛ † ie ſuis eſtienne patron de ceans pour euiter toute tempeſte toutefois que ſerai ſonnante aulx habitans de ceſte pſſe.

Inscription intéressante à cause de la mention de l'ancien usage de sonner les cloches pendant les orages.

B. — NOUVEAU CIMETIÈRE.

XXIV.

Donation du cimetière par M. et Mme Guérin-Morin (1882).

Sur la base de la croix centrale, on lit :

Ce cimetière a été donné par M. et Mme Guérin Morin et béni le 24 7bre 1882.

La croix, en pierre, provient de l'ancien cimetière et porte la date de 1701.

C. — CHAPELLE DU CHATEAU.

XXIV bis.

Epitaphes de plusieurs membres des familles Lemoyne de Bellisle, des Courtils, d'Urre et de Béthune (1791-1875).

Plaque de marbre noir appliquée contre la muraille, au-dessus de la porte de la chapelle, à l'intérieur.

Cette plaque a été apposée et gravée en 1876, par les soins de M. le comte des Courtils, propriétaire du château, maire de Bouconvilliers et ancien conseiller d'arrondissement pour le canton de Chaumont. Elle est divisée en quatorze compartiments par des filets dorés, et les inscriptions, en lettres également dorées, et distinguées par des numéros d'ordre, sont disposées de la manière suivante :

Largeur : 95 cent.; hauteur : 64 cent.

12	13	14
9	10	11
5	6	7	8
1	2	3	4

Les nos 10 à 14 sont jusqu'ici restés vides.

1. *Jean-Baptiste Lemoyne de Bellisle, seigneur de la Villetertre († 1791).*

CY GIT
Messire J. Baptiste Lemoyne de BELLISLE
chevalier Sr de VERNONET (1), BELLISLE (2), HENNESIS (3)

---

(1) « Le château de Vernonnet (commune de Vernon (Eure), avait été cédé par le roi ou par le maréchal de Belle-Isle à M. Le Moine de Bellisle, le 30 mai 1760, en échange de rentes et de biens pris pour l'agrandissement du parc de Bizy » (Edmond MEYER, *Hist. de la ville de Vernon*, 1876, t. II, p. 313).

(2) Ce fief, dont M. Lemoyne de Bellisle tirait son nom, était situé en Bretagne, sans que nous sachions dans quelle paroisse.

(3) Cant. et arr. des Andelys (Eure).

VILLETERTRE (1), chancelier de feu S. A. S. M⁰ʳ
le DUC D'ORLÉANS, député de la NOBLESSE
du BAILLAGE de CHAUMONT, aux états généraux
de 1789 décédé à Paris le seize JUIN
1791 âgé de 74 ans 11 mois.

Voir l'inscription érigée à la mémoire de M. Lemoyne de Bellisle par sa fille, dans l'église de la Villetertre.

2. *Louis-René des Courtils, seigneur de Balleu et de Bouconvilliers († 1819).*

MONSIEUR
Louis, Réné, des COURTILS
chevalier seigneur de BALLEU (2), Grèmévilliers (3),
Epaty (4), le Plix (5), Héronval (6), Bouconvillers, et
autres lieux, Ancien colonel d'infanterie,
chevalier de Sᵀ LOUIS,
décédé à la VILLETERTRE le 30 décembre
1819 à L'AGE de 73 ANS.

Voir l'article *Villetertre (la)*.

3. *Henry-Antoine, comte d'Urre († 1848).*

MONSIEUR
Le comte D'URRE
(Henry Antoine)
décédé à BOUCONVILLERS le 1ᵉʳ Juin 1848
AGÉ de 83 ANS

Le comte d'Urre, né à Tain (Drôme) le 9 août 1765, conseiller général de la Drôme, nommé pair de France le 5 novembre 1827, épousa Esther-Elisabeth des Courtils (V. n° 7 ci-après).

---

(1) Commune du canton de Chaumont.
(2) Commune de la Chapelle-sous-Gerberoy, cant. de Songeons, arr. de Beauvais.
(3) Canton de Songeons.
(4) Commune de Thérines, cant. de Songeons.
(5) Même commune.
(6) Commune de Mondescourt, cant. de Noyon, arr. de Compiègne.

4. Mme *la marquise de Béthune, née des Courtils* († *1844*).

CI GIT
Denise, Renée, Joséphine
des COURTILS, marquise
de BÉTHUNE, décédée à
Paris le 10 Avril 1844
A L'AGE de 60 ANS

Cette dame, qui était fille de Louis-René des Courtils (voir XXIV *bis*, 2) et de Geneviève-Joséphine-Emilie Lemoyne de Bellisle (voir XXIV *bis*, 6), avait épousé Albert-Marie-Joseph-Omer-Charles-Eugène-Maximilien, marquis de Béthune, colonel de cavalerie, chevalier de Saint-Louis et de la Légion d'honneur.

5. Mme *Lemoyne de Bellisle, née Palerne* († *1800*).

MADAME
DE BELLISLE
REQUIESCAT IN PACE

Hélène-Emilie de Palerne, d'une famille dauphinoise, mourut le 28 novembre 1800, à l'âge de 74 ans, veuve de Jean-Baptiste Lemoyne de Bellisle, dont on a vu l'épitaphe ci-dessus. Voir le monument érigé à sa mémoire dans l'église de la Villetertre par Mme des Courtils, sa fille, dont l'épitaphe suit.

6. Mme *la comtesse des Courtils, née Lemoyne de Bellisle* († *1828*).

MADAME
Geneviève, Joséphine, Emilie
LEMOYNE de BELLISLE comtesse
des COURTILS, veuve de M^r le comte

Louis, René des COURTILS : décédée
au château de la VILLETERTRE le 9 novembre
1828 âgée de 78 ans

7. Mme la comtesse d'Urre, née des Courtils († 1849).

Esther, Elisabeth,
des COURTILS, comtesse D'URRE
décédée à PARIS le 11 Mai
1849 à l'âge de 70 ans 1,2.

Epouse de Henry-Antoine, comte d'Urre (voir XXIV bis, 3), et sœur de Mme la marquise de Béthune (voir XXIV bis, 4).

9. René-Louis-Léon, comte des Courtils († 1875).

René, Louis, Léon
comte des COURTILS, décédé à
Paris le 28 Juin 1875
AGÉ de 72 ANS.

Fils de Charles des Courtils de Merlemont, lequel était cousin germain de Mme d'Urre et de Mme de Béthune. Epoux d'Anne-Louise-Gabrielle de Ganay.

Toutes les personnes dont nous venons de rapporter les épitaphes sont inhumées dans le caveau creusé sous la chapelle.

BOURY.

A. — ÉGLISE.

XXV.

Tombe de Georges du Bec, baron de Boury († 1584), et de Marie Jubert, sa femme († 1613).

Les deux époux avaient été inhumés dans le caveau de l'église de Boury. Leur épitaphe était gravée sur une plaque de marbre noir, qui n'existe plus. Nous en donnons le texte tel qu'il a été publié par M. Hersan (1).

CY-GIST HAULT ET PUISSANT SEIGNEUR
MESSIRE GEORGES DU BEC, CHEVALIER,
BARON DE BOURY, QUI DÉCÉDA LE
HUICTIÈME IO^r DE DÉCEMBRE 1584,
ET NOBLE ET VERTUEUSE DAME MARIE
JUBERT, SON ESPOUSE, DAME DE VAUDENCOURT
ET DU MAREST-VERNIER, LAQUELLE DÉCÉDA
LE XXIe JANVIER 1613, ET A FONDÉ EN
L'ÉGLISE DE CÉANS, POUR MÉMOIRE PERPÉTUELLE
DUDIT SIEUR, D'ELLE ET DE SES ENFANTS
TROIS MESSES PAR CHACUNE SEPMAINE
DE L'ANNÉE A TOUSIOURS, LE LUNDY DES

---

(1) *Notice historique sur la commune de Boury (Oise) et sur ses seigneurs*, 1848, p. 23. Dans cet opuscule, l'auteur s'exprime ainsi : « Voici l'inscription *qui se trouve sur une plaque de marbre noir à Boury*, etc. » Dans la seconde édition de son travail, publiée dans le journal *Le Vexin*, de Gisors, en 1856 et 1857, il dit que l'épitaphe se « voyait encore, il y a quelques années, sur une table de marbre noir, qui a été brisée ». (*Le Vexin*, n° du 28 décembre 1856). Cette inscription a donc disparu entre 1848 et 1856.

TRESPASSEZ, LE MERCREDI DU Sᵗ ESPRIT,
ET LE VENDREDY DE LA PASSION, N'ESTAIT
QUE POʳ QUELQUE FESTE SURVENANT IL
CONVINT CHANGER ET DIRE DE LA FESTE:
POUR LA CÉLÉBRAÇON DESQUELLES MESSES
ELLE A DONÉ A LA Dᵗᵉ ÉGLISE LA SOME DE
SOIXANTE LIVRES TOURNOIS DE RENTE
SELON QU'IL EST PLUS A PLAIN CONTENU
AU COTRACT PASSÉ DEVANT CHARLES
BUCQUET, NOTAIRE A BOURY, LE DERNIER
JOUR DE JUING, L'AN MIL VIᵉ XVIII.
PRIEZ DIEU POUR EULX.

Si la date de 1618, indiquée pour le contrat de fondation, est exacte, il en résulte que ce furent les enfants de Marie Jubert qui exécutèrent ses volontés et qui placèrent l'inscription sur la tombe de leurs père et mère.

XXVI.

Grosse cloche (1857).

Diamètre : 1 m. 12.

A. M. D. G. A LA MÉMOIRE DE CHARLES DU BEC, CHEVALIER, SEIGNEUR DE BOURRIS, VICE AMIRAL DE FRANCE, DONT LA MÈRE MARIE MARGUERITE DE ROUCHEROLLES (*sic*), A FAIT

☞ EN 1512 AU NOM DE SON FILS, LE DON DU MARAIS COMMUNAL DE BOURIS, ET DONT LA VEUVE, MADELEINE DE BEAUVILLERS, FÛT EN 1533 DONATRICE ET MARRAINE DE LA

☞ CLOCHE PRINCIPALE DE CETTE ÉGLISE, LES HABITANS DE BOURIS, RECONNAISSANS, M'ONT RÉTABLIE SUR LE POIDS ET LE TIMBRE QU'ADMIRAIENT LEURS AYEUX ET M'ONT

☞ NOMMÉE MARIE MADELAINE GERMAINE, EN L'AN DE N-S-J-C. 1857.
FONDUE PAR F. DUTOT ET Cᵍⁿᵉ A PARIS.

XXVII.

Moyenne cloche (1870).

Diamètre : 0 m. 98.

D'un côté :

A M D G
JE FUS D'ABORD LA PLUS FORTE PUIS

LA MOYENNE DES TROIS CLOCHES PROVENANT
DE CELLE DONNEE EN 1533 PAR ME DU BEC
DE BEAUVILLERS SEULE ÉPARGNEE
PENDANT LA RÉVOLUTION DE 93 ET
FONDUE EN 1834

De l'autre :

EN L AN DE GRACE 1870 J AI ETE REFONDUE
ET NOMMEE JEANNE MARIE ROSALIE PAR
MES PARRAIN ET MARRAINE P CYPRIEN JEAN
BTE VIALLET PROPRIETAIRE DU CHATEAU
DE BOURY ET ROSALIE DUHOUX EPOUSE
DE MR LEROY L ABBE PILLON CURE (1) MM
BLIER LAFOSSE MORIN GARCIN
DROUARD CONSEILLERS DE FABRIQUE
TROUSSEVILLE MAIRE
DUBUISSON GALLOIS FONDEURS A PARIS

XXVIII.

Petite cloche (1847).

Diamètre : 85 centimètres.

† LAN 1847 LE 28 AVRIL J AI ETE BENITE PAR MGR J A GIGNOUX EVEQUE
DE BEAUVAIS ET NOMMEE ALBERTINE PAR MR LE COMTE CHARLES DE
LAFERRONNAYS OFFICIER DE LA LEGION D HONNEUR DEPUTE DU GER
MEMBRE DU CONSEIL GENERAL DE L OISE ET MAIRE DE BOURY ET PAR
MADEMOISELLE ALBERTINE DE LAFERRONNAYS EN PRESENCE DE
MM COLMAIN CURE HERSAN CLERC LAIC (2) BERTAUX ADJOINT SEDILLE DROUARD
MORIN
DURDANT PIOLLE (3) ADMINISTRATEURS DE LA FABRIQUE.
MORLET FONDEUR A VESLY.

---

(1) Aujourd'hui curé-doyen de Chaumont.

(2) Pierre-François-Dominique Hersan, instituteur à Boury, auteur d'excellentes recherches historiques sur Boury, Gisors et les villages environnants, publiées sous forme d'articles dans le journal *Le Vexin*, de Gisors, ou sous forme d'ouvrages distincts.

(3) Lisez : *Piollé.*

B. — CIMETIÈRE.

Au milieu du cimetière, situé au nord du village, à mi-côte, sur le bord du chemin conduisant à Courcelles-lez-Gisors, se trouve une petite enceinte carrée qui contient, avec la croix centrale, les sépultures suivantes :

XXIX.

Tombe de Charles Auboury, marquis de Boury (1818).

Pierre debout, avec plaque de marbre.

✝

AUBOURG, MARQUIS DE BOURY CHARLES
COLONEL, CHEV. DE S^T LOUIS.
NÉ LE [   ] AOUT (1) 1732.
MORT LE 13 JANVIER 1818.
IL FUT LE FONDATEUR DE CE LIEU (2).
SA VEUVE ET SES ENFANS
ONT ÉRIGÉ CE MONUMENT,
NON POUR PERPÉTUER SA MÉMOIRE
QUI SERA ÉTERNELLE DANS CE PAYS,
MAIS PAR AMOUR,
RECONNAISSANCE ET RESPECT.
IL FUT LE PÈRE DES PAUVRES,
LE CONSEIL, L'AMI ET L'APPUI
DES HABITANS DE CETTE PAROISSE,
TOUS L'ONT PLEURÉ
ET TOUS, EN DEUIL, L'ONT CONDUIT ICI.
UNION DE 52 ANS. MODÈLE DES MÉNAGES.

De profundis.   Requiescat in pace.

Une torche renversée est figurée au trait de chaque côté de l'inscription.

---

(1) Une cassure du marbre a emporté le quantième.

(2) C'est-à-dire qu'il donna à la commune de Boury le terrain du nouveau cimetière. Cette donation eut lieu le 1er mars 1817.

Charles Aubourg, marquis de Boury, était fils de Guillaume Aubourg, deuxième du nom, marquis de Boury, seigneur de Vayres, de Beaugrenier et autres lieux, et de Barbe-Charlotte Aubourg, sa première femme (Voir Hersan, *Notice historique sur la commune de Boury (Oise) et sur ses seigneurs*, 1848, p. 32.)

XXX.

Tombe d'Anne-Charlotte Rousseau de Chamoy, marquise de Boury (1825).

Pierre debout.

PRETIOSA IN CONSPECTU DOMINI MORS SANCTORUM EJUS (1).

ICI REPOSE
DAME ANNE CHARLOTTE
ROUSSEAU DE CHAMOY
MARQUISE DE BOURY
NÉE LE 3 AVRIL 1747,
MORTE LE 19 JANVIER 1823.

SES NEUF ENFANS
ONT ÉRIGÉ CE MONUMENT
COMME UN GAGE DE LEUR TENDRESSE
ET DE LEURS REGRETS.
ELLE FUT LA BIENFAITRICE
DE CETTE PAROISSE,
LA CONSOLATION DES PAUVRES.
UN MODÈLE DE VERTUS
DONT LA MÉMOIRE
SE PERPÉTUERA D'AGE EN AGE
DANS CETTE COMMUNE.

TOUS LES HABITANS DÉSOLÉS
ONT VU S'ÉTEINDRE EN CINQ ANS
UN MÉNAGE
QUI LEUR SERVIRA TOUJOURS D'EXEMPLE.

DE PROFUNDIS.
REQUIESCAT IN PACE.

---

(1) Cette première ligne décrit un demi-cercle à la partie supérieure de la tombe.

Anne-Charlotte Rousseau de Chamoy avait épousé, le 19 août 1765, Charles Aubourg, marquis de Boury. Les neuf enfants issus de ce mariage, dont il est question dans l'inscription, étaient :

1° Guillaume Aubourg, troisième du nom, marquis de Boury ;

2° Anne-Charles Aubourg, comte de Boury, sous-préfet des Andelys ;

3° Marie-Louis-Germain Aubourg, vicomte de Boury ;

4° Ange-Guillaume Aubourg, baron de Boury ;

5° Anne-Louis Aubourg de Boury, dit de Flumesnil ;

6° Anne-Jacqueline-Thérèse Aubourg de Boury, épouse de M. Aubourg de la Romery ;

7° Louise-Thérèse Aubourg de Boury ;

8° Angélique-Charlotte-Anatole Aubourg de Boury, mariée à Remi Lempereur, marquis de Guerny ;

9° Charlotte-Henriette-Léopoldine Aubourg de Boury, femme de Denis-Marie-Charles Leclerc de Lesseville.

XXXI.

Tombe de Guillaume Aubourg, marquis de Boury (1845).

Pierre debout.

IN TE DOMINE SPERAVI, NON
CONFUNDAR IN ETERNUM (1).

ICI REPOSE
GUILLAUME AUBOURG
MARQUIS DE BOURY, CHEVALIER DE ST LOUIS
ANCIEN LIEUTENANT-COLONEL D'INFANTERIE
DÉCÉDÉ A PARIS LE 5 JANVIER 1845.

Voulant suivre l'intention de
ses vertueux parents, il dirigea
les travaux de construction
de ce lieu, et selon son désir

---

(1) Ces deux lignes forment demi-cercle à la partie supérieure de la tombe.

> *fut réuni à ceux qu'il chercha*
> *toujours à prendre pour modèle.*

TRANSIT BENEFACIENDO

REQUIESCAT IN PACE

Guillaume Aubourg, troisième du nom, marquis de Boury, fut maire de Boury pendant quelques années. C'était le fils aîné de Charles Aubourg, marquis de Boury, et d'Anne-Charlotte Rousseau de Chamoy. Il avait épousé une demoiselle de Rassen, dont il n'eut pas d'enfants (1).

XXXII.

Tombe d'Anne-[Jacqueline]-Thérèse Aubourg de Boury, femme de André-Louis Aubourg de la Romery (1844).

Pierre debout.

ELLE FUT DE SA FAMILLE LE CONSEIL
DES PAUVRES LE SOUTIEN
DES AFFLIGÉS LA
CONSOLATRICE. (2).

CI GIT
Anne Thérèse de Boury
Dame de la Romery
décédée le V Jer mmcccxxxxiv.

Priez Dieu pour le
repos de son âme

Elle était fille de Charles Aubourg, marquis de Boury, et de

---

(1) Hersan.
(2) Ces quatre lignes forment demi-cercle au sommet de la tombe.

Anne-Charlotte Rousseau de Chamoy. Son mari avait été gendarme de la garde du roi.

XXXIII.

Tombe d'Anne-Louis Aubourg de Boury, dit de Flumesnil (1) (1848).

Pierre debout.

ICI
REPOSE
ANNE LOUIS AUBOURG DE BOURY
DÉCÉDÉ A PARIS LE 20 MARS 1848
DANS SA 77ème ANNÉE

*Il fut le père des pauvres, le soutien de
la veuve et de l'orphelin.*

PRIEZ DIEU POUR LUI.

Fils de Charles Aubourg, marquis de Boury, et d'Anne-Charlotte Rousseau de Chamoy, Anne-Louis Aubourg de Boury mourut célibataire.

XXXIV.

Tombe de l'abbé Delaporte, curé de Boury (1840).

Pierre couchée.

DANS L'ATTENTE
DE LA RÉSURRECTION

(Un calice surmonté   †   (Un livre
d'une hostie).   ouvert).

ICI REPOSE LE CORPS DE FEU
Messire **TOUSSAINT JEAN**
DELAPORTE
PRÊTRE DÉCÉDÉ
ANCIEN CURÉ DE CETTE PAROISSE

---

(3) Flumesnil, nom d'un ancien fief à Boury. Une rue porte encore le nom de rue de Flumesnil.

LE 6 AVRIL 1840
A L'AGE DE 88 ANS.
QU'IL REPOSE EN PAIX.

SES PAROISSIENS RECONNAISSANTS.

XXXV.

Tombe de l'abbé Colmain, curé de Boury (1881).

Pierre couchée.

DANS L'ATTENTE
DE LA RÉSURRECTION.

(Un calice surmonté   ·†·   (Un livre
d'une hostie).   ouvert).

ICI REPOSE LE CORPS DE FEU
MESSIRE **CASIMIR FLORENTIN
COLMAIN**
PRÊTRE DÉCÉDÉ LE 14 MAI 1881
DANS SA 77ᵉ ANNÉE
IL FUT PENDANT PRÈS DE 30 ANS
CURÉ DE CETTE PAROISSE.
QU'IL REPOSE EN PAIX.

SES PAROISSIENS RECONNAISSANTS.

M. l'abbé Colmain n'était plus curé de Boury en 1881. Il s'était retiré à l'hospice de Laillerie, près Chaumont, une douzaine d'années avant sa mort. Son successeur fut M. l'abbé Pillon, qui figure comme curé de Boury sur l'inscription de la seconde cloche, refondue en 1870. (Voir n° XXVII).

XXXVI.

Tombe de Marie Michel, femme de G.-A. Tassin de Villiers (1855).

Cette tombe, formée d'une pierre debout, se trouve en dehors de l'enceinte centrale qui contient les sépultures que nous venons d'énumérer.

ICI REPOSE
EN LA PAIX DU SEIGNEUR, LE CORPS DE
FEUE DAME MARIE MICHEL ÉPOUSE
DE Mr G^{me} A^{se} TASSIN DE VILLIERS
NÉE A METZ, LE 16 FÉVRIER 1775,
DÉCÉDÉE EN SON CHATEAU DE BOURY
LE 30 JANVIER 1855

Son mari et ses enfants lui ont élevé
ce monument simple, suivant son désir

SON CŒUR A ÉTÉ PORTÉ A DREUX

*Apud Dominum misericordia
et copiosa apud eum redemptio.*

Mme Marie Michel, épouse séparée quant aux biens de M. Guillaume-Athanase Tassin de Villiers, avait acquis le domaine de Boury en 1823, des neuf enfants du marquis Charles Aubourg de Boury.

XXXVII.

Croix élevée à la mémoire d'Alexandrine d'Alopeus, femme d'Albert de la Ferronnays (1850).

Une enceinte contiguë au cimetière est affectée à la sépulture de la famille de la Ferronnays. Au milieu, s'élève une grande croix en marbre blanc, dont le piédestal en pierre porte cette inscription :

JEANNE DE WENKSTERN
COMTESSE D'ALOPEUS
PRINCESSE LAPOUKHYN
A ÉLEVÉ CETTE CROIX
A LA MÉMOIRE
D'ALEXANDRINE
SA FILLE UNIQUE ET BIEN-AIMÉE.

Sur les bras de la croix, on lit sur chaque face :

ist

meine

jenseits ☩ hoffnung

Et sur la paroi de gauche, en bas:

Vzo Boxanni di Carrara
inv.^{to} ed ese.^{t}
1850

Jeanne de Wenkstern, devenue veuve en 1831 du comte d'Alopeus, se remaria en 1834 au prince Lapoukhyn. La beauté de ses traits l'avait rendue célèbre.

XXXVIII.

Tombes d'Albert de la Ferronnays († 1836) et d'Alexandrine d'Alopeus, sa femme († 1848).

1. Marbre blanc encastré dans la muraille du fond.

ICI REPOSE
ALBERT MARIE DE LA FERRONNAYS
NÉ A LONDRES LE 21 JANVIER 1812
MORT A PARIS LE 28 JUIN
1836.

2. Marbre blanc dans la muraille du fond, à droite de la précédente.

ICI REPOSE
ALEXANDRINE MARIE DE LA FERRONNAYS
NÉE D'ALOPÉUS
NÉE A St PETERSBOURG, MORTE A PARIS
LE 9 FÉVRIER 1848.

3. Entre les deux épitaphes qui précèdent, se trouvent les phrases latines suivantes, gravées également sur une plaque de marbre blanc.

Quod Deus conjunxit homo non
separet
S. Math. C. 29

In morte quoque non sunt divisi
II. Reg. I.

Modicum passus ipse perficiet
I. Petr. 3

4. Devant le mur du fond, en arrière de la croix, deux grandes pierres horizontales, contiguës, portent l'inscription suivante :

ICI REPOSE
LA DÉPOUILLE MORTELLE DE

ANNE MARIE	ALEXANDRINE D'ALOPEUS
ALBERT	COMTESSE ALBERT
DE LA FERRONNAYS,	DE LA FERRONNAYS,
NÉ A LONDRES	NÉE A S¹ PETERSBOURG
LE 21 JANVIER 1812	LE 15 OCTOBRE 1808
MORT A PARIS	MORTE A PARIS
LE 20 JUIN 1828 (1)	LE 9 FÉVRIER 1848.
MODICUM PASSUS IPSE	QUOD DEUS CONJUNXIT
PERFICIET	HOMO NON SEPARET

IN MORTE QUOQUE NON SUNT DIVISI

Fils de Pierre-Marie-Auguste Ferron, comte de la Ferronnays, et d'Albertine-Louise-Marie-Charlotte de Bouchet de Sourches de Montsoreau, Albert de la Ferronnays avait épousé, à Rome, le 17 avril 1834, Alexandrine d'Alopeus, fille du comte d'Alopeus, ambassadeur de la cour de Prusse en France sous Napoléon Ier. Il fut le premier inhumé, le 14 octobre 1837, dans le cimetière particulier de la famille de la Ferronnays, que son père avait fait construire la même année.

Madame Craven a publié, en 1866, un beau livre formé des journaux intimes d'Albert de la Ferronnays et d'Alexandrine d'Alopeus, depuis l'époque où ils se connurent jusqu'à leur mort, de fragments du journal d'Eugénie de la Ferronnays, plus tard marquise de Mun, et de nombreuses lettres échangées entre les deux héros du livre, Albert et Alexandrine, et leurs parents et amis. Tout le monde connaît le *Récit d'une Sœur*.

Près de ces deux tombes, contre le mur, à gauche, se trouve le banc de pierre sur lequel venait chaque jour s'asseoir la veuve d'Albert de la Ferronnays.

---

(1) *Sic*. La date exacte est 1836.

XXXIX.

Cénotaphe de P.-M.-Aug. Ferron, comte de la Ferronnays († 1842).

Marbre blanc encastré dans la muraille du fond, à droite de l'épitaphe d'Alexandrine d'Alopeus.

A LA MÉMOIRE
DE PIERRE MARIE AUGUSTE FERRON
DE LA FERRONNAYS
NÉ A SAINT-MALO LE 6 DÉCEMBRE 1777,
MORT A ROME LE 17 JANVIER 1842 ;
SA DÉPOUILLE MORTELLE REPOSE A ROME
DANS LA CHAPELLE DE LA SAINTE VIERGE
A L'EGLISE DE SAINT ANDRÉ.

Le comte de la Ferronnays, émigré avec sa famille pendant la Révolution, resta attaché pendant le premier empire à la cause des Bourbons. Le duc de Berry le chargea, en 1812, d'une mission auprès de l'empereur Alexandre Ier. La Restauration le fit maréchal de camp, puis pair de France, et l'envoya en qualité de ministre plénipotentiaire en Danemark (1817), puis en Russie (1819). Il résida longtemps à Saint-Pétersbourg. Ministre des affaires étrangères sous le ministère de M. de Martignac, dont les tendances sagement libérales étaient les siennes, il donna sa démission en 1829, pour cause de santé, et fut choisi l'année suivante comme ambassadeur auprès du Saint-Siège ; mais il se retira à la nouvelle de la Révolution de juillet.

XL.

Tombe de la comtesse de la Ferronnays, née Bouchet de Sourches de Montsoreau (1848).

1. Marbre blanc, encastré dans la muraille du fond, à droite du cénotaphe précédent.

ICI REPOSE
ALBERTINE LOUISE MARIE DE BOUCHET
DE SOURCHES DE MONTSOREAU,
COMTESSE DE LA FERRONNAYS,
NÉE A MARLY LA VILLE LE 25 OCTOBRE 1782
MORTE A BADEN BADEN LE 15 NOVEMBRE
1848.

2. Grande dalle couchée devant l'inscription précédente, en arrière de la croix et à droite des deux dalles recouvrant les restes d'Albert de la Ferronnays et d'Alexandrine d'Alopeus (n° XXXVIII-4).

ICI REPOSE
LA DÉPOUILLE MORTELLE
DE MARIE CHARLOTTE
ALBERTINE
DE BOUCHET DE SOUCHES (sic)
DE MONTSOREAU
COMTESSE
DE LA FERRONNAYS
NÉE A MARLY-LA-VILLE
MORTE A BADEN-BADEN
LE 15 NOVEMBRE 1848.

LÆTATUS SUM IN HIS
QUAE DICTA SUNT MIHI
IN DOMUM DOMINI IBIMUS
Js 121.

Elle avait épousé, en 1802, à Klagenfurth, en Carinthie, le comte Pierre-Marie-Auguste de la Ferronnays.

XLI.

Tombe d'Olga de la Ferronnays (1845).

1. Marbre blanc encastré dans la muraille du fond, à droite du n° XL-1.

MELLE DULCIOR !
ICI REPOSE
OLGA MARIE DE LA FERRONNAYS
NÉE A ST PETERSBOURG EN 1822
MORTE A BRUXELLES LE 10 FÉVRIER
1843.

2. Grande dalle couchée, à droite du n° XL-2.

ICI REPOSE
LA DÉPOUILLE MORTELLE
DE MARIE
HÉLÈNE OLGA
DE LA FERRONNAYS,
NÉE A ST PETERSBOURG
LE 20 SEPTEMBRE 1820
MORTE A BRUXELLES
LE 10 FÉVRIER 1843.
(Une colombe
dessinée au trait).
OLGA MELLE DULCIOR
PAX TECUM

3. A l'extrémité supérieure de la pierre qui porte cette inscription, se dresse une petite stèle, dans laquelle une cavité, ménagée à cet effet, renferme un bouquet de fleurs d'oranger sous verre, avec les lignes suivantes :

A MADEMOISELLE OLGA DE LA FERRONNAYS
LES DEMOISELLES DE
BOURY
RECONNAISSANTES. (1)

---

(1) La première de ces lignes est disposée en demi-cercle autour du bouquet de fleurs d'oranger.

Olga de la Ferronnays était fille du comte de la Ferronnays et de la comtesse, née Bouchet de Sourches de Montsoreau. Elle fut inhumée à Boury, le 15 février 1843. On remarquera la différence dans les dates indiquées pour sa naissance.

XLII.

Tombe d'Augustus Craven (1884).

Marbre blanc dans la muraille du fond, à droite du n° XLI-1.

ICI REPOSE
LA DÉPOUILLE MORTELLE
DE
AUGUSTUS CRAVEN
NÉ A LONDRES LE 14 FÉVRIER 1804
MORT A MONABRI PRÈS LAUSANNE
LE 4 OCTOBRE 1884.

IN TE DOMINI SPERAVI
NON CONFUNDAR IN ÆTERNUM.
P. S. XXX.

2. Grande dalle couchée, à droite du n° XLI-2.

ICI REPOSE
LA DÉPOUILLE MORTELLE
DE
AUGUSTUS CRAVEN ESQ^{re}
NÉ A LONDRES
LE 14 FÉVRIER 1806
MORT A LAUSANNE
LE 4 OCTOBRE 1884

IN TE DOMINE SPERAVI
NON CONFUNDAR IN ÆTERNUM.

PS XXX ?

Toujours des erreurs dans les dates indiquées.

M. Craven avait épousé Mlle Pauline-Armande-Aglaé de la Ferronnays, dont la tombe suit. Il traduisit en français la *Corres-*

pondance de lord *Palmerston* (1878), et publia une étude biographique très complète et très intéressante sur le *Prince Albert, époux de la reine Victoria* (1883).

XLIII.

Tombe de Mme Craven, née La Ferronnays (1891).

1. Marbre blanc dans la muraille du fond, à droite du n° XLII-1.

> ICI REPOSE
> MADAME
> AUGUSTUS CRAVEN,
> NÉE PAULINE ARMANDE
> DE LA FERRONNAYS.
> NÉE A LONDRES LE 12 AVRIL 1808.
> DÉCÉDÉE A PARIS LE 1ᵉʳ AVRIL 1891.
> R. I. P. !

2. Grande dalle couchée, à droite du n° XLII-2.

> ICI REPOSE
> LA DÉPOUILLE MORTELLE
> DE
> MADAME AUGUSTUS CRAVEN
> NÉE PAULINE ARMANDE AGLAÉ
> FERRON
> DE LA FERRONNAYS
> NÉE A LONDRES
> LE 12 AVRIL 1808
> DÉCÉDÉE A PARIS
> LE 1ᵉʳ AVRIL 1891

Madame Craven publia de nombreux romans et des études de biographie et de morale. Son style élégant et facile assura le succès de ces productions, dont la plus connue est le *Récit d'une Sœur*, touchante histoire de la vie de son frère Albert de la Ferronnays et de sa belle-sœur Alexandrine d'Alopeus.

Sur Mme Craven, cf. notamment *Madame Craven, née La Ferronnays*, par le vicomte de Meaux (Paris, Perrin et Cie, 1891.

In-12); — *Revue encyclopédique*, 1891, p. 334 : article signé H. C. [H. Castets] ; — *Revue canadienne*, juin 1891 : *Madame Craven*, signé M. Bellay ; — *Rassegna nazionale*, 1er mars 1892 : *Paolina Craven Laferronays e la sua famiglia*, signé T. Ravaschieri.

XLIV.

Cénotaphe de Marie-Mathilde de la Ferronnays, morte en bas-âge (1832).

Les deux inscriptions suivantes sont gravées sur deux plaques de marbre placées au-dessous des autres, dans la partie centrale de la muraille.

A LA MÉMOIRE
DE MARIE MATHILDE DE LA FERRONNAYS
NÉE A DANGU LE 25 JUIN 1831
MORTE A PARIS LE 29 AVRIL 1832.
SA DÉPOUILLE MORTELLE
REPOSE DANS LA CHAPELLE DE DANGU.

Cette enfant était née du mariage de Charles-Marie-Auguste, comte de la Ferronnays, avec Emilie-Augustine-Marie de Lagrange. Ses restes ont été transportés, en 1884, dans le cimetière particulier de la famille de la Ferronnays. (Voyez *infra*, XLVIII).

XLV.

Cénotaphe de la marquise de Mun, née La Ferronnays (1842).

A LA MÉMOIRE
D'EUGÉNIE MARIE DE LA FERRONNAYS
MARQUISE DE MUN
NÉE A LONDRES
LE 25 JUILLET 1813
MORTE A PALERME
LE 8 AVRIL 1842.
SA DÉPOUILLE MORTELLE
REPOSE DANS LE CIMETIÈRE DE LUMIGNY (1).

---

(1) Cant. de Rozoy-en-Brie, arr. de Coulommiers (Seine-et-Marne).

Le mariage du marquis Adrien de Mun avec M|le de la Ferronnays fut célébré à Boury par Mgr de Galard, évêque de Meaux, pair de France, en 1838. La fiancée était fille du comte Pierre-Marie-Auguste de la Ferronnays et de la comtesse, née Bouchet de Sourches de Montsoreau. De ce mariage est né à Lumigny, en 1841, le comte Albert de Mun, aujourd'hui député du Morbihan, très connu comme économiste et comme orateur. Eugénie de la Ferronnays tient une large place dans le *Récit d'une Sœur*, de M|me Craven.

Dans la même enceinte, sur une grande sépulture plate, en pierre, légèrement inclinée, qui se trouve à l'angle inférieur de droite, se détachent six plaques de marbre blanc, disposées de la manière suivante, et qui ont été transportées à Boury, avec les corps qu'elles recouvrent, de la chapelle du château de Dangu (1).

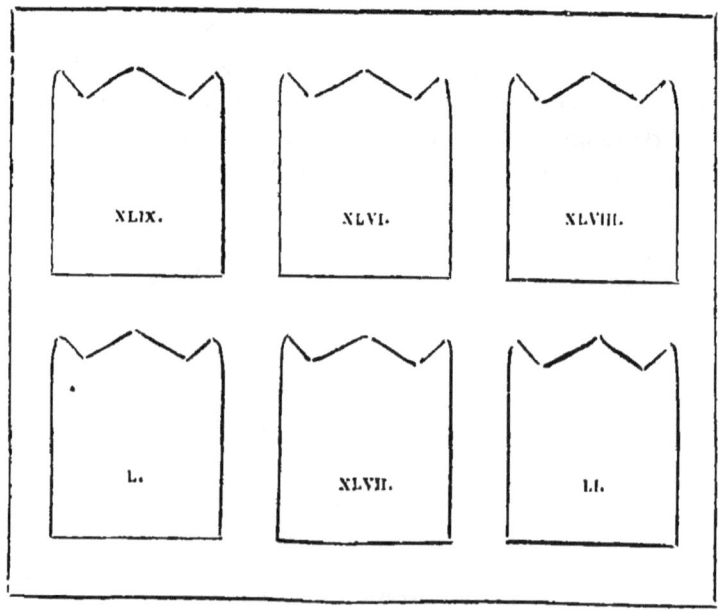

(1) Après son acquisition par M. le comte Charles Pozzo di Borgo, en 1884.

Voici les inscriptions qui y sont gravées.

XLVI.

Tombe de Ch.-M.-Aug. Ferron, comte de la Ferronnays (1863).

<pre>
                ICI
              REPOSE
      CHARLES MARIE AUGUSTE FERRON
         COMTE DE LA FERRONNAYS.
                 NÉ
            A BRUNSWICH,
          LE 2 JUIN 1805.
         DÉCÉDÉ A DANGU,
                 LE
          6 JUILLET 1863.
</pre>

Le comte Charles de la Ferronnays, premier né du comte Pierre-Marie-Auguste de la Ferronnays et de la comtesse, née Bouchet de Sourches de Montsoreau, fut d'abord admis parmi les pages du roi Louis XVIII, et devint ensuite sous-lieutenant au 1ᵉʳ chasseurs à cheval. Il fit, en 1828, la campagne des Balkans, en qualité d'attaché militaire français, ce qui lui valut la décoration de plusieurs ordres russes et la croix de la Légion d'honneur. Attaché à l'état-major du maréchal Gérard, il fit, en 1832, la campagne de Belgique, où il gagna les épaulettes de capitaine. En 1835, il acheta des héritiers de Mme Tassin de Villiers le château de Boury, qu'il vendit en 1849, pour aller habiter le château de Trie. Devenu maire de Boury, il fut bientôt appelé à siéger au Conseil général de l'Oise, et, propriétaire, par son mariage avec Mlle de Lagrange, de domaines dans le département du Gers, il fut nommé, en 1847, député de l'arrondissement de Lectoure. 1848 mit fin à sa vie publique (2).

---

2) Article nécrologique, signé F. Dubus, dans *Le Vexin*, n° du 12 juillet 1863.

XLVII.

Tombe de la comtesse de la Ferronnays, née Lagrange (1876).

ICI
REPOSE
ÉMILIE AUGUSTINE MARIE
DE LAGRANGE,
COMTESSE DE LA FERRONNAYS,
NÉE A PARIS
LE
11 SEPTEMBRE 1810,
DÉCÉDÉE A PARIS
LE 15 FÉVRIER 1876.

Elle était fille de Joseph de Lagrange, général de division, comte de l'Empire, et de Marie-Françoise de Talhouët. Elle épousa, en 1829, Charles-Marie-Auguste Ferron, comte de la Ferronnays.

XLVIII.

Tombe de Marie-Mathilde de la Ferronnays, morte en bas-âge (1832).

ICI
REPOSE
MARIE MALTHILDE (sic)
DE LA FERRONNAYS,
NÉE
A DANGU,
LE 25 JUIN 1831,
DÉCÉDÉE A PARIS,
LE
9 AOUT 1832.

(Voir n° XLIV).

XLIX.

Tombe d'Alfred-M.-J. Ferron, comte de la Ferronnays (1875).

ICI
REPOSE
ALFRED MARIE JOSEPH
FERRON,
COMTE
DE LA FERRONNAYS.
NÉ A DANGU
LE 13 JUIN 1833,
MORT A PARIS
LE 3 FÉVRIER 1875.

Fils de Charles-Marie-Auguste de la Ferronnays et d'Emilie-Augustine-Marie de Lagrange. Lieutenant, puis capitaine de chasseurs d'Afrique. Fit la campagne de Kabylie en 1856. Commandant des mobiles de l'Orne en 1870-71. (Voir n° LII).

L.

Tombe de la comtesse Alfred de la Ferronnays, née Nogué de Mayrac (1873).

ICI
REPOSE
MICHELLE FRANÇOISE LAURENCE
CATHERINE CLAIRE
DE NOGUÉ DE MAYRAC,
COMTESSE DE LA FERRONNAYS,
NÉE A PARIS
LE 5 JUILLET 1843.
DÉCÉDÉE A PARIS
LE 21 JANVIER 1873.

Femme du précédent.

LI.

Tombe de Ch.-M.-M. Ferron de la Ferronnays, mort en bas-âge (1870).

>ICI
>REPOSE
>CHARLES MARIE MICHEL FERRON
>DE LA FERRONNAYS.
>NÉ
>A PARIS
>LE 10 MAI 1865
>DÉCÉDÉ A PARIS
>LE
>25 AVRIL 1870.

Fils des précédents.

LII.

Tombe de François Martin, cavalier d'ordonnance du lieutenant Alfred de la Ferronnays (1859).

Pierre debout, dans l'angle inférieur de gauche.

>ICI REPOSE
>FRANÇOIS MARTIN
>CHASSEUR AU 1er RÉGt DE CHASSEURS D'AFRIQUE
>CAVALIER D'ORDONNANCE DU
>LIEUTt A. DE LA FERRONNAYS
>NÉ LE 11 OCTbre 1828 A St PONS : *hérault*
>MORT A PARIS LE 27 DÉCbre 1859
>
>PENDANT DIX ANS, EN AFRIQUE, CE BRAVE SOLDAT
>A EU POUR SON OFFICIER
>LE PLUS ENTIER DÉVOUEMENT ;
>COMME DERNIER TÉMOIGNAGE DE SON ATTACHEMENT
>ET DE SES REGRETS

LE LIEUT' A. DE LA FERRONNAYS
A VOULU APPORTER EN CE LIEU
LA DÉPOUILLE MORTELLE
DE SON FIDÈLE CAVALIER D'ORDONNANCE
POUR QU'ELLE REPOSAT EN PAIX DANS LE CIMETIÈRE
DE LA FAMILLE.

REQUIESCAT IN PACE.

BOUTENCOURT.

A. — ÉGLISE.

LIII.

Tombe de Nicolas Wattebled, maire de Boutencourt (1810).

Pierre encastrée dans le pavé à l'entrée de l'église, et provenant de l'ancien cimetière, contigu à l'église.

Longueur : 1 m. 83; largeur : 91 cent.

✠

CI GIT
Mr NICOLAS WATTEBLED
NÉ LE 15e JOUR DU [MOIS]
DE JANVIER 17..
DECEDE [LE 5e JOUR DU MOIS]
DE FEVRIER [1810]
DE . . . .
QVI. . . . . . .
PROPRI[ETAIRE] MAIRE ET

BIENF[AITEU]R DE CETTE
COMMUNE
Priez Dieu
pour le repos
de son âme

Nicolas Wattebled mourut le 5 février 1810, à l'âge d' « environ cinquante ans », ainsi que s'exprime son acte de décès. M. Lelièvre, instituteur à Boutencourt, grâce à qui nous avons pu compléter cette épitaphe et suppléer à l'usure de la suivante, n'a pas trouvé dans les actes de catholicité des années 1759, 1760 et 1761, l'indication du baptême.

LIV.

Tombe de l'abbé Colpin, curé de Boutencourt (1821).

Pierre encastrée dans le pavage à l'entrée de l'église et provenant de l'ancien cimetière.

Longueur : 1 m. 15 ; largeur : 46 cent.

ICI REPOSE
. . . . . .
. . . . . .
. . . . . .
DECEDE
LE 13 OCTOBRE 1821
AGÉ DE 68 ANS

Il s'agit de l'abbé Théodore Colpin, curé de Boutencourt.

LV.

Cloches (1811).

1. Grosse.

Diamètre : 0 m. 93

† LAN DU SEIGNEUR 1811 JAI ÉTÉ FONDUE AUX FRAIS DES BIENS COMMUNAUX PAR LORDRE DE MONSIEUR LOUIS AMBROISE JUHEL

☞ MAIRE DE LA COMMUNE DE BOUTTENCOURT EN VERTU D'UNE DELI-
BERATION DU CONSEIL MUNICIPAL ET BENITE PAR MESSIRE ANDRE
☞ TOURNEL CURE DUDIT BOUTTENCOURT, J'AI ÉTÉ NOMMÉE MARIE
CELESTE PAR MONSIEUR JEAN BAPTISTE MARIE NICOLAS
☞ WATTEBLED PRINCIPAL PROPRIETAIRE DE CETTE DITE COMMUNE ET
PAR DAME MARIE DENISE ADELAIDE DE LORME EPOUSE DUDIT
☞ SIEUR JUHEL MAIRE
PIERRE CARTENET ET LOUIS MAIRE FONDEURS

2. Deuxième.

Diamètre : 0 m. 85.

† L'AN DU SEIGNEUR 1811 J'AI ÉTÉ FONDUE AUX FRAIS DES BIENS COMMU-
NAUX PAR L'ORDRE DE MR LOUIS AMBROISE JUHEL MAIRE DE LA
☞ COMMUNE DE BOUTTENCOURT EN VERTU D'UNE DELIBERATION DU
CONSEIL MUNICIPAL ET BENITE PAR M^{RE} ANDRE TOURNEL CURE DUDIT
☞ BOUTTENCOURT J'AI ÉTÉ NOMMEE [FRANCOISE] QUENTINE PAR M^R ✳✳✳
[ET PAR MADAMME] ✳✳✳

3. Troisième.

Diamètre : 0 m. 75.

† L'AN DU SEIGNEUR 1811 J'AI ÉTÉ FONDUE AUX FRAIS DES BIENS COMMU-
NAUX PAR L'ORDRE DE MR LOUIS AMBROISE JUHEL
☞ MAIRE DE LA COMMUNE DE BOUTTENCOURT EN VERTU D'UNE DELI-
BERATION DU CONSEIL MUNICIPAL ET BENITE PAR M^R
☞ ANDRE TOURNEL CURE DUDIT BOUTTENCOURT J'AI ÉTÉ NOMMÉE
JEANNE ADELAIDE PAR M^R ✳✳✳ ET MADAMME ✳✳✳

Suivent deux lignes effacées au burin.

Les mots entre crochets ont été gravés après enlèvement des mots en relief primitifs.

La seconde et la troisième cloches ne sont pas signées, mais elles ont été fondues également par Pierre Cartenet et Louis Maire. Aucune des cloches que nous avons pu rencontrer portant la signature de ces deux praticiens ou de l'un d'eux n'indique le lieu de leur établissement. Peut-être n'en avaient-ils aucun et se contentaient-ils, comme la plupart de leurs prédécesseurs, de se créer un atelier volant au centre de la région dans laquelle ils exerçaient momentanément (1). C'est ainsi qu'en 1811 ils étaient installés à Sérifontaine, pour la fonte des trois cloches de cette localité et des trois cloches de Flavacourt (2). Nul doute, dans ces conditions, que les cloches de Boutencourt n'aient également été fondues à Sérifontaine.

B. — *CIMETIÈRE.*

LVI.

Tombe de Paul-Henri Labitte, capitaine en retraite, chevalier de la Légion d'honneur (1876).

Pierre couchée.

Longueur : 1 m. 96; largeur : 95 cent.

ICI
REPOSE LE CORPS
DE MONSIEUR PAUL HENRI
LABITTE
CAPITAINE EN RETRAITE
CHEVALIER DE LA LÉGION D'HONNEUR
DÉCÉDÉ EN SON DOMICILE A BOUTENCOURT
LE 19 OCTOBRE 1876
AGÉ DE 55 ANS 6 MOIS

priez dieu pour lui

C. — *POMMEREUX.*

LVII.

Tombe de Jean Pinthereau, procureur aux sièges royaux de Chaumont (XVIᵉ ou XVIIᵉ siècle).

M. Barré, dans sa *Notice sur le prieuré et la chapelle de Pom-*

---

(1) Voyez Jos. BERTHELÉ, *Une fonte de cloches au temps jadis* (Poitiers. 1892. In-8), et un article du même auteur, publié avec un titre presque analogue (*La fonte des cloches au temps jadis*) dans la revue *l'Université de Montpellier*, n° du 21 mai 1892.

(2) Inscription de la grosse cloche de Flavacourt.

mereux (1), publiée en 1878, dit qu'une pierre tombale, servant alors d'évier dans l'ancienne cuisine de la ferme de M. Famin, de Pommereux, portait une inscription en partie disparue et dont les mots suivants seuls étaient lisibles :

Icy repose le corps d'honorable homme M⁺ Jean Pinthereau, vivant procureur (2).....

Cette inscription était disposée autour de la pierre, que M. Barré croit provenir de l'ancienne chapelle de Notre-Dame, à Pommereux. Les Pinthereau ayant occupé de père en fils de nombreuses fonctions aux sièges royaux de Chaumont, pendant les XVIe et XVIIe siècles, on pourrait supposer plutôt que cette pierre provient de Chaumont. Il n'est pas inutile de rappeler que la chapelle de Saint-Jean l'Evangéliste, à Chaumont, fut fondée en 1633 par Jean Pinthereau et Nicolas, son fils (3). La pierre tombale en question était-elle celle de ce Jean Pinthereau ou datait-elle de la fin du XVIe siècle, comme l'a pensé M. Barré ? Nous ne pouvons sur cette question avoir aucune opinion, car l'objet en litige n'existe plus.

CHAMBORS.

A. — ÉGLISE.

LVIII.

Cloche (1858).

Diamètre : 1 mètre.

LAN DE N S 1858 JAI ETE BENITE PAR M⁺ DE LA CROIX CURE DE CETTE

---

(1) Beauvais, 1878, p. 16.

(2) M. Barré a lu : *Pintheré, au vivant procureur*, mais il est clair que c'est une erreur.

(3) FRION, *Description, histoire et statistique de la ville de Chaumont-en-Vexin* 1867, p. 72.

PAROISSE ET NOMME SULPICE (1) MON PARRAIN M* EUGENE BARBIER DE CHAMBORS

☞ MA MARRAINE SCHOLASTIQUE AUZOU DE CHAMBORS MAIRE M* DUPAR (2) CULTIVATEUR

FONDUE PAR DUTOT ET C^NIE A PARIS.

B. — *CIMETIÈRE.*

LIX.

Érection de la croix (1845).

Sur le piédestal de la croix en pierre qui occupe le centre du cimetière :

ÉRIGÉE PAR
M* ET M*ME* BENAULT ·
PROPRIÉTAIRES A CHAMBORS
L'AN 1845.

LX.

Tombe de l'abbé Delacroix, curé de Chambors (1885).

Tombe en pierre devant la croix.

ICI REPOSE
LE CORPS DE
BENJAMIN MODESTE
DELACROIX
CURÉ DE CHAMBORS
PENDANT 44 ANS
DÉCÉDÉ LE 26 NOVEMBRE
1885
AGÉ DE 80 ANS
REQUIESCAT IN PACE.

---

(1) L'église de Chambors a pour patron saint Sulpice.

(2) Lisez *Dupas*.

CHAUMONT-EN-VEXIN.

A. — ÉGLISE (1).

LXI.

Tombe effacée (XVIIe siècle).

Grande dalle en pierre d'ardoise, mesurant 2 m. 15 de longueur sur 1 mètre de largeur, encastrée dans le pavage, à l'entrée du chœur, et presque entièrement effacée. On y voyait, gravées au trait, les effigies de deux défunts, homme et femme, représentés les mains jointes et vêtus à la mode du commencement du xviie siècle. Leurs têtes étaient abritées par deux arcades en plein cintre reposant entre eux sur un petit cul-de-lampe orné. Sur la clef de chaque arcade se détachait un écu armorié. Au bas de la dalle, et sous les pieds des deux personnages, était gravée l'épitaphe, dont on ne peut plus distinguer à grand'peine que quelques mots insignifiants.

LXII.

Tombe de Marie de Fromont, femme de Charles Porquier, seigneur de Droitecourt (1581).*

Pierre dans le pavage du bas-côté sud du chœur.

---

(1) Il n'existe aujourd'hui que trois monuments épigraphiques dans l'église de Chaumont. Millin, qui a consacré dans ses *Antiquités nationales* (t. IV: XLII. *Ville de Chaumont et abbaye de Gomer-Fontaine*, p. 22), un assez long passage à l'église Saint-Jean, ne parle d'aucun d'eux, mais il a publié le texte de huit autres inscriptions des xviie et xviiie siècles, qui ont été reproduites dans la *Statistique monumentale du canton de Chaumont* (II. *Eglise de Chaumont*).

(2) Ancienne paroisse réunie à Sérifontaine (Oise).

Longueur : 1 m. 90 ; largeur : 90 centimètres.

𝕮𝖎 gist 𝕸𝖆𝖗𝖎𝖊 𝖉𝖊 fromont 𝖛𝖎𝖚𝖆𝖙 femme 𝖉𝖊 honorable home 𝕸ᵉ 𝕮𝖍𝖆𝖗𝖑𝖊𝖘 porquier 𝕾ʳ | 𝖉𝖊 𝕯𝖗𝖔𝖎𝖙𝖊𝖈𝖔𝖚𝖗𝖙..... la 𝕽[eine] | mere 𝖉𝖚 roy et 𝖉𝖊 mgr le 𝖉𝖚𝖈 𝖉𝖊 𝖑𝖔𝖓-𝖌[ueville] laquelle 𝖉𝖊𝖈𝖊𝖉𝖆 le 𝖛𝖊𝖓𝖉𝖗𝖊𝖉𝖞 xᵉ feburier m vᶜiiii𝖝𝖝i.

Cette épitaphe se déroule autour de la pierre, sauf à la partie supérieure. La défunte est représentée couchée, les mains jointes, vêtue d'une robe bouffante aux hanches et d'un corsage terminé en pointe par devant, avec fraise ouverte autour du cou et bonnet plat sur la tête. Son effigie est placée sous une arcade cintrée dont les pieds-droits et les écoinçons sont ornés de feuillages et d'arabesques. Au-dessus, un petit fronton arrondi encadre cette sentence :

EN TERRE EST LA [V]ICTOIRE
ET AV CIEL NOSTRE GLOIRE

c'est-à-dire que nous recevrons au ciel la gloire qui nous aura été méritée par les combats que nous aurons soutenus victorieusement ici-bas contre l'esprit du mal.

Pierre tombale dont l'état de conservation laisse beaucoup à désirer.

LXIII.

Fondation par Philippe de Villers, lieutenant du prévôt de Chaumont (1550).

Pierre encastrée dans la muraille du déambulatoire, à l'intérieur de l'église.

Hauteur : 0 m. 81 ; largeur : 0 m. 59.

𝕮𝖞 𝖉𝖊𝖛𝖆𝖓𝖙 gist feu hoable home 𝕸ᵉ philippes 𝖉𝖊 villers en 𝖘𝖔𝖓 vivant lieutenant poʳ le 𝕽𝖔𝖞 nrᵉ sirᵉ 𝖉𝖚 prevost 𝖉𝖊 chaumont et accroissement 𝖉𝖊 magny qⁱ 𝖉𝖊𝖈𝖊𝖉𝖆 le lundj vii joʳ 𝖉𝖊 Juillet Mil-vᶜ-1

lequel p son testament a donne z legue a loeuvre et fabricq de ceste
egle montⁱ. s¹ Jehan de chaumont la soc de quarante souz parisis
de rente annuelle et pptuelle paiable chacun an led viiᵉ Juillet
A la charge q les margliers seront tenuz faire dire chanter et
celebrer chun an aud. Jor. en lad egle une haulte messe a notte
du s¹ sacrement de lautel p le cure dicelle avecq diacre soubz
diacre deux chappiers et deux autres chapelains et le clerc
dicelle eglise y assistans sans en departir et en fin de ladicte
messe chanter le libera et oraisons ace acoustumees Et poᵣ
ce faire payer p lesd margliers aud. cure vi s p Et ausd
diacre soubz diacre et chappiers chappelains achacun viij d
p et aud clerc vii d p et ausd. margliers pour leur peyne ij s
p chacun an Et aussy faire faire chacun an le dymenche
precedent ledict viiᵉ Juillet par led cure en son prosne la
priere dudict deffunct et dire le Jour que se dira lad messe
et fournir par Iceulx margliers les aornemens z choses
necessaires ainsy quil est contenu es lectres obligatoires
passees devant deux notaires dud chaumont le iiijᵉ aoust
mil vᶜ·l· par lesquelles ladicte rente a este assignee p Mᵉ
Jaques de villers pbre et barbe de villers feme de Jehan
marie enffans et heritiers dud deffunct sur une maison
court Jardin et lieu assis audict chaumont tenant dun
coste et bout Mᵉ Romain biron daut coste lambert
et daultre bout par la riuiere dud chaumont ⋘

Priez dieu pour led deffunct.

LXiV.

Grosse cloche (1786).

Diamètre : 1 m. 24.

Elle portait une inscription en capitales romaines, composée de deux lignes et demi, qui a été martelée pendant la Révolution avec un acharnement incroyable, car on ne peut plus en lire que les trois derniers chiffres de la date, 1786. Une seconde inscription, sur la panse, contenait probablement l'indication du nom du fondeur; mais elle a subi le même sort que la première. Cependant, en examinant attentivement la marque du praticien qui surmonte immédiatement cette seconde inscription, nous avons reconnu la signature habituelle de Pierre-Charles Morel, fondeur de cloches à Gisors. Il ne peut y avoir le moindre doute, car on distingue encore quelques lettres du nom inscrit en exergue autour du médaillon circulaire, contenant la représentation d'une cloche, qui se retrouve sur la plupart de ses bronzes.

LXV.

Petite cloche (XVIe siècle).

Diamètre : 78 cent.

L'inscription de cette cloche a été aussi martelée presque tout entière, de sorte que les fragments de mots qui subsistent, partie en caractères gothiques, partie en capitales fleuries, ne permettent pas une restitution. Mais la cloche date certainement du milieu du xvie siècle.

LXVI.

Clochette hors d'usage (1547).

Diamètre : 35 cent.

† iordain lescuier laine de Sainct Soupli z venit l vie ior
d iuillet
mil vc xlvii

Cette inscription doit se lire ainsi : † *Iordain Lescuier l'aîné, de Sainct-Soupli* (1), *et venit* (pour *benite*) *l*[e] vie *jour d*[e] *juillet* 1547. Jourdain Lescuier est la personne qui fit la commande.

La clochette, qui n'a plus de battant, provient, dit-on, de l'ancienne église de Saint-Martin de Chaumont.

---

(1) Saint-Sulpice, hameau de Flavacourt (Oise).

B. — ANCIEN CIMETIÈRE DE SAINT-JEAN,

autour de l'église.

LXVII.

Epitaphe de Gilles Le Roux, organiste de Saint-Jean (1743).

Pierre encastrée dans la muraille de clôture, à l'ouest du clocher.

Largeur : 0 m. 57 ; hauteur : 0 m. 37.

Ci devant repose le
Corp De Giles Le Rovx
Ancien Organiste De
Cette Paroisse Agé
De 72 Ans Priez Dieu
Povr Son Ame 1743

La croix est gravée sur la pierre placée au-dessus.

C. — CIMETIÈRE COMMUNAL (1).

LXVIII.

Donation du cimetière par Mlle Frion (1881).

Plaque de marbre blanc, à la base de la croix du cimetière ; lettres dorées.

---

(1) Situé au nord-est de la ville, près du chemin d'Enencourt-le-Sec.

Hauteur : 69 cent.; largeur : 87 cent.

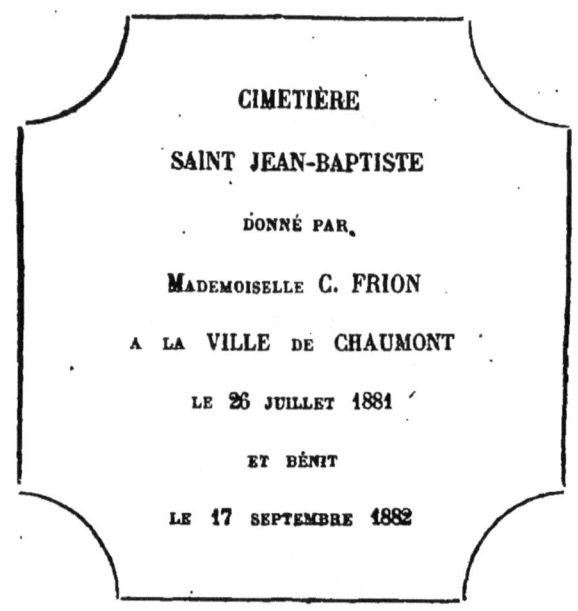

CIMETIÈRE

SAINT JEAN-BAPTISTE

DONNÉ PAR

MADEMOISELLE C. FRION

A LA VILLE DE CHAUMONT

LE 26 JUILLET 1881

ET BÉNIT

LE 17 SEPTEMBRE 1882

Mlle Frion était la fille de M. J.-B. Frion, dont la tombe suit.

LXIX.

Tombe de J.-B. Frion, maire de Chaumont (1874).

Une chapelle de style gothique, dans l'axe de l'allée centrale du cimetière, constitue la sépulture de la famille Frion. Une inscription en lettres d'or sur marbre blanc se lit contre le mur du fond. Voici la partie de cette inscription relative à J.-B. Frion.

DANS L'ATTENTE DE LA RÉSURRECTION (1)

ICI
REPOSENT LES CORPS DE
Jean-Baptiste FRION
ancien Notaire, Juge de paix,
ancien Conseiller Général de l'oise,
ancien Maire de Chaumont,
Chevalier de la légion d'honneur,
Officier d'Académie, etc, etc, etc.
né le 19 avril 1792,
décédé le 10 février 1874.

. . . .

(Suivent les noms de la femme et de la fille de M. Frion).

J.-B. Frion, notaire, puis juge de paix à Chaumont, maire de la ville et conseiller général du canton, est l'auteur de deux ouvrages statistiques et historiques relatifs à Chaumont et à son canton : 1° *Nouveau précis statistique sur le canton de Chaumont*. Extr. de l'*Annuaire* [de l'Oise] de 1859 (Beauvais, 1859. In-8); 2° *Description, histoire et statistique de la ville de Chaumont-en-Vexin* (Beauvais, 1867. In-8). Il était né à Wavignies (2) et mourut à Chaumont. Sur le tympan de la porte de sa chapelle funéraire, sont sculptés en relief les insignes des fonctions qu'il exerça et des distinctions dont il fut revêtu : des balances, un livre ouvert, une croix de la Légion d'honneur.

---

(1) Cette ligne est gravée en demi-cercle.
(2) Canton de Saint-Just-en-Chaussée, arrondissement de Clermont (Oise).

LXX.

Tombe de Fr.-E. Morin, ancien maire de Chaumont (1886).

Sur le bord de l'allée transversale du milieu, à gauche, se trouve la sépulture de :

François-Elie Morin, ancien maire de Chaumont, décédé le 11 août 1886, dans sa 80ᵉ année.

LXXI.

Tombe de L.-S. Boullet, ancien aumônier de l'Hôtel-Dieu de Compiègne (1884).

Sur le socle de pierre qui porte une croix en fer, près de l'allée qui longe le mur de clôture occidental, on lit :

Ci-gît — Louis-Stanislas Boullet, — prêtre, ancien aumônier — de l'hôtel-Dieu de Compiègne, — décédé à Laillerie — dans sa 78ᵉᵐᵉ année. — Requiescat in pace.

L'abbé Boullet mourut le 22 mars 1884.

LXXII.

Tombe de N.-L. Hervieu, chevalier de la Légion d'honneur (1859).

Contre la muraille de clôture méridionale, sépulture de :

Nicolas-Louis Hervieu — chᵉʳ de la Légion d'honneur, — décédé le 21 août 1859, — âgé de 81 ans.

Né à Bernay (Eure), il était gendarme ou sous-officier de gendarmerie lorsqu'il fut décoré.

LXXIII.

Tombe de Laurent Dizier, chevalier de la Légion d'honneur (1890).

Un sarcophage en pierre, au bord de l'allée qui longe le mur de clôture occidental, porte l'épitaphe suivante :

Ici — repose — Laurent Dizier — chevalier de la Légion d'honneur — decédé le 23 janvier 1890 — dans sa 62ème année.

Né à Royaumeix (Meurthe) (1) le 26 juin 1828, il était maréchal-des-logis de gendarmerie à Chaumont lorsque la croix de chevalier de la Légion d'honneur lui fut décernée.

D. — ANCIEN CIMETIÈRE COMMUNAL (2).

LXXIV.

Tombe de S.-M.-P. Lelarge, maire de Chaumont (1837).

Pierre verticale, surmontée d'une petite croix, également en pierre.

ICI REPOSE
SIMON MICHEL PIERRE LELARGE.
DOCTEUR EN MÉDECINE
MAIRE DE CHAUMONT (OISE)
DEPUIS 1793, JUSQU'EN 1826,
NÉ A CAUMONT (CALVADOS),
LE 20 JANVIER 1758,
DÉCÉDÉ A CHAUMONT (OISE)
LE 17 JUIN 1837.

REQUIESCAT IN PACE.

---

(1) Aujourd'hui canton de Domèvre, arrondissement de Toul (Meurthe-et-Moselle.

(2) Situé dans la partie nord-est de la ville, entre la route de Beauvais et celle de Chambly.

Sur Lelarge, voyez Frion, *Description, statistique et histoire de la ville de Chaumont-en-Vexin*, passim.

LXXV.

Tombe de l'abbé Fourgon, curé-doyen de Chaumont (1848).

Pierre debout. Inscription sur plaque d'ardoise (hauteur, 73 centimètres; largeur, 52 centimètres).

ICI REPOSE EN PAIX
LE CORPS DE AUGUSTIN FOURGON
CURÉ CHANOINE HONORAIRE
DOYEN DE CHAUMONT
DÉCÉDÉ LE 24 JUILLET 1848
A L'AGE DE 83 ANS
IL EST REGRETTÉ DE TOUS SES PAROISSIENS
QUI DEPUIS TRENTE ANS
AVAIENT SU APPRÉCIER SES BONTÉS
. . . .

LXXVI.

Tombe de l'abbé Gervoise, curé-doyen de Chaumont (1878).

Sur une pierre supportant une croix de fonte :

CI-GIT
Arsène florimond GERVOISE
CHANOINE HONORAIRE, et
DOYEN DE CETTE PAROISSE
DÉCÉDÉ le 19 avril 1878
DANS SA 65me ANNÉE

LXXVII.

Tombe de Constant Pitre, juge de paix de Chaumont (1880).

Tombe droite à quatre faces, en pierre.

CI-GIT
Constant PITRE
JUGE DE PAIX
à chaumont en vexin
décédé en cette ville
LE 17 JUIN
1880
dans sa 55ᵐᵉ année

LXXVIII.

Tombe de Mᵐᵉ L'Épine, née La Charlière (1811)

ICI REPOSE LE CORPS DE
MADAME MARIE MADELEINE
CAMILLE DE LACHARLIÈRE
Vᵛᵉ DE Mʀ JOSEPH MAURICE L'ÉPINE
SOUS-INTENDANT MILITAIRE
DE 1ᵉʳᵉ CLASSE, NÉE
A MONTGON (ARDENNES)
LE 1ᵉʳ FÉVRIER 1774
DÉCÉDÉE A CHAUMONT LE
1ᵉʳ SEPTEMBRE 1811.

LXXIX.

Tombe de Joseph L'Épine, inspecteur général des postes et relais (1812).

Mausolée en pierre.

Longueur : 1 m. 82 ; largeur : 64 cent. ; hauteur : 1 m. 10.

Face de gauche:

ICI REPOSE LE CORPS DE
MONSIEUR JOSEPH L'ÉPINE, INSPECTEUR GÉNÉRAL DES
POSTES ET RELAIS, NÉ A THÔNE, PRÈS GENÈVE LE 3
DÉCEMBRE 1741, DÉCÉDÉ A LAILLERIE LE 24 FÉVRIER 1812

La face de droite porte l'épitaphe de Julienne Delanoë, femme de M. L'Épine (16 février 1774-3 mars 1820).

LXXX.

Tombe de J.-B.-L. Le Porquier de Vaux, secrétaire général de la préfecture de l'Oise (1828).

Sur une colonne de pierre haute de deux mètres et surmontée d'une urne funéraire :

> JEAN-BAPTISTE LAURENT
> LE PORQUIER DE VAUX
> CHEVALIER
> DE LA LÉGION D'HONNEUR
> SECRÉTAIRE GÉNÉRAL
> DE LA PRÉFECTURE DE L'OISE
> DÉCÉDÉ LE 31 AOUT 1828
> AGÉ DE 77 ANS.

« M. Le Porquier-Devaux (*sic*) (Jean-Baptiste-Laurent) était avocat au Parlement de Paris avant la Révolution ; élu, en 1791, juge à la cour de cassation, il n'accepta pas ; il fut ensuite et successivement président du district [de Chaumont], juge de paix, révoqué pour incivisme, et juge au tribunal civil du département. Plus tard, il fut conseiller de préfecture et secrétaire général de la préfecture de l'Oise par permutation, reçut la décoration de la Légion d'honneur et mourut en 1828, à l'âge de 77 ans. C'était un homme pieux et d'opinion légitimiste ; il fut père de treize enfants » (1).

LXXXI.

Tombe d'Ad.-M. Lelarge, ancien avocat au conseil d'Etat (1845).

---

(1) FRION, *Description, histoire et statistique de la ville de Chaumont-en-Vexin*, 1867, p. 257, note.

CY-GIT
ADOLPHE, MICHEL
LELARGE
ANCIEN AVOCAT
AU CONSEIL
DÉCÉDÉ A PARIS
LE 5 FÉVRIER 1845
AGÉ DE 42 ANS.

LXXXII.

Tombe de M.-L.-R. d'Eyragues, marquise de Graveson (1848).

Mausolée à quatre faces. Inscription sur plaque de marbre blanc (largeur : 83 cent.; hauteur : 43 cent.).

ICI REPOSE
MARIE LUCILE ROSALIE
D'EYRAGUES
MARQUISE DE GRAVESON
DÉCÉDÉE A CHAUMONT
LE 18 7bre 1848.

Marie-Lucile-Rosalie d'Eyragues de Bionneau, veuve de Jacques-Joseph-Félix-Angélique-Jean-Baptiste de Clemens de Graveson, mourut à l'âge de soixante-treize ans.

LXXXIII.

Tombe de A.-P. Laurent de Joubert (1876).

Pierre debout. Inscription sur plaque de marbre blanc (80 cent. × 40 cent.).

ICI REPOSE
LE CORPS DE AMÉDÉE PIERRE
LAURENT de JOUBERT
NÉ A MONTPELLIER,
LE 19 AVRIL 1791,
DÉCÉDÉ A PARIS,
LE 24 FÉVRIER 1876.

IL ÉTAIT LE DERNIER DESCENDANT
de LAURENT JOUBERT,
MÉDECIN DE FRANÇOIS IER
PRIEZ POUR LUI.

CE MONUMENT A ÉTÉ ÉLEVÉ
A SA MÉMOIRE
PAR *MM.*
HÉRON de VILLEFOSSE

La personne inhumée en cet endroit fut le dernier représentant d'une famille originaire de Champagne et issue des anciens vicomtes de la Ferté-sur-Aube (1), à la race desquels appartenait saint Bernard. C'est à cette famille, établie dans le Vivarais, puis en Dauphiné et enfin dans le Languedoc, qu'appartient Laurent Joubert, médecin célèbre du xvie siècle, né en 1529 à Valence, et qui est indiqué à tort, par le texte ci-dessus, comme médecin de François Ier, tandis qu'il le fut de Henri III. Preuve nouvelle de la défiance avec laquelle il faut accueillir les traditions orales. On répétait toujours dans la famille que Laurent Joubert avait été médecin de François Ier : la légende finit par s'établir, et on fit graver l'épitaphe sans vérifier les dates (2). Les Joubert fournirent, pendant le xviie et le xviiie siècles, de nombreux officiers aux juridictions supérieures et à la haute administration de la province de Languedoc, avocats, syndics généraux de la province, présidents en la cour des comptes, trésoriers des Etats, etc. L'un d'eux, Philippe-Laurent de Joubert, seigneur du Bosc, baron de Sommières et de Montredon, fut un zélé protecteur des arts et des sciences, et tout le monde connaît la belle collection de dessins qu'il fit graver et publier en deux volumes in-folio, sous le titre de *Galerie de Florence*. Laurent-Nicolas Joubert, son fils, fut comme lui trésorier des Etats, et cette charge très enviée devait, par survivance, passer un jour au seul fils issu du mariage

---

(1) Canton de Châteauvillain, arrondissement de Chaumont (Haute-Marne).

(2) Sur Laurent Joubert, cf. Moreri, La Croix-du-Maine, Michaud, Larousse, etc., etc., et une *Notice histor. et bibliogr. sur la vie et les ouvrages de Laurent Joubert, chancelier en l'Université de médecine de Montpellier, au* xvie *siècle,* par P.-J. Amoreux (Montpellier, 1814. In-8).

de ce dernier avec Marie-Louise Poulletier de Périgny, c'est-à-dire à Amédée-Pierre-Laurent de Joubert ; mais la Révolution ne tarda pas à emporter l'ancienne administration de Languedoc(1).

Amédée-Pierre-Laurent de Joubert naquit à Montpellier le 19 avril 1791. Il fut, sous la Restauration, chef ou sous-chef de bureau au ministère des finances. La terre de Rebetz appartenant à son beau-frère, Pierre-Félix-Geoffroy de Charnois, ancien conseiller au Parlement de Paris, époux de Nathalie de Joubert (2), il acquit une propriété à Chaumont (3) et voulut être inhumé dans le cimetière de cette ville. Le monument qui s'élève sur sa tombe fut érigé par les soins de M. Etienne-Marie Héron de Villefosse, ancien élève de l'école des Chartes, ancien archiviste du département de la Nièvre, ancien auxiliaire de l'Institut, décédé à Nevers, le 10 juin 1892, à l'âge de 67 ans, et de M. Antoine-Marie-Albert Héron de Villefosse, membre de l'Institut (académie des inscriptions et belles lettres), conservateur des antiquités grecques et romaines au musée du Louvre, membre titulaire du comité des travaux historiques et scientifiques, directeur-adjoint à l'école pratique des hautes études, chevalier de la Légion d'honneur, etc. (4).

Amédée-Pierre-Laurent de Joubert, mort célibataire, était, à la mode de Bretagne, l'oncle de M. Etienne-Marie Héron de Villefosse et le grand-oncle de M. Antoine Héron de Villefosse, neveu de celui-ci. Mlle Poulletier de Périgny, sœur de la mère d'Amédée-Pierre-Laurent de Joubert, avait épousé, en effet, M. Chaumont de la Millière, dont la fille, Mme la baronne Héron de Villefosse, fut la mère de M. Etienne-Marie Héron de Villefosse et la grand'-mère de M. Antoine Héron de Villefosse.

Les armes des Joubert étaient: « d'azur à trois chevrons d'or,

---

(1) *Les officiers des Etats de la province de Languedoc,* par le vicomte de Carrière (Paris, 1865. In-8), *passim.*

(2) Il avait une autre sœur, Célestine-Marie de Joubert, morte sans alliance, à Paris, le 28 novembre 1861, qui contribua à l'établissement du presbytère actuel de Chaumont.

(3) C'est celle possédée aujourd'hui par M. Gastine, notaire à Paris.

(4) C'est grâce à la complaisance de M. Antoine Héron de Villefosse que nous avons pu nous procurer tous ces renseignements sur Amédée-Pierre Laurent de Joubert et sa famille.

deux et un, au chef d'argent chargé d'une croix potencée d'or, cantonnée de quatre croisettes de même, qui est la croix de Jérusalem. » Ce chef est une concession faite à Jean IV de Joubert, père de Laurent Joubert, pour lui et ses descendants, par le grand-maître de Rhodes, Villiers de l'Ile-Adam, à raison de grands services rendus pendant le siège de Rhodes, en 1522 (1).

E. — *CHAPELLE FUNÉRAIRE DE LA FAMILLE DE CHAUMONT-QUITRY (2).*

LXXXIV.

Pierre tombale de Jehan Christian († 1328) et de Jehanne, sa mère († 1323).

Grande pierre dressée contre la muraille, à droite en entrant.

---

(1) Vicomte de Carrière, *op. cit.*, p. 137.

(2) Elevée en 1845 au sommet de la montagne de Chaumont. Dans le caveau de cette chapelle reposent les restes des personnes dont les noms suivent :

1. Madeleine-Charlotte de Riquet de Caraman, marquise de Chaumont-Quitry, née à Paris en 1764, morte au Landin (Eure) en 1854.

2. Guy-Eugène, comte de Chaumont-Quitry, né à Paris en 1787, mort à Paris en 1851.

3. Stéphanie de Tascher de la Pagerie, comtesse de Chaumont-Quitry, née à la Martinique en 1788, morte à Paris en 1832, et ses enfants, Louise-Henriette de Chaumont-Quitry (1818-1819) et Madeleine-Louise de Chaumont-Quitry (1820-1829).

4. Adélaïde de Bourbon-Condé, comtesse de Chaumont-Quitry, née à Paris en 1780, morte à Paris en 1874.

5. Félix de Chaumont-Quitry, né à Paris en 1823, mort à Alger en 1846.

6. Ulick de Chaumont-Quitry, né à Paris en 1824, mort à l'école militaire de Saint-Cyr en 1843.

7. Odon, marquis de Chaumont-Quitry, né à Paris en 1827, mort au Landin (Eure) en 1866.

8. Joséphine Destor, gouvernante, née à Paris en 1794, morte au Landin en 1862.

9. Hugues de Chaumont-Quitry, né à Maubranche (Cher) le 26 septembre 1880, mort à Paris le 25 avril 1882.

10. Emilie de la Cour-Balleroy, morte à Paris le 4 octobre 1886.

Hauteur : 2 m. 65 ; largeur : 1 m. 43 ; épaisseur : 20 cent.

Autour de la pierre se déroule l'inscription suivante :

[CI]·GI·SENT ∴ IOHAN ∴ XPI·S·TI·AN ∴ [ET] IOHA | NN·NE ∴ SA ∴ MERE ∴ QUI ∴ TRES·PASSERENT ∴ LA·DI·CTE ∴ IOHAN·NE ∴ LAN ∴ M·C·C·C· | ∴ XX·III ∴ IX·IORS : EN·NO·VEM·BRE·LEDIT·[IO] | HAN ∴ LAN ∴ M·C·C·C·XXVIII ∴ LE *(en blanc)* · DE·LA·CHAN[DE]LEUR ∴ PRIES : POUR : LES : AMES

Les effigies des deux défunts sont représentées gravées au trait, couchées et les mains jointes, sous deux arcades en tiers-point trilobées, avec gâbles triangulaires. Au-dessus de la tête de chaque personnage, deux anges nimbés agitent des encensoirs qui passent en arrière du gâble.

Jean Christian ou Chrétien est couvert de vêtements longs, laissant voir les poignets, plus étroits et fermés d'une rangée de boutons à la partie inférieure, d'un vêtement de dessous. Ses pieds, chaussés de souliers ou de sandales à bouts arrondis, reposent sur un chien couché, portant au cou un collier muni d'un grelot. Le visage du personnage, rond et plein, encadré par des cheveux de longueur moyenne, et la calvitie du sommet de la tête indiquent un homme d'un certain âge.

Sa mère, dont la stature est un peu moins élevée, a la tête enserrée dans une sorte de guimpe qui cache le front sous une ligne horizontale. Les cheveux, enfermés dans une coiffe d'étoffe, forment deux épais bourrelets à droite et à gauche. Un ample manteau de menu-vair recouvre la robe, à manches assez larges, d'où sortent des manchettes étroites munies de boutons. Les pieds reposent, comme ceux du fils, sur un chien couché, dont le collier est également muni d'un grelot.

Cette dalle provient de l'église de l'ancien prieuré de Laillerie et a été transférée, vers 1880, dans la chapelle funéraire des Chaumont-Quitry. On l'a restaurée avec du plâtre à la suite de ce déplacement.

LXXXV.

Epitaphe de Guillaume de Chaumont, seigneur de Bertichère, Quitry, Forêt, etc. (1543).

Longue bande de pierre appliquée contre la muraille, à gauche en entrant.

Longueur : 2 m. 37 ; hauteur : 17 cent.

CY GIST·NOBLE·ET·PVISSENT·SIGNEVR·GVILEAVME·DE·
CHAVMONT·ESCEVIER·EN·SON·VIVENT·SIGNVR
DE BERTICHERES (1)·QVITRI (2)·FORES (3)·ERQVECOVRT (4)·
LE BOISGVENIER (5)·Q̄·TREPASSA·LE·XI·Ē·DE·NOVEMBRE·
LĒ (6)·1543
PRIE·DIEV·POREVX

Cette inscription, dont nous donnons un fac-similé, à cause de la forme inusitée des lettres romaines et de l'aspect singulier du quantième, qui a été surchargé et reste douteux, accompagne une statue en pierre, ou plutôt un fragment de statue haut de près d'un mètre et représentant autrefois un personnage agenouillé, tête nue? et les mains jointes. Cette statue, coupée un peu au-dessus des genoux, a été posée sur une pierre moderne. Guillaume de Chaumont, s'il s'agit bien de lui, est vêtu d'une sorte de robe sans ceinture, à manches larges et pendantes ne dépassant pas le coude, mais laissant voir des manches de dessous plus étroites. La partie supérieure du col est ornée en arrière d'une petite frisure. Les cheveux, abondants et ondulés, sont partagés au milieu du front. Malheureusement, cette statue, dans son état actuel, a subi des mutilations : le nez et les mains ont été

---

(1) Dépendance de Laillerie.

(2) Guitry, canton d'Ecos, arrondissement des Andelys (Eure).

(3) Forêt-la-Folie, canton d'Ecos, arrondissement des Andelys (Eure).

(4) Requiécourt, ancienne paroisse du diocèse de Rouen, aujourd'hui hameau de Cahaignes, canton d'Ecos, arrondissement des Andelys (Eure).

(5) Beaugrenier, commune de Montjavoult, canton de Chaumont.

(6) *L'an.*

brisés. Elle provient, comme la pierre tombale précédente, de l'église de l'ancien prieuré de Laillerie.

Guillaume de Chaumont, second fils de Julien de Chaumont, seigneur de Quitry, de Boissy-le-Bois, de Bellestre et de Bertichère, et d'Hélène du Fay, épousa, le 9 juillet 1512, Adrienne de l'Isle, dame d'Arthieul, et fut l'auteur d'une seconde branche de la famille. Sur les Chaumont-Quitry, cf. le P. Anselme, *Histoire générale et chronologique de la maison royale de France, des pairs, grands officiers de la couronne et de la maison du roy*, 3ᵉ édit., 1733, t. VIII, p. 885-895, et *Dictionnaire de la noblesse*, par De la Chenaye-Desbois et Badier, 3ᵉ édit., t. v, 1864, col. 509-520.

F. — *MONUMENTS DIVERS.*

LXXXVI.

Croix Noël-Gaugé (XIXᵉ siècle).

Croix de fer, sur un piédestal en pierre, au bord du chemin de Bachivilliers. Epoque moderne. Sur le piédestal :

<pre>
          A LA MÉMOIRE
           DES ÉPOUX
          NOËL-GAUGÉ
          LEUR FAMILLE
         RECONNAISSANTE
</pre>

COURCELLES-LEZ-GISORS.

A. — *ÉGLISE.*

LXXXVII.

Tombe d'Etienne Bertran, curé de Courcelles (1413).

Longueur : 2 m. 80 ; largeur : 1 m. 16.

Grande dalle, brisée en trois fragments, dressée contre

la muraille, dans la chapelle située au sud du chœur (1).

Une arcade abrite l'effigie, gravée au trait, d'un prêtre revêtu de la chasuble ample et les mains jointes. Une banderolle flottant au-dessus de la tête porte en gothique : miserere mei deus secundum magnam misericordiam tuam. L'arcade, en tiers point, garnie de festons et surmontée d'un gâble flamboyant, avec deux anges nimbés voletant à droite et à gauche et tenant des encensoirs, repose sur deux pieds droits amortis en pinacles et couverts de petites niches à personnages. Les emblèmes nimbés des quatre Evangélistes figurent dans autant de médaillons circulaires aux quatre angles de la pierre. L'épitaphe se déroule en encadrement, sauf à la partie inférieure de la pierre, qui paraît n'avoir jamais reçu de caractères. Elle commence à droite de la pointe du gâble pour se terminer à gauche de la même pointe. En voici le texte :

Ci gist | venerable et discrette persone mes= [estienn]e bertran prestre · Jadis Cure de ceste eglise et vicairre de moseigneur | larchidiacre de venguesin le normat · qui trespassa · lan [de] grace mil cccc et xiii le vᵉ jour dauril · dieu ait lame de | lui amen.

Cette tombe était autrefois fort belle, et il est regrettable que la mesure de conservation dont elle a été récemment l'objet n'ait pas été prise beaucoup plus tôt.

LXXXVIII.

Fondation par Geufroy de Ligny, chapelain de la Sainte-Chapelle (1631).

Contre le pilier sud-ouest de l'intertransept, au milieu d'un cadre rectangulaire en pierre, surmonté d'un fronton en arc de cercle à brisure, on lit l'inscription suivante, gravée sur pierre :

---

(1) Elle était naguère encastrée dans le pavage de l'intertransept, où les sonneurs la piétinaient continuellement. Mais ce n'était pas, paraît-il, sa place primitive. Elle a pu être transportée à l'endroit actuel le 2 septembre 1892, à l'aide d'une subvention accordée par la Société française d'archéologie et grâce au concours empressé de M. l'abbé Delavaquerie, curé de Courcelles.

COURCELLES-LEZ-GISORS. — LXXXVII.
Pierre tumulaire d'Etienne Bertran, Curé de Courcelles, 1413.

Hauteur : 60 cent ; largeur : 55 cent.

IHS

In nomine, domini Amen
Difcrette perſoe mre Geufroy de ligny
pbre fy deuant Chapelain de la Ste Chple
de Paris leq¹ A fondé A leglife de Ciens
Vne baffe meffe A perpetuite laqlle fe dira tous les
Dimanche de lnnée (sic) et a la fin de la dicte meffe le
Pbre fera tenu de dire le libera & De profundis
sur la Tumbe dud Defz (1) & serons les Maregliers
tenus de fournir de luminaire & ornemens ho
nestes pour dire & felebrer la dicte meffe et A le
dict Defz donné Pour fe faire a la dcte (sic) Eglise la
Soe de Trente liure tournois de Rente Anuelle
& perpetuelle Come il est plus euplement declare
Das le Contra de Doneſson pafſe A Gifors deuant
Nicolas le coins aduocat notaire & tabellion au
dict Gisors En date du 2ᵉ de Ianuier 1632 le
quel Deceda le · 27 · de Decembre 1631 (sic) Pri[ez] Dieu
pour fon Ame

(Calice surmonté   (Deux fémurs   (Téte de mort encadrée   (Deux fémurs   (Ciboire)
  d'une hostie).   en sautoir).   par deux rameaux).   en sautoir).
(Larmes semées ça et là.)

Cette inscription est l'œuvre d'un ouvrier ignorant. On remarquera que la date indiquée pour le contrat de fondation est postérieure à celle indiquée pour le décès de Geufroy de Ligny, et cependant la rédaction de l'inscription annonce bien que la fondation a été faite par lui-même et non par ses héritiers. Il y a donc là une erreur de plus à la charge du lapicide. Le nom du notaire doit se lire Lecoings.

---

(1) Défunt.

LXXXIX.

Cloche (1557).

Diamètre : 91 cent.

† lan mil vc lvii fut nommee nicolle (1) goerge (2) dargen=
re cruier s de morepas et de courcelles en partye et

. de par les habitans de courcelles *(Ici un médaillon circulaire dans lequel un* Agnus Dei.*)*

B. — *CIMETIÈRE* (3).

XC.

Tombe de J.-P. Mouchy, maire de Courcelles (1844).

Tombe plate, rapportée de l'ancien cimetière (4) (1ᵐ30 × 0ᵐ60).

ICI
REPOSE LE CORPS
DE M. J. P. MOUCHY
MAIRE DE CETTE COMMUNE PENDANT
L'ESPACE DE 24 ANNÉES
NÉ A BOURY (OISE) LE 24 AOUT 1763
DÉCÉDÉ LE 11 JUILLET 1841.

. . . .

XCI.

Tombe de l'abbé Barbazza, curé de Courcelles (1842).

Pierre debout, de 80 centimètres de hauteur sur 56 cent. de

---

(1) La paroisse est sous le patronage de la sainte Vierge.
(2) George.
(3) Au bord du chemin de Boury.
(4) Contigu à l'église.

largeur, provenant de l'ancien cimetière, et placée à trois mètres en arrière de la croix centrale.

LOUIS BARBAZZA

PRÊTRE ROMAIN (1)
DOCTEUR EN TH^{gie}
CHANOINE HON. DE LIMOGES
CURÉ DE COURCELLES
AGÉ DE 85 ANS.

Louis-Ange Barbazza, ancien vicaire et curé dans le diocèse de Lyon, ancien aumônier dans l'armée française, fut installé curé de Courcelles le 30 avril 1835 et mourut dans sa paroisse le 20 décembre 1842.

DELINCOURT.

A. — ÉGLISE.

XCII.

Fondation par Jehan Luillier, vicaire de Delincourt (1552).

Pierre appliquée contre l'un des piliers du chœur, au sud (2).

Largeur : 95 cent.; hauteur : 64 cent.

Lan de grace mil v^c lii le xii jor doctobre messire Jehan luillier pbre vicaire soub; | me henry peltot aussi pbre cure de ceas, a aumosne.

---

(1) Il était né à Rome.
(2) Cette pierre, qui se trouvait autrefois près de la chaire, a été mise à sa place actuelle en 1858.

et doné a la fabricq de ceste présente | egle de S̄t Leger de delincourt, ung arpet de terre assis pres le fief baudry, tenāt d'un coste | les hoirs martin damotville, dun bout le chemin. Ītē ung arpet de terre assi à la brosse Robert | tenāt dun coste gilles le Roussin escuyer : dun bout Colin le tellier. Ītē lx pches de terre assi aux | gras fossez, tenāt dun coste z d'un bout Jehan le cordier. Ītē iiii^{xx} pches assis au chemi de courselles, | ten dun coste z dun bout les hoirs Jehan prevost. Ītē iii quartiers de terre assi aux trois buissons, | ten dun coste guille le Roy, et dun bout le chemin. A la charge q̄ les m̄ḡl̄r̄s de lad/ egle seront tenuz | et subgetz de faire celebrer, et chāter, tous les ans à Jamais, p le cure ou vicaire de lad/ egle, ou | p ault p lesd/ cure ou vicaire qmis, les Jo^{rs} du vendredi, samedi, dimēche, lnndi, mardi, mercredi | et Jeudi : des octaves de la feste du S̄t Sacremēt de l'autel, les sept heures canoniālles, z messe sollenelle, | selon lordinaire z usayge de Rouen. Et encores le vendredi pchain ensuyvāt lesd/ octaves, ung obiit | ou svice, de vigilles, et haulte messe d̄e Requie, a diacre soūbz diac et chappes. Et pour ce lesd/ m̄ḡl̄r̄s payrōt aud/ cure ou vicaire, p chūn an, l · s · t · Et a iii ou iiii pbres qui serōt nomez, | et elenz p lesd/ cure, ou vicaire, et serōt tenus assister a ayder a chāter z fē lesd/ offices et svices, | Et au clerc de lad/ egle, qui sera tenu soner, et assister, attādre les aornemēs, et les Remettre | a point : lesd/ m̄ḡl̄r̄s serōt tenuz leur payer p chūn an a chūn v s. t. Et se lesd. pbres/ defaillēt | a assister ausd/ offices, et svices, por chune fois quilz defailerōt a matines, ou a la messe, | ou a vespres, leur serōt Rabatuz vj d. t. Cōme plus a plain appt p les lers sur ce faictes, | et passées a chaumōt : dot le mynut, et Regist est p devers me pre badaire tabellio aud/ chaumot.

Priez dieu pour luy.

XCIII.

Épitaphe de Jean Martel, chevalier, chambellan du duc de Normandie († 1356).

Pierre appliquée (1884) contre la muraille, dans la chapelle méridionale.

DELINCOURT.   81

Hauteur : 85 cent.; largeur : 1 m. 10.

✝

· Hospes, sta et ora : heroem calcas

Cy gist Monseigneur Jean Martel, chevalier, jadis chambellan
du duc de Normandie, a présent Roi de France, qui vaillamment
en servant son roi et seigneur mourut en la bataille de Poitiers,
l'an 1356, le 26ᵉ jour du mois de 7ᵇʳᵉ, pour lequel le dit Roi nommé Charles le Quint
a fondé une messe chacun jour, a perpétuité

(*Traduit au xviiiᵉ siècle de l'épitaphe latine de l'an 1379*).

Les restes mortels du très-noble chevalier transférés en grande pompe, par les soins de
Charles V, le 10 juin 1379, de la cathédrale de Poitiers en l'église des Célestins de Limay-les-Mantes
le furent de nouveau en cette église de Delincourt, le 12 Jᵗ 1787, par le
Comte Martel de Delincourt, son descendant qui repose a côté avec les Roussin,
les La Brosse et les Campoÿer.
Beati qui in Domino moriuntur.

Anno Xᵗⁱ 1886, sumptibus suis Comes
de Noinville instauravit.

(Armoiries des Martel : *d'or
à trois marteaux de gueules,
2 et 1*).

J. Ollivier
à *Beauvais*.

M. le chanoine Pihan a fourni la première partie de cette épitaphe, dont il a surveillé l'exécution et la pose.

XCIV.

Cloches (1874).

1. Grosse. Diamètre : 1 m. 20.

LAN 1874 SOUS L ADMINISTRATION DE M^{GNR} GIGNOUX EVEQUE DE BEAUVAIS JE FUS BENITE PAR M^{GNR} ORLE (1) VICAIRE GENERAL ET NOMMEE
☞ BLANCHE MARIE ARMANDINE PAR MR MARIE PAUL GABRIEL CHARLES DUVEY (2) COMTE DE NOINVILLE ET MME LA BARONNE DE
☞ LAPORTE NEE BLANCHE MARIE ARMANDINE DE MARTEL MR HEMET ETANT MAIRE DE DELINCOURT MR BATICLE CURE MR LALOUETTE PRESIDENT
☞ DU CONSEIL DE FABRIQUE MR PREVOTE (3) TRESORIER

Sur les flancs de la cloche se trouvent reproduites en relief une figure de saint Paul et les armoiries suivantes :

Pie IX. *Ecartelé au 1er et 4e d'azur au lion rampant d'or, couronné du même; aux 2e et 3e d'argent à deux bandes de gueules.* Timbré d'une tiare, avec deux clefs en sautoir.

Mgr Gignoux. *De gueules au pélican avec sa piété dans son aire.* Timbré d'un chapeau, avec pendants à six houppes. Devise sur un ruban flottant autour de l'écu : IMPENDAM ET SUPERIMPENDAR IPSE.

Durey de Noinville. *De sable au rocher de six coupeaux d'argent, mouvant de la pointe de l'écu et surmonté d'une croisette du même.* Couronne de comte; deux lévriers pour supports.

Laporte et Martel, accolées. *De pourpre au myrthe arraché d'argent*, qui est Laporte; — *d'or à trois marteaux de gueules, 2 et 1*, qui est Martel. Couronne de comte; deux sauvages pour supports.

Le baron et la baronne de Laporte sont inhumés dans le cimetière de Delincourt (Voir n° XCIX). Le comte de Noinville, décédé à Paris le 4 mai 1891, à l'âge de 67 ans, était marié à Marie-Charlotte de Laporte, fille du baron et de la baronne de Laporte. La mort de Mme de Laporte, en 1880, rendit Mme de Noinville propriétaire du château de Delincourt.

---

(1) Lisez : Obré.
(2) Lisez : Durey.
(3) Lisez : Prévôté.

2. Moyenne. Diamètre : 1 m. 07.

LAN 1874 SOUS L ADMINISTRATION DE M^{GNR} GIGNOUX EVEQUE DE BEAUVAIS JE FUS BENITE PAR M^{GNR} OLRE VICAIRE GENERAL ET NOMMEE HELENE
☞ MARGUERITE PAR MR ALBERT MENARD ET M^{ELLE} HELENE MARGUERITE PELLETIER MR HEMET ETANT MAIRE DE DELINCOURT MR BATICLE CURE M_R
☞ LALOUETTE PRESIDENT DU CONSEIL DE FABRIQUE MR PREVOTE TRESORIER

3. Petite. Diamètre : 1 mètre.

LAN 1874 SOUS L ADMINISTRATION DE MGNR GIGNOUX EVEQUE DE BEAUVAIS JE FUS BENITE PAR MGNR OLRE VICAIRE GENERAL ET NOMMEE
☞ AGLAEE JULIE PAR MR J B HUBERT ET M^{ELLE} AGLAEE JULIE LUCE MR HEMET ETANT MAIRE DE DELINCOURT MR BATICLE CURE MR LALOUETTE
☞ PRESIENTD (*sic*) DU CONSEIL DE FABRIQUE M^H PREVOTE TRESORIER

Ces deux cloches ne portent que les armoiries de Pie IX et celles de Mgr Gignoux, telles que nous les avons décrites.

La signature du fondeur se lit sur la panse des trois cloches, près d'un crucifix : FONDUE PAR VIEL TETREL A VILLEDIEU MANCHE.

XCV.

Ancienne cloche (1530).

Diamètre : 1 m. 24.

† ℑan mil v^{cc} xxx nous fumes faictes par les habitans de delincourt et fuis nommee legere

Cette belle cloche, la plus ancienne du canton, a fait place, en 1874, aux trois dont nous venons de rapporter les inscriptions. La rédaction de son inscription prouve qu'elle était accompagnée originairement de plusieurs autres, fondues en même temps qu'elle. Son nom de *Légère* lui avait été donné en l'honneur du patron de la paroisse, saint Léger.

D'après un estampage exécuté en 1843 par le chanoine Barraud et communiqué par M. l'abbé Boulanger, curé de Chamant, originaire de Delincourt.

B. — *CIMETIÈRE.*

XCV bis.

Croix du cimetière (1852 ou 1853).

Sur le piédestal, inscription de huit lignes en capitales, devenue trop fruste pour que le sens même en puisse être déterminé. Au-dessous, on peut encore déchiffrer ces mots :

..... érigée en l'année 185.
.... monsieur DEFRANCE [curé]
d[e cette pa]roisse.............

O CRUX AVE.

Cette croix fut érigée par Pierre-Célestin Defrance, curé de Delincourt, en mémoire de sa mère, Marie-Anne Leclerc, veuve de Pierre Defrance, décédée à Delincourt le 4 juillet 1852.

XCVI.

Tombe de Ch.-L. Martel, ancien seigneur de Delincourt (1805).

Pierre calcaire placée horizontalement.

Longueur : 1 m. 94 ; largeur : 84 cent.

ICI
REPOSE LE
CORPS DE
MONSIEUR
CHARLES
LOUIS MART
EL CAPITAINE
DE CAVALE
RIE PROPRIE
TAIRE EN CE
TTE COMMU
NE AGE DE

SOIXANTE
DIX NEUF ANS
DECEDE LE [28]
FEVRIER 1805
PRIEZ DIEU
POUR LUI

Sur Charles-Louis Martel, chevalier, comte de Fontaine, seigneur de Chambines, Hécourt (1), Martainville (2), Fayel-sous-Boubiers (3) et Delincourt, cf. l'abbé Baticle, *Hist. de Delincourt*, p. 89 et *passim*.

XCVII.

Tombe de M.-L. de Belloy, femme de Ch.-L. Martel (1810).

Pierre calcaire placée horizontalement.

Longueur : 1 m. 70 ; largeur : 70 cent.

ICI
LE CORPS
REPOSE M^D
MARIE LOUISE
DE BELLOI
DE PROVEMON
FEMME DE
MONSIEUR
CHARLES
MARTEL CAP
ITAINE DE CAV
ALERIE
. . . .
. . . . DECEDE
. . . . MAI 1810
. . . . DIEU
. . . .

---

(1) Hécourt, canton de Pacy-sur-Eure, arrondissement d'Evreux Chambines est une dépendance d'Hécourt.

(2) Probablement Martainville-près-Pacy, ancienne paroisse, aujourd'hui hameau du Cormier, canton de Pacy-sur-Eure.

(3) Boubiers, commune du canton de Chaumont.

Epouse du précédent. Fille de Jean-Nicolas de Belloy, seigneur de Provemont (1), et de Louise-Agnès Daniel de Boisdenemetz. Elle fut inhumée le 30 mai 1810 (*Reg. par. de Delincourt*), à l'âge de 75 ans.

XCVIII.

Tombe de Louise Martel (1813).

Pierre calcaire placée horizontalement.

Longueur : 1 m. 66 ; largeur : 70 cent.

```
       ICI
   REPOSE LE
   CORPS DE
   MADEMOIS
   EL LOUISE
   MARTEL AG
   DE 15 ANS
   DECEDE LE
   23 JUIN 1813
   FILLE DE Mʳ
   JOFROI MAR
   TEL LIEUTEN
   AN AU REGIMENT
   DE GRENADIERS DE
   LA GARDE ROYALE
```

Voici l'acte de baptême de cette jeune fille, tel qu'il est inscrit aux registre paroissiaux de Delincourt : « Jeudi 12 messidor an dix de la République française, ont été suppléées par nous, curé de Delincourt, soussigné, les cérémonies du baptesme d'une fille nommée Louise, née le neuf frimaire an cinq et ondoyée le lendemain, fille du légitime mariage de Geoffroi Martel, propriétaire, et de Françoise-Renée de Coucquault d'Avelon, son épouse... ». Louise Martel était la petite-fille de Charles-Louis Martel et de Marie-Louise de Belloy, dont les tombes précèdent.

---

(1) Canton d'Etrépagny, arrondissement des Andelys.

XCIX.

Tombe d'Arnaud-Auguste, baron de Laporte, maréchal de camp († 1874), et de Bl.-M.-A. Martel, sa femme († 1880).

Sarcophage double en pierre, bas, légèrement en dos d'âne. Les inscriptions se lisent sur deux plaques de marbre blanc, mesurant chacune 2 mètres de longueur sur 90 centimètres de largeur.

1.

ICI REPOSE
DANS LA PAIX DU SEIGNEUR
LE CORPS DE
ARNAUD AUGUSTE BARON DE LA PORTE.
MARÉCHAL DE CAMP D'ARTILLERIE,
COMMANDEUR DE LA LEGION D'HONNEUR,
CHEVALIER DE S^T LOUIS ET DE S^T FERDINAND.
NÉ LE 16 MAI 1781,
DÉCÉDÉ A CAEN LE 5 MARS 1874.

BIENFAITEUR DE L'EGLISE ET
DE LA PAROISSE DE DELINCOURT.

LA MÉMOIRE DU JUSTE NE PÉRIRA PAS

Ps III.

2.

ICI REPOSE
DANS LA PAIX DU SEIGNEUR
LE CORPS DE
BLANCHE MARIE ARMANDINE
DE MARTEL
BARONNE DE LA PORTE.
NÉE LE 18 DÉCEMBRE 1798,
DÉCÉDÉE
A CAEN LE 2 FÉVRIER 1880.

BIENFAITRICE DE L'EGLISE ET
DE LA PAROISSE DE DELINCOURT.

BIENHEUREUX CEUX QUI MEURENT
DANS LE SEIGNEUR.

Apoc. XIV.

3. **Colonne en pierre, surmontée d'une croix.**

Sur le fût :

PRIEZ POUR MOI

BARON DE LA PORTE
(ARNAUD-AUG^{TE})
GÉNÉRAL D'ART^{RIE},
COM^{DEUR} DE LA LEGION D'H^{EUR},
CHEVALIER DE
St LOUIS, St FERDINAND,
NÉ A PARIS 1.781,
MORT A CAEN 1874.

Sur le piédestal :

AUSTERLITZ,
AUERSTADT, EYLAU,
TALAVEYRA.....
1812. 1813.
1814.
1823.

Sur la carrière militaire du baron de Laporte, voyez *Histoire de Delincourt*, par l'abbé Baticle (Pontoise, 1891. In-8, p. 91). Arnaud de la Porte était fils du baron Arnaud de Laporte, intendant général de la marine sous Louis XVI, puis intendant de la liste civile en 1790, et de N. de Cotte, sa femme. Blanche-Marie-Armandine Martel était née du mariage de Geoffroy Martel, comte de Fontaine, dit de Fontaine-Martel, lieutenant aux gardes françaises sous Louis XVI, avec Françoise-Renée de Coucquault d'Avelon. Elle était la petite-fille de Charles-Louis Martel et de Marie-Louise de Belloy, inhumés n^{os} XCVI et XCVII.

C.

Tombe d'Arnaud-René de Laporte, officier de chasseurs d'Afrique († 1850).

Marbre blanc appliqué sur la face occidentale du mausolée de M. et Mme de Laporte.

Largeur : 60 cent.; hauteur : 20 cent.

ICI A ÉTÉ DÉPOSÉ LE 6 MAI 1881 LE
CORPS DE ARNAUD RENÉ DE LA PORTE
OFFICIER DE CHASSEURS D'AFRIQUE, NÉ LE
7 MARS 1826, DÉCÉDÉ ET INHUMÉ A TENÈS
(ALGÉRIE) LE 23 AVRIL 1850.

Fils des précédents.

Les tombes de Charles-Louis Martel, de Marie-Louise de Belloy, de Louise Martel, du baron et de la baronne de Laporte sont disposées dans une petite enceinte entourée d'une grille, ménagée à l'angle de la sacristie et de la chapelle latérale nord du chœur de l'église de Delincourt.

C *bis.*

Tombe de Ch.-Fr. Routtier, maire de Delincourt (1865).

Pierre debout, au nord de l'église.

ICI
REPOSE LE CORPS DE
CHARLES FRANÇOIS
ROUTTIER,
. . . .
. . . .
MAIRE DE CETTE COMMUNE
DEPUIS 34 ANS,
DÉCÉDÉ LE 12 AOUT 1865
A L'AGE DE 76 ANS ET 10 MOIS
. . . .

CI.

Tombe de l'abbé Defrance, curé de Delincourt (1870).

Dalle inclinée, au pied de la croix du cimetière.

A LA MÉMOIRE
DE
NOTRE BON ET CHARITABLE CURÉ
Pierre Célestin DEFRANCE
DÉCÉDÉ LE 18 MARS 1870
A L'AGE DE 66 ANS
APRÈS 37 ANNÉES DE MINISTÈRE
EXERCÉ AU MILIEU DE NOUS.

LA PAROISSE RECONNAISSANTE

Priez pour lui.

CII.

Tombe de l'abbé Le Bret, ancien curé de Bachivilliers et de la Neuville-d'Aumont (1) *(1871).*

Dalle inclinée, près de la précédente.

Gloire a Dieu.

ICI
REPOSE LE CORPS DE
M^r L'ABBÉ FRÉDÉRIC
LEBRET

ANCIEN CURÉ DE LA NEUVILLE D'AUMONT
DÉCÉDÉ A DELINCOURT
LE 28 JANVIER 1871
A L'AGE DE 72 ANS.

IL A FAIT EN FAVEUR DE LA PAROISSE DEUX LEGS
QUI TÉMOIGNENT A JAMAIS DE SA CHARITÉ ET
DE SON ZÈLE POUR LE SALUT DES AMES.

LA PAROISSE RECONNAISSANTE

Priez pour lui.

---

(1) Cant. de Noailles, arrond. de Beauvais.

L'abbé Le Bret figure comme curé de Bachivilliers sur l'inscription de la cloche de cette paroisse (voyez n° IV).

C. — *MONUMENTS DIVERS.*

CIII.

Croix élevée par Hildevert Houguenade à la mémoire de son fils (vers 1873).

Croix en pierre, située à l'angle des chemins de Gomerfontaine et de Chambors. Sur le piédestal :

O CROIX
NOTRE ESPÉRANCE
JE TE SALUE

EN MÉMOIRE DE
MON FILS HILDEVERT.

Ce jeune homme, soldat pendant la guerre de 1870, mourut ou disparut, sans que personne ait pu donner de ses nouvelles.

CIV.

Croix Guérin (1881).

Dans le village, à l'angle des chemins de Gisors et de Gomerfontaine. Le nom de Croix Guérin est fort ancien. Sur le piédestal, la date du renouvellement du calvaire :

1881.

ÉNENCOURT-LÉAGE.

A. — ÉGLISE

CV.

Tombe de Jean Martin, dit la Fontaine, marchand, et d'Antoinette Drouard, sa femme (XVIIe siècle).

Dans le pavage de la nef, tout près de la porte d'entrée, est encastrée une grande dalle mesurant 2 m. 05 de longueur sur 1 m. de largeur et autour de laquelle on peut encore lire :

… GISENT JEAN MARTIN DIT LA FONTAINE MARCHAND DEM^T A ENENCOVRT LEEAGE ET ANTHOINETTE | DROVARD SA FME LESQ. SONT DECEDDEZ SCAVOIR | LED^T MARTIN ………………… TVMBIER.

Le nom du tombier est malheureusement effacé. Voir *infra*, n° CVII, une fondation faite par Antoinette Drouard, et dont l'exécution fut consentie par son mari en 1649.

CVI.

Fondation par Sébastien Bauchain, de Trie-la-Ville (1660).

Plaque de marbre noir, ayant la forme d'un ovale allongé, appliquée contre le mur septentrional de la nef, au-dessus du banc d'œuvre. Elle est entourée d'un cordon de rinceaux assez grossiers, empâtés d'un épais badigeon :

· I̅H̅S ·

SEBASTIEN BAVCHAIN -
DE·TRIE LA VILLE A F̅O̅DÉ·A·

ÉNENCOURT-LÉAGE.

PERPETVITÉ·EN·CESTE·EGLI
SE·VNE·MESSE·HAVTE·SELON
L'OFFICE·DE·NOSTRE·DAME·DV
MONTCARMEL · TOVS ·LES·SECODS
DIMANCHES· DE CHVN MOIS · AVEC
VNE · PAREILLE · MESSE · LE·IOVR · DE
LA · FESTE·ET·VN·AVE·LE·IO^R·S^T SEBAS
TIEN·SELO·L'OFFICE·DVD^T·IO^R·ET SERO
NT·SONEES·ET·CARILONÉES·ET·EN
FIN·DE·TOVTES·LESD·MESSES·VN
LIBERA·ET·BRIERES·ACCOVSTVMEES
DEVAT·LE·CRVFIX·PO^R·LE·SALVT·DE
SO·AME·ET·DE·SES·PARES·ET·AMIS
AFIN·DERIGER·A·CET·AVTEL·DE·LA
VIERGE·LA·COFRE(1)·DV·S^T·SCAPVLAI
RE·DE·NRE·DAME·DVD$_T$ MOCMEL(2)·ET·
PO^R·CET·EF^T·A·DONÉ·A·L'EG^E·PLVS^{RS}·
PIECES·D'HERITAGES·SCIZ·A ERA
GNY·AVEC·SIX^{XX}·6 llz(3)·PAR·COT^{CT}·PAS
SÉ·DEVT·M$_E$·CHARLES·LE·FEB^C(4)·
N^E·A CHAVMOT·LE·13·FEB^R
1660·PRIEZ·DIEV·PO$_R$
LEVRS·AMES

CVII.

Fondation par Antoinette Drouard, femme de Jean Martin, dit la Fontaine (1649).

Croisillon nord. Plaque de marbre noir, mesurant 0^{m}77 de hauteur sur 0^{m}52 de largeur, et placée dans un cadre de pierre, avec fronton en arc de cercle, au milieu duquel une petite plaque de marbre porte :

DEO, OPTIMO, MAXIMO
VIRGINI QVE MATRI.

---

(1) Confrérie.
(2) Mont-Carmel.
(3) Six vingt-six livres tournois.
(4) Le Febvre.

L'inscription principale est ainsi conçue :

Deffvcte Anthoinette Drovard fme de Iean Marti
dit la Fontaine marchant demt a Enencovrt leeage
p so testamt a fodé a ppetvité e legle de ceas poᴿ
le repos de so ame et dvdt Martin so mary devx
messes chacvne sepmaine vne dv Sᵗ Sacremt havlte
qvi sera celebree tovs les 10ᴮˢ de ievdy sonée et
carillonee coe a feste solenelle lave (1) le 10ᴿ de
mardy qvi sera dicte basse e lhonevr de Diev et
de Sᵗᴱ Anne avec le libera depfvndis et oraisons
accovstvmez e fin de chacvne desd messes svr
la sepvltvre de lad Drovard povrqvoy faire avroit nomé poᴿ chapelain Mᴿᴱ Henry Lanqvedoc
pbre avql elle avroit doné dix arpens vn qvar
tier d'heritage et prez scis ès Eovrs (sic) Deragny
Droictecovrt (2) et Basincovrt (3) poᴿ en iovir p luy en
vsvfrvict sa vie dvrant et ses svccessevrs chapelains apres lvy qvi serot nomez p les sr cvré
et margᴱˢ de la lad fabricq qvi serot en charge
coioinctement avx charges des droictz seignev-
riavx et de payer anvellem xᴵᴵ de rete fociere
a lad fabricq av ior Sᵗ Martin dyver a prendre
svr lesd heritages a la charge qvelle sera obli
gée de fovrnir de tovs ornemens et lvminaire
necessaire poᴿ lad messe dv Sᵗ Sacremt, Plvs a doné
5 S de rete a lad fabricq poᴿ dire a so intetio vn
libera a havlte voix le verset seqvado vexit et
le reste svr sa tvbe a issve de vespres le 10ᴿ des
trespassez chacv a (4) a tovsioᴿˢ selo q le porte plvs
av log led testamt codicille e svitte dicellvy et
la dellivrace faicte p led Martin passez devat

---

(1) L'autre.

(2) Droitecourt, ancienne paroisse; aujourd'hui hameau de Sérifontaine, canton du Coudray-Saint-Germer, arrondissement de Beauvais.

(3) Cant. de Gisors, arr. des Andelys (Eure).

(4) Chacun an.

Pierre Roffet no**ᴿᴱ**- royal a Chaymont les 13ᴹᴱ- Iuillet
p**ᴱᴿ**-octob- et xix**ᴹᴱ**- novemb- 1649 *Priez Dieu P*ᵒʳ *fon ame.*

IHS

Faict a Senlis par Iehan
Boycher Svvlteur.

CVIII.

Epitaphe de Robert Moreau, curé d'Enencourt-Léage (1650).

Chapelle méridionale, à usage de sacristie. Pierre entourée d'une bande de feuillages sculptés, accostée de deux consoles renversées et surmontée d'un fronton en arc de cercle à brisure.

Cy Gift Discrete perſoe Mʳᵉ Robert
Moreau pbr̄e curé de ceſte paroiſſe leqˡ
a fōdé poʳ l'vtilité dicelle les meſſes baſſes
feſtes et dimanches de lānée le joʳ de la
cōmemorāo des morts et de l'octaue de
la feſte Dieu et une meſſe haute du Sᵗ non
de ieſus le 3ᵉ dimanche de chacque mois et
une pareille le joʳ de la Circōciſion et une le
joʳ du Sᵗ non de ieſus et une haulte meſſe de
requiem le joʳ du deceds dudᵗ sieur curé auec
libera Depfundis et autres prieres ordʳᵉˢ ſur ſa
tōbe par un chappelain a perpetuité et fera
ledᵗ chappelain obligé d'inſtruire 12 pauures
gratuitemᵗ de ladᵗᵉ paroiſſe plˢ a fōdé une meſſe
dobiit le joʳ de ſō deceds auec uigiles et *libera*
ordinʳᵉ et un ſalut apres veſpres des 4 princi
pales feſtes de lā plˢ a ordōné diſtribuer a 12
pauures de ladᵗᵉ paroiſse a chacū 20 ſ le loʳ du
jeudy Sᵗ par cōtract paſſé a Chaumont le 2
d'aouſt 1649, il deceda le 4 octobre 1650

CIX.

Cloche (1840).

Diamètre : 1 m. 17.

† L'AN 1840 JAI ETE BENITE PAR Mʀ LOUIS MINCHET CURE DESSERVANT DENENCOURT LEAGE ET NOMMEE URSULE PAR

☛ Mʀ FLEURY PIERRE ETIENNE PROPRIETAIRE EN LA COMMUNE DENENCOURT LEAGE DEMEURANT A ESTRES PRES MAGNY ET

☛ PAR DAME VICTOIRE URSULE FESSART EPOUSE DE Mʀ FLEURY AUGUSTE ARTHUS PROPRIETAIRE ET MAIRE DENENCOURT LEAGE

Sur la panse : MORLET FONDEUR A VESLY (1).

B. — CIMETIÈRE (2).

CX.

Tombe effacée (XVIᵉ siècle).

Longueur : 80 cent.; largeur : 56 cent.

Dans le pavage du porche, petite pierre tombale très usée, autour de laquelle se déroulait une inscription en caractères gothiques, dont nous n'avons pu lire que quelques mots.

.. fanauallе en fon uiuant femme | de honeſte p...........

ÉNENCOURT-LE-SEC

A. — ÉGLISE.

CXI.

Pierre tombale effacée (1318).

Sous la chaire, appliquée contre la muraille nord de la nef, est

---

(1) Canton de Gisors, arrondissement des Andelys (Eure).
(2) Contigu à l'église.

encastrée dans le pavage une grande pierre tombale brisée en plusieurs endroits et au milieu de laquelle se voit, gravée au trait, l'effigie d'une femme couchée, les mains jointes, la tête couverte d'un bonnet à guimpe. Une fleur de lis très maigre accompagne la tête de chaque côté. Cette effigie est abritée par une arcade trilobée, dans les écoinçons de laquelle deux anges, les ailes éployées, dirigent vers la tête de la défunte leurs encensoirs, qui passent derrière l'arcade. La forme de ces encensoirs est celle d'une sphère ajourée d'ouvertures tréflées, s'ouvrant horizontalement par le milieu et suspendue à l'aide de trois longues chaînettes. Il ne reste plus que quelques mots de l'inscription en onciales qui entourait la pierre.

Longueur : 2 m. 27 ; largeur à la tête : 0 m. 95 ; largeur aux pieds : 0 m. 82.

☦ ICIT·G... |.....|....|...ASA·LAN·DE·GRACE·M·CCC·ZXVIII...

CXII.

Tombe de Michel Moreau, fermier d'Enencourt-le-Sec († 1634), et de Marie Oudaille, sa première femme († 1625).

Pierre encastrée dans le pavé de la nef, en partie cachée par les bancs.

Longueur : 2 m 05.; largeur : 1 mètre.

| Icy reposent les cendres de . . . . |

Left margin (reading bottom to top): FVTVRE CELLE CY DECEDA LAN 1625 LE 3 MAY ET CELLVY LA LAN 1634 LE 28 DECEMBRE

Right margin (reading top to bottom): ET DE MARIE OVDAILLE SA FEMME QVI POVR TEMOINAGE DE LEVR PIETE

Acrostic (first letters, top to bottom): M I C H E L M O R E A V

- Mon ame eftant au ciel & mon corps des . . . . .
- Iattends le iour dernier de tout. . . . .
- Ce iour . . . ou. . . . .
- heureuse sortie. . . . .
- Et cependant la mort qui. . . . . . .
- Leue sur toy son bras qui. . . . . . .
- Mais fi tu veus paier. . . . . . .
- Oppose la vertu au vice qu. . . . . .
- Rien n'eft bon deuant Dieu que. . . . . .
- En bref temps au tombeau. . . . . . .
- Aduise de bien faire. . . . .
- Vn trop tard Repentir. . . . .
- Acquiers par tes trauaux. . . . . . .
- Pour posseder au Ciel. . . . .

PRJ& DJ&V POVR L&VRS AM&S

Bottom margin (upside down): ONT DRESSE CETE EPITAPLE (sic) A LEVR MEMOIRE

Comme l'indique l'inscription, cette dalle tumulaire fut préparée du vivant de la première femme de Michel Moreau. Voir n° CXIII.

CXIII.

Fondations par Michel Moreau, fermier d'Enencourt, et par ses deux femmes, Marie Oudaille et Catherine Moinet (1623-1634).

Au-dessus du banc-d'œuvre, à l'angle de la nef et de la chapelle seigneuriale, formant croisillon unique au sud.

Grande pierre d'ardoise, entourée d'un cadre de pierre mouluré et sculpté, avec fronton contourné encadrant un écusson de pierre d'ardoise, où se voit le monogramme IHS.

<small>Hauteur de l'inscription : 1 m. 32; largeur : 1 mètre.</small>

DEFVNTES HONNESTES PERSONNES MICHEL MOREAV EN SON VIVANT FERMIER ET RECEPVEVR |D'ENANCOVRT SOVBS M^{RS} ANTOINE DE CONFLANS CH^{ER} S^R DE S^T. REMY, FOVILLEVSE ET AVLTRES |LIEVX, ET MARIE OVDAILLE SA PRE^{RE} FEME ONT PO^R LE REPOS DE LEVRS AMES, ENFAS, PES (1) ET AMIS |FODÉ EN CETTE EG^{SE}. SCAVOIR VNE HAVLTE MESSE DV S^T SACREMET TOVTES LES SEPMAINES LE IO^R. |DV IEVDY EXCEPTÉ LES IO^{VS}. DV IEVDY ABSOLV DV S^T. SACREMET ET L'OCTAVE $=$ LAQVELLE MESSE |SERA SONEE EN CARILLO AV SECOD COVP ET SERA FAICTE LA PCESSIO AV CIMETIERE.

DE PLVS VNE HAVLTE MESSE DE REQVIE ET LA PCESSION AV CIMETIERE PO^R, TOVS LES FIDELES TRE $=$ PASSES TOVS LES VEDREDIS DE LANEE A COMENCER LE VEDREDY XXE APVRIL DE LANEE MIL. VI^C. |XXIX. A LA FIN DE LAQ^{LE}. SERA CHATÉ LE LIBERA, DE PFVNDIS, ET EN CAS DEMPESCHEMET EN QVELQV'|VN DESD· IO^{RS}. ELLE SERA D. VN AVTRE IOVR DE LA SEPMAINE ET ANNONCÉE LE DIMANCHE PRECEDET |AV PROSNE ET LA PRIERE FAICTE A L'INTENTION DES FIDELES TREPASSÉS.

DE PLVS DEVX OBITS P. CHVN AN, A CHVN DESQ^{LS} SEROT D^{ES} VIGILES A IX LECOS ET COMANDACES ET VNE |MESSE HAVLTE DE REQVIE, LIBERA, DE PFVNDIS ET ORAISOS ACCOVSTVMEES, LVN A L'INTETION DV D. |MOREAV LE XXVME IVIN ET LAVTRE A LINTEN DE LAD^E OVDAILLE SA FEME LE SECOD MAY, ET |SEROT ANNOCÉS LES DIMACHES PRECEDES AV PSNE (2) DE LA MESSE ET LEVRS PRIERES FAI^{TES} COME |IL EST ACCOVST^{ME}. [A] COMENCER AVSD. IO^{RS} DE L'ANEE MIL VI^C XXXII ET DE LA A COTIN^{ER} A TOVSIOVRS.

---

(1) Enfants, parents.
(2) Prosne.

Item vn salvt le 10ᴿ de Pasqves apres sovpper leq^L se comencera p. l'hymne Veni Creator | devāt le Mᴱ. avtel, Christvs resvrgens devāt le Crvcifix, Regina cœli devāt l'avtel | de la Vierge et av retovr dans le chœvr l'antiene de Mᴿ Sᵀ Iean et loraiso propre et | apres de pfvndis et les oraisons accovstvmees.

Item vn aultre salvt a lintetion de tovs les fideles trepassés le 10ᴿ et feste de Touss^TS. | A l'hevre cy dessvs, avq^L serot chatées les viciles (*sic*) a IX leços et libera devāt le Crvcifix et | vn Salve Regina devāt l'image de la Vierge et dās le cœvr l'atiene de Mᴿ Sᵀ Iean et serot | allvmés les petits cierges servās led. 10ᴿ et serot tovtes les messes cy dessvs et | salvts annocés avx psnes des dimaches precedēs et les prieres faictes avec De Pro=|fvndis come il est acmé (1) tovtes lesq^LES messes vigiles comandaces, salvts, pcessions | et avtres svffrages serot celebrés avec chāt (2) posemēt et decemēt a perpetvité selō | l'ordre icy exprimé, et sōt obligés les Marg^ERS de fovrnir povr la celebration d'icevx | d'ornemens, pain, vin, lvminaire, et tovt ce qui sera reqvis.

Et poᴿ. la fonda^ON. de ce qv dess. a esté doné p. lesd?. Moreav et Ovdaille sa pre^RE feme a lad^E. Eg^SE et fabriqve 28. arpes et demi de terre ov enviro en plvsi^RS. pieces avec. 50. solz de re=|te p. chvn an selō qv'il est declaré p. sept cotracts baillés et livrés avx Marg^ERS. de lad^E | Eg^SE. le premier dressé pdevāt Mᴱ. Iean Roffet No^RE. a Chavlmōt le 30. may 1623. et les avtres | pdevāt Mᴱ. Nicolas Roffet le 25. novembre 1625. 26 ivin 1626. 10 apvril 1629. I ivillet 1631. | 11 mars 1632. et le 24 novembre 1634.

De plvs Catherine Moinet feme en secodes nopces dvd. Moreav a fodé a sō int^ON. et de ses | pēs et amis vn obit a perp^ETE. en cette Eg^SE. d'vne havlte messe de reqvie, vigiles a nevf leços, | et comandaces, libera, de pfvdis et oraisōs accov^ERS. qvi serot chatés le 26. mars a comecer a peil 10ᴿ de l'anee 1633. et le tovt sera anoncé come dessvs, et sa priere faicte four =|niront les Marg^ERS. ce qvi est cy dess. declaré a cette fin lad. Moinet a doné a lad^E Eg^SE. | cinq qvartiers de terre declarés av cotract de fodation passé pdevāt led. Mᴱ Nicolas | Roffet led. 10ᴿ. 11. mars 1632. et sōt lesd^S. fodatevrs decedés scavoir lad^E. Ovdaille le | 3 may 1625. et led. Moreav le 28 decembre 1634. l'an de sō aage 67. et lad^E. Moinet le

(En blanc).

---

(1) Accoutumé.

(2) Chant.

Sonet anacroſtique.

```
M   Michel Moreau paſſant que tu vois pour exemple
I       Icy laiſſa ſon corps, et au ciel ſon eſprit
C       Content vola leger aupres de Ieſus Chriſt
H       Heureux auec ſon Dieu que ſans ceſſe il contemple
E   En ſigne de victoire vn laurier ceint ſa temple (*sic*),
L       Le ciel fauorisant tout ce qu'il entreprit
M       Marcha de mieux en mieux, à viure nous apprit,
O       Ordonna de ſes biens à l'honneur de ce temple
R   Retiré du tracas long temps deuant la mort
E       Et tournant son vaiſſeaù vers le céleſte port
A       Au ciel ancra son cœur detaché de ce monde.
V   Va paſſant fais profit de l'exemple d'autruy
        Et fuiuant ſa vertu à nulle autre ſeconde
        Efforce toy de viure et mourir comme luy.
```

PRIEZ DIEV POVR LEVRS AMES.

CXIV.

Pierre tombale effacée (XVe ou XVIe siècle).

Au milieu du chœur, pierre tombale mesurant 2 m. 08 de longueur sur 95 centimètres de largeur à la tête et 83 centimètre aux pieds. Effigie d'un chevalier couvert de son armure, à peu près effacée. Seuls quelques mots de l'épitaphe-encadrement, en caractères gothiques, sont à grand peine lisibles :

...... en veuqſin .| le franſois le quel | deceda le....... mil.....

CXV.

Cloche (1880).

Diamètre : 97 cent.

† JE ME NOMME MARIE PAULINE EUGENIE MON PARRAIN EST LEON EUGENE JUTTIER ET MA MARRAINE ANGELE MARIE COMBASSON ENFANTS DE LA COMMUNE D'ENENCOURT LE SEC

EN L'AN 1880 J'AI ETE REFONDUE ET AUGMENTEE PAR LES SOINS DE L'ADMINISTRATION MUNICIPALE AINSI COMPOSEE MR VALENTIN PAUL MAIRE

☞ MM. GORE (1) HERAULT COMBASSON A COMBASSON J (2) COMBASSON H OVIEVRE JUTTIER LANQUETIN CONSEILLERS ET MR COUTABLE SECRETAIRE

††††† JAI ETE BENITE PAR MR L^E CURE DESSERVANT CETTE PAROISSE (3)

La marque des fondeurs se compose d'un sceau en forme de *vesica piscis* contenant la représentation d'une cloche, avec l'exergue : LECULL & DAPERON ·A AMIENS.

B. — *CIMETIÈRE.*

CXVI.

Tombe de N.-H. Delacour, maire d'Enencourt-le-Sec (1878).

Sur le bord de l'allée qui conduit au portail de l'église, à gauche, se trouve la tombe de :

« Nicolas-Honoré DELACOUR, décédé le 25 mars 1878, à l'âge de 65 ans, maire d'Enencourt-le-Sec pendant 30 ans » (4).

---

(1) Goré.

(2) Isidore.

(3) M. l'abbé Bertrand, curé de Thibivilliers, pèlerin de Terre-Sainte en 1884, qui périt en se baignant dans le Jourdain.

(4) Au hameau de Roncières, dépendant d'Enencourt-le-Sec, se trouve une chapelle élevée en 1816 par deux frères du nom de Lefebvre, dont l'un était curé d'Enencourt. Le petit clocher de cette chapelle renferme une clochette à laquelle nous n'avons pu accéder.

ÉRAGNY.

A. — ÉGLISE.

CXVII.

Tombe de Jean Lamer, curé d'Eragny (1750).

Le seuil de la principale entrée de l'église, à l'ouest, est formé d'une grande pierre tombale mesurant 2ᵐ20 de longueur sur 1ᵐ15 de largeur et portant l'inscription suivante :

<pre>
            A LA
     GLIRE (sic) DE D[IEU]
             ET
         A LA MEMOIRE
      DE Mᴱ IEAN LAMER
           PRETRE
     CURÉ DE CETTE PAROISSE
       PENDANT 18 ANS
        ET FUT ;(sic)
  RECOMMENDABLE PAR SA PIETE
    SON ZÈLE POUR SON EGLISE
       ET POUR LES PAUVRES
     SA CONDUITE FUT SIMPLE
         ET TOUJOURS SAGE
  PLEIN DES PENSÉES DE L'EGLISE
        ET DE SON ENFANT
           IL EXPIRA
      PLEURÉ DE SON PEUPLE
            REGRETTÉ
    DE SES CONFRERES ET AMIS
       LE (en blanc) 1750
          REQUIESCAT
            IN PACE.
</pre>

Cette épitaphe laisse à désirer sous le rapport de la clarté.

CXVIII.

Fondation par Claude Delaclaye, prêtre de Gisors (16.?).

Pierre encastrée dans la muraille occidentale de la nef, à droite en entrant.

Hauteur : 46 cent.; largeur : 38 cent.

> In nomine· Domini Amen
> Difcrette perfone Mᵉ Claude
> Delaclaye pbre Demt a gifo
> rs a fondé vne Meffe Dobit
> Laquelle fe dira le proche
> Jor Dapres la Sʳ Martin
> Defte patron De ceans Le
> quel Eft Decedé le Joʳ
> D   Mil VI Cens
> Priez Dieu pour
> Luy Et pour Ses Amys.

(Tête de mort entre deux branches de chêne).

Cette inscription date du commencement du XVIIᵉ siècle. Nous n'avons pas trouvé trace de l'inhumation de Claude Delaclaye dans les actes de catholicité de Gisors.

CXIX.

Fondation par François Laisné, bourgeois de Gisors (1643).

Pierre encastrée dans la muraille occidentale de la nef, à gauche en entrant.

Hauteur : 91 cent.; largeur : 61 cent.

> IN NOe ✠ DNI Ae
> FRANCOIS LAISNE BOVRGEOIS DE

GISORS AFONDE CEANS A PERPETE
TANT POUR LVY MICHELLE MA-
GNELIN SA FE QVE POVR LEVRS
PARENS VIUANT QVE TRESPASSEZ
QVATRE HAVLTES MESSE DE REQUIE
POVR ESTRE DICTES ANVELLEMENT
LA P^RE LVNZ^ME DE MARS LA SE^DE LE 8ME
DE MAY LA 3ME LE 4ME OCTOBRE LA 4ME
LE 3ME AVRIL IOVR DV DECEDZ DVDICT
FONDATE^VR AANT LA CELEB^ON DESDIC^E[S]
MES^E SE DI^RA VN NOCTVRNE DES MO...
ET A LA FIN VN LIB^A & DE PRO^IS SVR
LA TVBE DE FEV PIER^E LAISNE FILZ
DVD^it FRACOIS & SERA PAIE A M^R LE
CVRE PO^R CHA^NE DESDI^ES MESSE 15 IZ A M^R
SO VICA^RE PO^R SO ASSISTA^E 5 IZ AVX 2
EFES DE COVR CHACV VN IZ & POV^R
CE FAIRE LEDICT FODAT^R A DONE 150
LIVRES IZ RECOVS(1) AV COTRAT DE LAD^TE
FODATIO PASS^E PARDEVAT PICQVET
NO^RE ROYAL A G {Tête de mort dont la bouche est cachée par un os horizontal.} ISORS LE 6ME
OCTOBRE 1643.

CXX.

Cloche (1884).

Diamètre : 1 m. 08 ; poids : 700 kilogrammes.

L'AN 1884 J'AI ÉTÉ BÉNITE PAR MR POTIER CHANOINE HONORAIRE
CURÉ DOYEN DE S^T ÉTIENNE DE BEAUVAIS

---

(1) Recours.

☞ ASSISTÉ DE MR MORIN JULES ALFRED CURÉ DÉRAGNY JAI EU POUR PARRAIN MR STEHELIN ET POUR MARRAINE

☞ M^E STEHELIN PROPRIÉTAIRES A ÉRAGNY QUI MONT NOMMÉE ÉMILIE CHARLOTTE ADOLPHINE MARIE THÉRÈSE

☞ REFONDUE PAR LES SOINS DU CONSEIL MUNICIPAL MR ROULLÉ CASIMIR ÉTANT MAIRE

Sur la panse, dans un cartouche au centre duquel est une cloche :

CAVILLIER FOND^R A CARREPUIS (1)

Cette cloche fut bénite le 25 octobre 1884. Son parrain fut M. Emile Stehelin, manufacturier à Saint-Charles, commune d'Eragny.

CXXI.

Ancienne cloche (1803).

Poids : 600 kilog.

LAN 1803 PREMIER DE L'EMPIRE FRANCAIS JAI ETE BENITE AIGNAN BENOIT DE BONNIERES PRETRE ET NOMME ALEXANDRINE CELESTE PAR LE DIT SEIGNEUR DE BONNIERES PROPRIETAIRE ET SEIGNEUR DU DOMAINE DERAGNY ET DAME MARIE CELESTE AIMABLE DE PARNUIT EPOUSE DE MONSIEUR FRANCOIS MAURIS PROPRIETAIRE DE LA MANUFACTURE DE GISORS MR LOUIS DUMONT PRETRE CURE DERAGNY MR VINCENT FAMIN MAIRE ROCH PETIT THOMAS AMELIN J BREBION MARGUILLIERS

Sur la panse : JACQUES GUILLOT FONDEUR A SAINT CLAIR (2).

Nous devons à M. l'abbé J. Morin, curé d'Eragny, le texte de cette inscription. La cloche, cassée en 1884, a été remplacée par celle dont nous avons rapporté l'inscription sous le n° CXX. Son parrain, Aignan Benoist de Bonnières, écuyer, ancien chanoine de Saint-Agnan d'Orléans, demeurait à Gisors et se trouvait propriétaire du domaine d'Eragny comme héritier de son frère, Alexandre-Jules Benoist de Bonnières, avocat, qui avait acquis ce domaine en 1789 de Gabriel-François de Manneville.

---

(1) Canton de Roye, arr. de Montdidier (Somme).

(2) Saint-Clair-sur-Epte, canton de Magny-en-Vexin, arrondissement de Mantes (Seine-et-Oise).

B. — *CIMETIÈRE* (1).

CXXII.

Mariette (1850).

A l'une des extrémités du cimetière et faisant face à la rue principale du village, se trouve un édicule moderne sans profondeur, dans lequel on a encastré un groupe en pierre du XVI° siècle, représentant une *Pieta* et encadré par de petits pilastres de la Renaissance. Deux lanternes en pierre, isolées, ont, en outre, été construites latéralement. Sur celle de gauche, on lit cette inscription, qui date tout le monument :

<pre>
            FAIT
        PAR PREVEL ET
        DUPONT PAYÉ
       PAR LES HABITA
       NS BENI PAR M.R
         FAUCON CURE
        LE 21 MARS 1850.
</pre>

CXXIII.

Tombe de P.-A. Delafolie, maire d'Éragny (1859).

Le cimetière contient aussi la sépulture de :
« Pierre-Alexandre DELAFOLIE, maire d'Éragny, décédé le 22 8bre 1859, dans sa 66ème année. »

---

(1) Contigu à l'église.

FAY-LES-ÉTANGS.

A. — ÉGLISE.

CXXIV.

Cloche (1555).

Diamètre : 1 mètre.

† lan mil vᶜ l v nous fumes faictes par les habitans et suis nommee marie iacques boullard ecuier sʳ de fay et magdallainne de manuiel demoyselle de puchy (1) sa feme

Entre les mots *de* et *mauviel* est représenté un saint archevêque, avec la croix à double croisillon.

Il y avait autrefois trois cloches : la plus grosse seule subsiste.

B. — *ANCIEN CIMETIÈRE* (2).

CXXV.

Tombe de L.-J. Bocquet de Chanterenne (1811).

Pierre encastrée dans le pignon du croisillon méridional de l'église.

---

(1) Puchay, canton d'Etrépagny, arrondissement des Andelys (Eure).
(2) Autour de l'église.

LOUIS,
joseph, bocquet,
de CHANTERENNE
décédé a FAŸ,
le 5 mars, 1811,
a l'age de
74 ans.
priez pour lui.

CXXVI.

Tombe de P.-Cl. Latache (de Fay) (1840).

Pierre encastrée dans le pignon du croisillon méridional de l'église, près de la précédente.

†
PIERRE,
claude,
LATACHE de FAŸ
décédé a FAŸ
le 10 aout 1840
a l'age de
86 ans
priez pour lui.

CXXVII.

Tombe de J.-P. Oudard († 1835) et de Bl.-St. Dejean, sa femme († 1834).

Plaque de marbre blanc encastrée dans la muraille méridionale de la travée orientale du chœur de l'église.

ICI REPOSENT LES CENDRES
DE *BLANCHE STÉPHANIE* DEJEAN,

ÉPOUSE DE *JACQUES PARFAIT* OUDARD
NÉE A PARIS LE 5 SEPTEMBRE 1810,
DÉCÉDÉE A FAŸ LE 8 JUIN 1834.

ET DE JACQUES PARFAIT OUDARD
DÉCÉDÉ LE 25 SEPTEMBRE 1835,
A L'AGE DE 43 ANS.

CXXVIII.

Tombe de L.-C. Latache (de Fay († 1857) et de J.-L. Dejean, sa femme († 1861).

Dans une petite enceinte ouvrant sur le cimetière, du côté du midi, se trouve une tombe portant ces deux inscriptions :

CAMILLE LOUIS LATACHE de FAŸ
Né le 14 Avril
1796
Marié à Jenny Dejean
Le 15 Juin
1826
Décédé le 30 Janvier
1857.

JEANNE LAURE DEJEAN
ÉPOUSE DE LOUIS CAMILLE LATACHE
DE FAŸ
DÉCÉDÉE LE 10 JUILLET
1861
A L'AGE DE 53 ANS, MUNIE DES SACREMENTS
DE L'ÉGLISE.

PRIONS POUR ELLE

Les personnes dont nous avons rapporté les épitaphes sous les nos CXXV à CXXVIII ont été propriétaires du château de Fay.

FLEURY.

A. — ÉGLISE.

CXXIX.

Épitaphe de Philippe des Vers, curé de Fleury (1638).

Plaque de cuivre appliquée contre l'un des piliers du chœur. A la partie supérieure, le Christ en croix, entre la sainte Vierge et saint Jean. A gauche le défunt, Philippe des Vers, curé de Fleury, est figuré agenouillé.

Hauteur : 56 cent.; largeur : 49 cent.

Cy gist Venerable & discrette persone Me philipe des Vers pdre *(sic)* Curé de leglise Mr St Mar | cel de fleury lequel a doné a leglise dud fleury trois arpens ung cartier de terre aux | charges de deux Messe lune à so Intetio le Ir de so deceps & lautre a lintentio de perrette | de la rue sa mere le XIe Ir de mars & pr entretenir la lape dhuille de ladite Eglise selon le | contract quy en est faict & passé pardeuant nicolas rofet le 25e Iour de Iuin 1629 pl | us il a doné a la chappelle du Rosaire de Nre Dame fondé par luy en la dite Eglise trois | arpens cinquante six perche deux tiers de terre en cinq piece aux charges de douze Messe | p chqun an tous les p dimenche des mois & de quatre seruice anniuersaire p ance doit dire (1) | le per Vendredy dapres la purification Nre dame le second le Vendredy dapres le pr dime | che de Iuin le troisiesme le mercredy dapres le premier dimanche du mois daust le quatriesme | le mercredy dapres le per dimanche doctobre selon quil est porté p ledt contract

---

(1) Il faut lire : par an, se doit dire.

1629 | plus a donc a ladite Eglife foifante perche de terre p contract paffé pdeuant le hareger | Notaire Royal aud chaumont le 8ᵉ Iour doctobre 1632 a la charge de paier anuellement | X I f au clerc quy fera tenu tous les dimanche & feîte de lannee chanter deuant limage | de Nʳᵉ dame Vng falué ou lantienne & oraifon de la Vierge Marie deuant fon autel | telle et felon que leglife les chante & obferue & felon le temps | plus il a donné par fon teftament a lad Eglife Vng demy Arpent et demy cartier | de terre en Vne piece Aquis par Luy Affis Au terrouer de Frefnes (1) et Heullecourt (2) | plus auec trois liures tournois de Rente Annuelle & ppetuelle Fondez par Luy poʳ | Son Teftament fur Vne Maifon lieu & heritage A luy Appartenant de fon propre | Le Lieu & heritage Contenant Vng Arpent ou Enuiron Affis A Frefnes Lefguillon | pour a Icelle fin que ladite Eglife & les marguilliers dicelle foient tenus & obligez | faire prefcher tous les aus à perpetuité la paffion de Nʳᵉ Sʳ Iesus christ le Iour | de pasques fleuries & ladicte eglife ou les Marguilliers dicelle feront tenus & obligé (sic) | donner au predicateur pour la Vacation & peine trois liures tournois auec quarante | folz pour fa depences ou au choix du predicateur cent folz fimplement y fera tenu | & obleglé le predicateur de faire la priere de Mʳᵉ philippe des uers en son Viuant | curé de leglife Monfieur Sᵗ Marcel de fleury fondateur de ladite paffion | plus Il a donné fon calice et le fiboire & le foleil, le tout dargen doré & fi il a | donné la couple dargen pour comunier et lx liure tournois pour faire faire paindre | la chappelle du Rofaire & pour eftre Affociez aux priere des parroiciens | Il deceda le Vingt feptiefme Iour dapuril Mil fix cens trente huict.

PRIEZ·DIEV·POVR·SON·AME.

---

(1) Fresne-Léguillon, canton de Chaumont.
(2) Hameau de Fresne-Léguillon.

CXXX.

Cloche (1773).

Diamètre : 1 m. 25.

✠ LAN 1773 AU MOIS DOCTOBRE IAY ETE BENITE PAR M^{SIRE} IEAN HIACINTE ASSEZAT DOCTEUR EN TEOLOGIE CURE DE CE LIEU & NOMMEE ANNE PAR M^{SIRE} GUILLAUME LE BASTIER

☞ SOUSLIEUTENANT DANS LES MOUSQUETAIRES & PAR DAME ANNE HERIETTE MARGUERITE ROSALIE FREZON VUEVE *(sic)* DE M^{SIRE} ANDRE LE BAS$^-$TIER CHE^R SEIG^R DE RAINVILLIERS (1) FLEURY & GENIN

☞ VILLE (2) & AUTRES LIEUX ANCIEN CAPITAINE AU REGIMENT DE BOURBON CHE^R DE LORDRE ROYAL & MILITAIRE DE S^T LOUIS & S^S AMBROISE DUCLOS & ANTOINE HEREST MARGUILLIERS.

Sur la panse sont deux marques de fondeur, composées chacune d'un cartouche circulaire avec une cloche au milieu, autour de laquelle on lit, dans l'un : FRANCOIS—MOREL et dans l'autre : P. CHARLES—MOREL. Le second de ces deux praticiens était fils du premier. En 1773, François résidait à Trie-Château, et Charles, croyons-nous, à Gisors.

B. — *CIMETIÈRE* (3).

CXXXI.

Tombe du docteur Baudier (1854).

Tombe debout, en pierre, contre le mur du fond. Inscription sur marbre blanc.

A
LA MÉMOIRE
DE
A. J. BAUDIER

---

(1) Canton d'Auneuil, arrondissement de Beauvais.
(2) Canton de Magny-en-Vexin, arrondissement de Mantes (S.-et-Oise).
(3) A l'ouest du village.

DOCTEUR EN MÉDECINE
NÉ A PORT-LESNEY (JURA)
MORT A MÉRU LE 7 8ᵇʳᵉ 1854.

ÉMINENT PAR LES QUALITÉS DE SON COEUR,
SA CHARITÉ ET SON DÉVOUEMENT
LUI ONT MÉRITÉ
LA RECONNAISSANCE PUBLIQUE.

. . . .

CXXXII.

Tombe de L.-A. Ricau, capitaine de la garde de Paris (1883).

Pierre droite, contre le mur du fond.

A — la mémoire — de —L.-A. Ricau, — ancien capitaine — de la garde de Paris, — chevalier de la Légion d'honneur, — né à Barcelonnette (Basses-Alpes) — le 29 9ᵇʳᵉ 1804, — décédé à Etrépagny (1) *— le 12 7ᵇʳᵉ 1883, — dans sa 60ᵉ année.*

FRESNE-LÉGUILLON.

A. — *ÉGLISE.*

CXXXIII.

Pierre tombale cachée (166.).

On a employé dans le dallage du sanctuaire deux pierres tom-

---

(1) Chef-lieu de canton, arrondissement des Andelys (Eure).

bales, dont l'une est complètement fruste. Sur l'autre, en grande partie recouverte par l'enmarchement de l'autel, nous n'avons pu lire que les mots suivants :

......AAGÉE
......DE MICHEL
......DE CATHE
......DECEDÉE
....MBRE 166.

CXXXIV.

Tombe de Pierre Fleury, prêtre (1693).

Cette épitaphe, gravée sur une pierre encastrée dans le mur occidental du croisillon nord, à l'intérieur de l'église, existe encore, mais n'est plus visible, car elle a été fort malencontreusement couverte de plâtre pendant les travaux de restauration exécutés il y a peu d'années. Le texte en a, par bonheur, été conservé. Nous en devons la connaissance à M. le curé actuel de Fresne.

Cy devant repose le corps
de messire Pierre Flevry pbre
qui décéda le 12 janvier
1693, âgé de 53 ans. Priez
Dieu pour son âme.

CXXXV.

Cloche (1771).

Diamètre : 1 m. 24.

🕭 LAN 1771 JAY ETE BENITE PAR MESSIRE CHARLES LIEVIN DU CAUROY CURE DE CETTE PAROISSE ET NOMMEE MARIE (1) PAR 🕭 LES HABITANS

Sur la panse : NOEL ETINNE (2) ET FRANCOIS GIRARD FONDEUR (sic) A BEAUVAIS   FRANCOIS JUMEAUX MARGUILLIER EN CHARGE

---

(1) L'église est placée sous le patronage de la sainte Vierge.
(2) *Sic* pour Etienne.

Au-dessous de l'inscription du cerveau, deux feuilles de tilleul, la pointe en bas.

B. — *CIMETIÈRE* (1).

CXXXVI.

Tombe de Fr.-D. Goré, maire de Fresne-Léguillon (1875).

Tombe droite.

A LA MÉMOIRE
DE FRANÇOIS DÉSIRÉ
GORÉ,
MAIRE DE CETTE COMMUNE
DÉCÉDÉ LE 30 AVRIL 1875
DANS SA 64ÈME ANNÉE.

C. — *MONUMENTS DIVERS.*

CXXXVII.

Calvaire Flament, à Bléquancourt (1879).

Ce calvaire s'élève à l'entrée du hameau, en venant de Fresne, sur le bord de la route départementale, à gauche. Il se compose d'une grande croix de bois reposant sur un piédestal cubique en pierre surmonté de quatre frontons et d'acrotères. Des niches creusées dans trois des faces de ce piédestal abritent de grossières sculptures de pierre coloriée représentant le baptême de Clovis, la Mater dolorosa et sainte Anne. Une inscription latine apparaît en relief sur une plaque de fonte oblongue placée au bas de la face antérieure.

SUB PEDIBUS HUJUS CRUCIS JACENT :
J. F. FLAMENT, EJUSDEM SORORES AMBŒ J. FLAMENT ET F. FLAMENT,
SCRIPTA SUNT NOMINA EJUS FILIO EORUMQUE NEPOTE GRATULO,
PHILIPPO TERTIO FLAMENT QUI OLIM JACERIT IPSE.
ANNO MDCCCLXXIX.

---

(1) A l'est du village, sur le bord du chemin conduisant à Heullecourt.

HADANCOURT-LE-HAUT-CLOCHER.

A. — ÉGLISE.

CXXXVIII.

Cloches (1861).

1. Grosse.

Diamètre : 1 m. 04.

L'AN 1861 JAI ETE BENITE PAR MGR J^{PH} ARND GIGNOUX EVEQUE DE BEAUVAIS NOYON ET SENLIS ET NOMMEE CLEMENCE ALEXANDRINE PAR MR EMILE ALEXANDRE

☞ ROUGET PROP^{RE} DE DAMVAL (1) ET DAME CLEMENCE ROUGET EPOUSE DE MR MIGNAN D^{NT} A VILLIERS-LE-SEC SEINE-ET-OISE (2) G^{LAIN} LEFELLE CURE H^{THE} FESSART MAIRE D^{QUE} MARETTE PR^{NT} DU BUREAU D^{IS} FONTAINE TR^{IER} ET AMND MEIGNIEL SEC^{AIRE}

Sur la panse : PAUL HAVARD A VILLEDIEU (3)

2. Moyenne.

Diamètre : 94 cent.

L'AN 1861 JAI ETE BENITE PAR MGR J^{PH} ARND GIGNOUX EVEQUE DE BEAUVAIS NOYON ET SENLIS ET NOMMEE BLANCHE JULIE PAR M$_R$ JULES IEANNE

☞ ET M^{ELLE} BLANCHE JEANNE FILS ET FILLE DE MR L^S JEANNE PROP^{RE} ET DE HELOISE GUILLOT SON EPOUSE D^{NT} A HADANCOURT G^{LAIN} LEFELLE

☞ CURE H^{THE} FESSART MAIRE D^{QUE} MARETTE PR^{NT} DU BUREAU D^{IS} FONTAINE TR^{IER} ET AMND MEIGNIEL SEC^{AIRE}

Sur la panse : PAUL HAVARD A VILLEDIEU

---

(1) C'est-à-dire propriétaire de la ferme de Damval, hameau de Hadancourt.

(2) Canton d'Ecouen, arrondissement de Pontoise.

(3) (Manche).

3. Petite.

Diamètre : 85 cent.

LAN 1861 JAI ETE BENITE PAR MGR J^{PH} ARND GIGNOUX EVEQUE DE BEAUVAIS NOYON ET SENLIS ET NOMMEE FRANCOISE THERESE PAR
☞ MR NAPOLEON J FRANCOIS FESSART ET D^{ELLE} THERESE LARDIERE NIECE DE M^R LE CURE G^{LAIN} LEFELLE CURE II^{TRE} FESSART MAIRE D^{ODE}
☞ MARETTE PR^{NT} DU BUREAU D^{ER} FONTAINE TR^{IER} ET AMND MEIGNIEL SEC^{AIRE}

Sur la panse : PAUL HAVARD A VILLEDIEU

B. — MONUMENTS DIVERS.

CXXXIX.

Croix dans le village (1887).

Au milieu d'un carrefour, en face l'église.

Sur le piédestal :

O CRUX AVE
1887
SPES UNICA

Sur le côté du piédestal faisant face à l'église :

SOUVENIR DE MESSIRES
L^T. MARETTE
DÉCÉDÉ CURÉ DOYEN
DE SONGEONS (1)

———

J. B. MARETTE
CURÉ DE GLATIGNY (2)
DEPUIS 50 ANS.

---

(1) Arrondissement de Beauvais.
(2) Canton de Songeons.

HARDIVILLIERS-EN-VEXIN.

ÉGLISE.

CXL.

Tombe de Marguerite Macieu, femme de Philippe Bouteville (1606).

Pierre encastrée dans le pavage, à l'extrémité occidentale de la nef.

Longueur : 76 cent.; largeur : 48 cent.

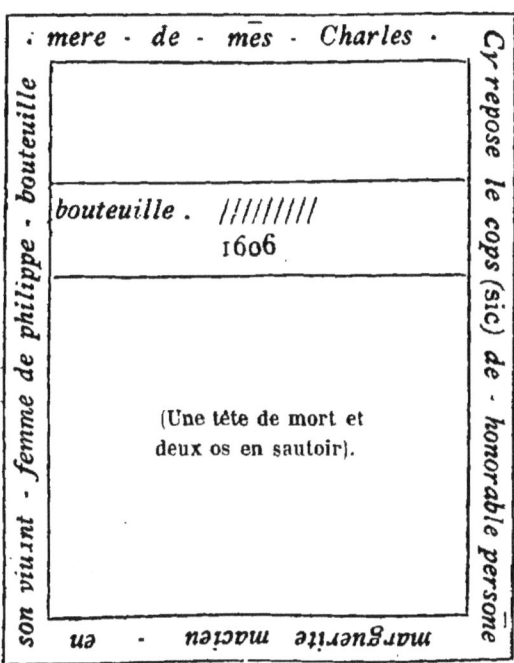

Nous ne savons si ces Bouteville appartenaient à la famille de Boudeville qui possédait, dans la seconde moitié du XVIe siècle, la terre de Vaux, à Gisors, et la seigneurie de Courcelles-lez-Gisors.

CXLI.

Tombe de Rolland Benault ((† 16..?) et d'Adrienne Chesnu († 1620).

Pierre appliquée contre le mur méridional de la nef.

Hauteur : 8? cent.; largeur : 57 cent.

Cy gifent Rolland Benault decéde le
    lequel A Donné A leglife de Ceans
Dicte de harduillier Deux Arpens & demi de
Terre par Contract paffé par deuant Roffet
Notaire a Chaumont le 26 Aouft 1633
A la charge que les Marguilliers feront teng
de faire Celebrer par Chacum an a perpetuite
quatre Meffes haultes de Requiem scau^r deux
A lintention Du dict Donateur lune le Iour
de son deces & lautre le 27 Iuliet & deux A
Lintencion D'adriane Chefnu Auffi Cy giffante
& decedee le 30^s Ianvier 1620 fcauoir Vnne
le Iour de son deces & lautre le 3^s Nouembre
Auec le libera & Oraifons A Couftumees a la
fin de chacune Meffe fur leurs Tombes en outre
de faire chanter A perpetuite quatre libera &
Oraifons ordinaires par Chacun An es Iours
de Pasques Pentecoste Touffains Noel A
Liffue de Vespres Durant lefquelles feront fonees
les cloches & p^r chm di-ceux feront
Paiez a Monfieur le Cure deux fols fix deniers
& au Clert fix deniers & Faire dire les prierres
Des dicts Benault et Chesnu les Dimanches pre
Cedens les dictes Meffes par chacune defquelles
Seront Auffi paiez dix fols Au Cure & deux
fols Au Clert.

           PRIEZ DIEV PO^R [LEVRS]
              AMES

La date de la mort de Benault n'a pas été gravée, mais elle fut postérieure à 1633, puisque la fondation faite par lui prend date la même année.

CXLII.

Réparation de l'église en 1782.

Inscription peinte sur bois, dans un cadre également en bois suspendu comme un tableau contre la muraille occidentale de la nef, à gauche en entrant.

Hauteur : 41 cent.; largeur : 33 cent.

CE TEMPLE VOL
A ÉTÉ REPARÉ EN
1782 PAR LES D^{es}
CARMELITES DE G^{isons}
QUI DEMANDENT
PART · AUX · PRIERES
DES · FIDELES · POUR
ELLES · ET · LES · D^{es}
S^{T}· PAUL QUI Y ONT
CONTRIBUÉ.

CXLIII.

Cloche (1771).

Diamètre : 85 cent.

† LAN 1771 IAY ETE BENIE *(sic)* PAR M^{SIRE} IOSEPH HAQUET CURE DE CE LIEU. & NOMMEE MARIE - M^{SIRE} FRANCOIS CHARLES VALLIER COMTE DU SAUSSAY

☞ COLONEL DINFANTERIE SEIG^{RE} *(sic)* DE HARDIVILLIER & AUTRES LIEUX

☞ PIERRE LE MAIRE MAITRE DECOLE & MARGUILLIER

MICHEL VALANTIN GONTIER RECEVEUR DU DIT LIEUX *(sic)*.

Sur la panse est la marque du fondeur, François Morel, de Trie-Château. C'est un médaillon circulaire contenant la représentation d'une cloche entourée du nom FRANCOIS MOREL. Ce médaillon est accompagné d'enroulements végétaux paraissant sortir de la bouche d'une petite tête d'ange placée au sommet.

Le mouton de la cloche porte la date 1857.

JAMÉRICOURT.

ÉGLISE.

CXLIV.

Cloche (1742).

Diamètre : 87 cent.

† LAN 1742 IAY ETE BENIE *(sic)* PAR M^{TRE} ROBERT BERTHAULT P^{BRE} CURE DE IEMMERICOURT & NOMMEE FRANÇOISE PAR M^{TRE} PIERRE ANDRE HANIN

☞ NEGOCIANT A BEAUVAIS & FRANCOIS *(sic)* LE BARBIER VE (1) PIERRE AUX COUTEAUX

Cette cloche est signée d'un sceau circulaire contenant la figure d'une cloche, avec le nom de CHARLES MOREL en exergue. Nous avons constaté déjà l'existence d'un fondeur du nom de Pierre-Charles Morel, qui exécuta en 1773 la cloche de Fleury, en 1783 celle de Boubiers, et en 1786 celle de Chaumont. Il ne s'agit pas ici du même personnage, mais probablement de son oncle, c'est-à-dire du frère de François Morel, auteur de la cloche d'Hardivilliers (1771). Ce Charles Morel, premier du nom, résidait à Trie-Château.

---

(1) Veuve.

LAILLERIE [1].

A. — CHAPELLE DE L'HOSPICE OU MAISON DE RETRAITE [2].

CXLV.

Restauration de la chapelle (1823).

Pierre de forme très allongée, placée au côté sud du sanctuaire, sous une fenêtre.

Longueur : 2 m. 20; hauteur : 18 cent.

CETTE ÉGLISE A ÉTÉ REBATIE ET DÉDIÉE A LA S^{te}. VIERGE, PAR ANDRÉ JACQUES AUGUSTE DU PILLE, ET FRANÇOISE REINE GABRIELLE DE NOÜE SA FEMME
PROPRIÉTAIRES DE BERTICHÈRES, ET CONSACRÉE A LA SÉPULTURE DE LEUR FAMILLE ET A LA MÉMOIRE DE LEURS ANCETRES, DANS L'ANNÉE 1823.

CXLVI.

A la mémoire des fondateurs de l'hospice (XIXe siècle).

Pierre de même forme que la précédente, placée sous la fenêtre opposée, du côté nord.

Longueur : 2 m. 38; hauteur : 18 cent.

---

[1] Réuni à Chaumont.
[2] Débris de l'église de l'ancien prieuré.

A LA MÉMOIRE DE :

| ADÉLAIDE DU PILLE DES PLARDS NÉE LE 9 FÉVRIER 1766 DÉCÉDÉE LE 28 AOUT 1846 | ANTOINE MARIE ERNEST COMTE DE BREDA NÉ LE 1ᵉʳ FÉVRIER 1804 DÉCÉDÉ LE 26 NOVEMBRE 1869 | CHARLOTTE ATHENAIS DU PILLE COMTESSE DE BREDA NÉE LE 22 DÉCEMBRE 1808 DÉCÉDÉE LE 20 JUIN 1870. |

FONDATEURS DE L'HOSPICE DE LAILLERIE

CXLVII.

Cloche (1799).

Diamètre : 35 cent.

Autour du cerveau : ⁑ 1799 ⁑ STØBT AF ⁑ D : C⁑ HERBST-IKIOBENHAVN ⁑ (1).

Au-dessus de la panse :

CABROLINE FRA
KIOBENHAVN ⁑

Les points sont des espèces de trèfles.

Cette inscription est en langue danoise et signifie : 1799. *Fondue par D. C. Herbst à Copenhague*. Les trois mots qui suivent donnent le nom de la cloche et doivent se traduire : *Caroline de Copenhague*.

Daniel-Conrad Herbst jouissait d'une certaine réputation en Danemark comme fondeur de cloches ; il a travaillé au moins depuis 1774 et plusieurs cloches exécutées par lui existent encore à Faaborg, à Tranckjœr, à Nylarsker (île de Bornholm), etc. Cf. C. Nyrop, *Om Danmarks Kirkeklokker og deres støbere* (Kjobenhavn, 1882. In-8°), p. 132-133 (2).

La cloche de l'hospice de Laillerie fut acquise au moment de la fondation de cet établissement, vers 1861, mais nous ne saurions dire quelle était sa destination primitive et par suite de quels événements elle parvint en France.

---

(1) Il faut lire : *Herbst i Kiobenhavn*.

(2) Grande fut ma surprise de trouver dans le petit clocher de la chapelle de Laillerie une cloche portant une inscription en une langue étrangère. Cette surprise n'eut d'égal que mon embarras devant un texte sans signification pour moi. Je pensai aussitôt à m'adresser à mon savant ami M. Henri Stein, dont l'érudition inépuisablement variée m'a toujours tiré des plus mauvais pas. Cette fois encore, mon espoir n'a pas été trompé. — R.

B. — *CIMETIÈRE* (1).

CXLVIII.

Tombe du baron A.-J.-Aug. Du Pille, député de l'Oise (1842).

Pierre debout, derrière la sacristie.

> ICI REPOSE
> DANS LA PAIX DU SEIGNEUR,
> LA DÉPOUILLE MORTELLE
> DE M^{SIRE} ANDRÉ JACQUES AUGUSTE
> BARON DU PILLE
> CH^{ER} DE S^{T} LOUIS
> ET DE LA LÉGION D'HONNEUR
> ANCIEN DÉPUTÉ
> DU DÉPARTEMENT DE L'OISE
> NÉ AU CHATEAU DE BERTICHÈRES
> LE 7 OCTOBRE 1763
> MORT AU MEME LIEU
> LE 26 NOVEMBRE 1842
>
> ―――
>
> 𝔓𝔯𝔦𝔢𝔷 𝔇𝔦𝔢𝔲 𝔓𝔬𝔲𝔯 𝔏𝔲𝔦
>
> ―――
>
> BEATI MORTUI QUI IN DOMINO MORIUNTUR
> AMODO UT REQUIESCANT A LABORIBUS SUIS
> OPERA ENIM ILLORUM SEQUUNTUR ILLOS
> APOC. XIV-13.

Sur la vie du baron Du Pille (ou Dupille), voir *Description, histoire et statistique de la ville de Chaumont-en-Vexin*, par Frion (Beauvais, 1867. In-8), p. 81, note 1, et *Notice historique sur la commune de la Bosse*, par Barré, ap. *Mém. de la Soc. acad. de l'Oise*, t. IX, p. 205.

―――

(1) Cimetière particulier, contigu à la chapelle.

CXLIX.

Tombe de Julie-Catherine de Mauléon, religieuse de l'abbaye de l'Eau (1797).

Pierre couchée, derrière la sacristie.

CI GIT
Julie catherine de mauléon
RELIGIEUSE
de l'Abbaye de Leau
morte à
BERTICHÈRE EN
1797.

L'abbaye de Notre-Dame de l'Eau-lez-Chartres était un monastère de femmes de l'ordre de Citeaux. Cette religieuse appartenait à la même famille que la mère de Mme André-Jacques-Louis Du Pille. Voyez n° CLVIII.

CL.

Tombe de Mme de Crevecœur, née Graveson (1867).

Pierre debout dans la partie orientale du cimetière. Inscription sur marbre gris.

A MA MÈRE
NOTRE DAME D'ESPÉRANCE
PRIEZ POUR ELLE

———

ICI REPOSE
MADAME LOUISE DE CREVECŒUR
NÉE de GRAVESON
DÉCÉDÉE AU IJARD (1)
LE 6 7bre 1867.

———

(1) Dépendance de Chaumont.

ELLE A AIMÉ
LA MAISON DU SEIGNEUR
ET L'A ORNÉE DE SES MAINS

DE PROFUNDIS

Marie-Louise-Charlotte de Clemens de Graveson, décédée à 55 ans, veuve de Jules Boucher de Crevecœur, était liée avec la famille de Breda, qui représente aujourd'hui les fondateurs de l'hospice de Laillerie. C'est à cette amitié qu'elle dut d'être inhumée dans le cimetière particulier de la famille.

CLI.

Tombe de H.-N.-Fr. Du Pille (1796).

Sarcophage en pierre, à quelques pas devant la croix du cimetière, ayant la forme d'une construction rectangulaire surmontée d'un toit terminé par deux croupes. Sur la face de droite :

HENRI NICOLAS FRANÇOIS DU PILLE   LE 13 SEPTEMBRE 1796
MORT AU CHATEAU DE BERTICHÈRES,   AGÉ DE 21 ANS.

Fils d'André-Jacques-Louis Du Pille, seigneur de Bertichère, et de Marie Charlotte de Fontette.

CLII (1).

Tombe de Mme de Pardailhan, née Graveson (1883).

Pierre debout.

PRIEZ
POUR LE REPOS DE L'AME
DE Mme. MARIE-ANGÉLIQUE-CLÉMENCE

---

(1) Les cinq tombes qui suivent (n^os CLII-CLVI) sont rangées sur une seule ligne, en arrière de la croix. Nous les relevons en allant de gauche à droite.

de PARDAILHAN,
DÉCÉDÉE DANS LA PAIX DU SEIGNEUR,
LE 23 8ᵇʳᴱ. 1883.

(Suivent des pensées pieuses).

Marie-Angélique de Clémens (2) de Graveson, décédée à 81 ans, pensionnaire à l'hospice de Laillerie, était veuve d'Ambroise Treil de Pardailhan. Sa mère, Mᵐᵉ de Graveson, née Bionneau d'Eyragues, est inhumée dans l'ancien cimetière communal de Chaumont. (Voyez n° LXXXII. On trouvera plus loin, n° CLIV, l'épitaphe de sa sœur, la comtesse de Perrochel.)

CLIII.

Tombe du chevalier Du Pille (1852).

Pierre debout.

CHARLES, ANDRÉ,
GABRIEL,
CHEVALIER DU PILLE,
CHEVALIER DE Sᵀ LOUIS,
DE MALTE ET DE LA
LÉGION D'HONNEUR
NÉ A BERTICHÈRES
LE 16 SEPTEMBRE 1780
DÉCÉDÉ EN SON
CHATEAU DU VAUMAIN
LE 22 NOVEMBRE 1852.

PRIEZ POUR LUI.

Il était fils d'André-Jacques-Louis Du Pille, seigneur de Ber-

---

(2) Et non *Clémence* comme prénom. (Renseignement pris aux actes de l'état-civil).

tichère, et de Marie-Charlotte de Fontette. Il avait été officier supérieur des gardes du corps pendant la Restauration.

CLIV.

Tombe de L.-M.-J. de Graveson, comtesse de Perrochel (1883).

Pierre debout.

> PRIEZ
> POUR LE REPOS DE
> L'AME DE MADAME
> LAURE MARIE JOSÉPHINE
> DE — GRAVESON
> COMTESSE de PERROCHEL
> DÉCÉDÉE LE 10 JANVIER
> — 1883 —
> DANS LA PAIX DE
> JÉSUS CHRIST

Suivent des pensées pieuses.

Décédée à Chaumont à l'âge de 77 ans. Epouse de Louis-Auguste, comte de Perrochel, dont la tombe suit. Fille de Mme de Graveson, née Bionneau d'Eyragues, inhumée n° LXXXII, et sœur de Mme de Pardaïlhan (n° CLII).

CLV.

Tombe de Louis-Auguste, comte de Perrochel (1867).

Pierre debout.

> ICI REPOSE
> LOUIS-AUGUSTE
> Cte de PERROCHEL,

DÉCÉDÉ EN SON CHATEAU DU JARD (1)
LE 29 7ʰʳᵉ 1867
A L'AGE DE 64 ANS

PRIEZ POUR LUI.

Père de James-Augustin, qui suit.

CLVI.

Tombe de James-Augustin, comte de Perrochel (1880.)

Pierre debout.

ICI
REPOSE LE CORPS
DE JAMES AUGUSTIN
COMTE DE PERROCHEL
DÉCÉDÉ A BOUTTENCOURT
LE 26 FÉVRIER 1880
A L'AGE DE 48 ANS
MUNI DES SACREMENTS
DE L'ÉGLISE

PRIEZ DIEU POUR LUI.

Fils du précédent et de Laure-Marie-Joséphine de Graveson (n° CLIV).

CLVII.

Tombe de A.-J.-L. Du Pille, seigneur de Bertichère (1795).

Derrière les tombes des deux comtes de Perrochel, qui pré-

---

(1) Dépendance de Chaumont.

cèdent, un mausolée cubique couronné en avant par un fronton triangulaire et surmonté d'une urne, porte les inscription suivantes :

ANDRÉ JACQUES LOUIS DU PILLE
MORT A SON CHATEAU DE BERTICHÈRES
LE 4 JUIN 1795,
AGÉ DE 81 ANS.

Face postérieure :

Au fond de ce tombeau dans ce lieu solitaire
Est un père chéri, veillard (sic) octogénaire,
Qui fidèle à l'honneur qui le guida toujours
En chrétien vertueux a terminé ses jours.
Il connut le malheur, il soutint l'infortune,
De la faulx du trépas subit la loi commune
Avec le calme heureux que donnent les vertus.
Pleuré de ses enfants, pour lesquels il n'est plus,
Du haut des cieux encore, sa bonté paternelle
Etend sur eux la main qui eut soin de leurs jours.
Comme lui puissent-ils en terminer le cours
Et comme lui monter dans la gloire éternelle.

André Jacques-Louis Du Pille avait acquis, en 1781, du dernier prince de Conti, la seigneurie de Bertichère. Il s'était marié le 22 septembre 1761 à Marie-Charlotte de Fontette, dont la tombe suit.

CLVIII.

Tombe de M.-Ch. de Fontette, veuve de A.-J.-L. Du Pille (1826).

Mausolée placé derrière la tombe de Mme de Pardaillan, semblable au précédent et portant comme lui deux inscriptions, l'une en avant, l'autre en arrière.

MARIE CHARLOTTE DE FONTETTE
Vᴇ. ᴅᴇ *A. J.L. Dᴜ PILLE*
ᴍᴏʀᴛᴇ ᴀᴜ ᴄʜᴀᴛᴇᴀᴜ ᴅᴇ ʙᴇʀᴛɪᴄʜᴇ̀ʀᴇs,
ʟᴇ 9 ᴍᴀɪ 1826, ᴀɢᴇ́ᴇ ᴅᴇ 82 ᴀɴs,

*Ici et à côté de lui repose la digne épouse de
Mʳ. Dᴜ PILLE. Comme lui elle a passé sa vie
à répandre des bienfaits, à secourir les infortunés.
Comme lui elle a montré le plus grand courage
dans le malheur. Puisse-t-elle reposer en paix
sous ce tombeau élevé par les soins de son fils aîné !* (1)

Elle était née en 1744 de Louis-Philippe de Fontette, seigneur du Vaumain, et de Françoise-Catherine de Mauléon.

CLIX.

Tombe de Mademoiselle Adélaïde Du Pille (1846).

Pierre debout placée entre les deux mausolées précédents, un peu en arrière.

ICI
ʀᴇᴘᴏsᴇ ᴅᴱᴸᴸᴱ
Aᴅᴇʟᴀɪᴅᴇ Dᴜ Pɪʟʟᴇ
ᴅᴇ́ᴄᴇ́ᴅᴇ́ ᴀ L'ᴀɪʟʟᴇʀɪᴇ
ʟᴇ 18 ᴀᴏᴜᴛ 1846
ᴀɢᴇ́ᴇ ᴅᴇ 80 ᴀɴs.

ᴇʟʟᴇ ꜰᴜᴛ ᴄᴏɴsᴛᴀᴍᴍᴇɴᴛ ʟ'ᴀᴘᴘᴜɪ
ʟ'ᴀᴍɪᴇ ᴅᴇ́ᴠᴏᴜᴇ́ᴇ ᴅᴇ sᴀ ꜰᴀᴍɪʟʟᴇ
ᴇᴛ ʟᴀ ʙɪᴇɴꜰᴀɪᴛʀɪᴄᴇ ᴅᴇs ᴘᴀᴜᴠʀᴇs
ᴇʟʟᴇ ᴀ ᴘᴀssᴇ́ ᴇɴ ꜰᴀɪsᴀɴᴛ ʟᴇ ʙɪᴇɴ

de profundis.

Fille des précédents. Voyez nº CXLVI.

---

(1) André-Jacques-Auguste Du Pille, dont l'inscription tumulaire est publiée nº CXLVIII.

CLX.

Tombe de Charles Baclé, prêtre (1778).

Cippe en pierre, placé près de la sépulture de A.-J.-L. Du Pille (n° CLVII), et portant l'épitaphe suivante :

> CHARLES BACLÉ Prêtre
> Mort à Berlichères
> le 3 Février 1778
> Agé de 68 ans.

Cet ecclésiastique a laissé le souvenir d'un homme d'une grande vertu.

CLXI.

Tombe de M.-J. Du Pille, comtesse de David de Lastours (1859).

Croix de pierre, non loin de la muraille occidentale du cimetière.

> ICI
> repose
> *Marie*
> *Joséphine*
> DU
> PILLE
> C^{TESSE} de *David* de LASTOURS née au château de BERTICHÈRES le 15 mars 1784
> décédée
> en son
> château
> de

BRUEIL (1)
le
11 7ᵇʳᵉ
1859.

DE PROFUNDIS.

Ces deux derniers mots sont gravés obliquement sur la partie inférieure du fût de la croix.

Marie-Joséphine Du Pille, décédée veuve de Jean-Baptiste de David, comte de Lastours, maréchal de camp, chevalier de Saint-Louis et officier de la Légion d'honneur, était fille d'André-Jacques-Louis Du Pille et de Marie-Charlotte de Fontette.

CLXII.

Tombe de M.-A.-C. Du Pille, comtesse de Perrochel (1849).

Pierre debout, contre la muraille occidentale, à droite de la croix précédente.

ICI
REPOSE MARIE
ANNE CHRISTINNE
Du Pille Cᵗᵉˢˢᵉ DE
PERROCHEL,
DÉCÉDÉE EN SA
MAISON DU JARD,
LE 14 MARS 1849
DANS LA 88ᵉᵐᵉ ANNÉE
DE SON AGE

SON FILS (2) RECONNAISSANT.

---

(1) Canton de Limay, arrondissement de Mantes (Seine-et-Oise).

(2) Louis-Auguste, comte de Perrochel, inhumé dans le même cimetière. Voyez n° CLV.

Fille d'André-Jacques-Louis Du Pille et de Marie-Charlotte de Fontette. Epouse de Charles-Augustin, comte de Perrochel, dont la tombe suit.

CLXIII.

Tombe de Charles-Augustin, comte de Perrochel (1848).

Pierre debout

ICI
REPOSE LE CORPS DE
CHARLES, AUGUSTIN
C^{TE} DE PERROCHEL,
DÉCÉDÉ, EN SA
MAISON DU JARD,
LE 7 MARS 1848,
A L'AGE DE 79 ANS.

DE PROFUNDIS.

Epoux de la précédente.

LATTAINVILLE.

ÉGLISE.

CLXIV.

Pierre tombale de la femme d'Henry Thomas, sieur de Lattainville (1676).

Dalle en pierre à l'entrée du chœur. Longueur : 2 m.; largeur :

1 m. 10. La partie inférieure a été coupée. L'épitaphe se déroule autour de la pierre, dont le centre est occupé par un cercle ornemental garni extérieurement de quatre espèces de fleurons circulaires. A la partie supérieure se voient l'écu des Thomas (1), soutenu par deux cigognes, et celui de la défunte, entouré d'une cordelière (2). Ces deux écus, l'un et l'autre de forme ordinaire

(1) Cet écu, effacé, laisse voir néanmoins très distinctement un sautoir avec un écusson en cœur, ce qui rappelle les armoiries de la famille Le Bret (*d'or au sautoir de gueules chargé en cœur d'un écusson surchargé d'un lion issant de sable, lampassé de gueules, le sautoir cantonné de quatre merlettes de sable*, bien plutôt que celles des Thomas, telles qu'elles apparaissent en plusieurs endroits du registre ou *matheloge* de la confrérie de l'Assomption de Gisors (Arch. de l'église de Gisors). Quelques membres de la famille s'y sont fait peindre des armoiries très compliquées qui peuvent se décrire ainsi : *Écartelé, aux 1er et 4e d'argent à la bande faillie à senestre d'azur, accostée en chef d'une tête de Maure de sable, posée de profil, bandée et tortillée d'argent; aux 2e et 3e de gueules à trois mains d'or tenant chacune un sabre d'argent, posées 2 et 1; sur le tout, d'azur à la bande d'or chargée de trois boucles de gueules et accompagnée de trois étoiles d'or, deux en chef, une en pointe*. L'écu familial semblerait être celui placé en cœur. On ne le rencontre cependant jamais isolément, tandis que le matheloge de la confrérie montre très souvent les armoiries des Thomas formées uniquement de l'écu qui constitue les premier et quatrième quartiers de l'écartelé, et nous n'hésitons pas à considérer cet écu comme l'écu patronymique. L'écu en cœur de Lattainville nous confirme lui-même dans cette opinion, car, en l'examinant longuement, on finit par y reconnaître la bande faillie et la tête de Maure. Mais comment expliquer le sautoir? Il y a là un problème que nous renonçons à éclaircir.

(2) *De... à la herse de..., chargée sur ses traverses de six corbeaux de..., posés 1, 2 et 3*. Les émaux ne sont pas indiqués. Notons la présence de la cordelière autour de l'écu d'une femme décédée avant son mari : la cordelière n'était donc pas le symbole parlant (et singulièrement irrévérencieux) de la viduité, comme le prétendent certains héraldistes. Il faut lire à ce sujet les lumineux commentaires de M. Chabouillet (Discours prononcé devant la Société des Antiquaires de Normandie le 16 décembre 1886, et publié dans le *Bulletin* de cette Société, t. XIV; cf. p. 228-249. Tirage à part (Caen, Delesques, 1888); cf. p. 56-77.)

sont surmontés chacun, abusivement, d'une couronne comtale. Au bas, quatre os croisés deux à deux (1).

Voici ce qui est encore lisible de l'inscription :

D'un côté :

Femme · De · Messire · Henry · Thomas · Chevalier · [Seig]neur · De · Latainville..... [Capitai]ne · A

De l'autre :

Priez P. . . . . 1676 (2).

Henry Thomas, écuyer (et non chevalier), seigneur en partie de Lattainville, était fils de Nicolas Thomas, écuyer, sieur de Lattainville, contrôleur ordinaire de l'artillerie, qui prenait le titre de gentilhomme ordinaire de la chambre du roi, et de Marie Le Clerc. Il fut baptisé à Gisors le 2 mai 1638 et eut pour parrain Henri d'Orléans, marquis de Rothelin, seigneur de Varenguebec et de Neaufles, et pour marraine Françoise Le Tenneur, épouse de Guillaume de la Boissière, seigneur de Chambors. Nous le rencontrons tenant à son tour un enfant sur les fonts du baptême, à Gisors, le 26 avril 1666, avec la qualification de « capitaine au régiment de Sault ». Il s'agit, ainsi qu'a bien voulu nous l'assurer M. le comte de Marsy, du régiment d'infanterie de Sault-Créqui, devenu plus tard le régiment de Flandre.

Quant à sa femme, elle nous est complètement inconnue. Elle appartenait, selon toute probabilité, à une contrée éloignée du Vexin.

---

(1) Cette pierre a été reproduite dans la notice de M. Barré sur Lattainville (Beauvais, 1884. In-8), mais l'inscription n'a pas été copiée tout à fait exactement.

(2) Les actes de catholicité de la paroisse de Lattainville manquent pour l'année 1676. D'autre part, nous n'avons trouvé aucune trace de l'inhumation de la femme d'Henri Thomas dans ceux de l'année 1670, date qui avait été lue par M. Barré.

CLXV.

Cloche (1745).

Diamètre : 0 m. 80.

LAN 1743 IAY ESTE NOMMEE MARIANE PAR M^RE LOVIS DE LIMOGES PRETRE LICENTIE EN THEOLOGIE OFFICIAL CVRE DE CHAVMONT
& PAR MME MARIANE DE LA VIELVILLE ABBESSE DE GOMERFONTAINE ET PATRONNE DE CE LIEVX (sic) & M^RE CHARLE LECORDIER CVRE DE CE LIEV
& CHARLE PELTIER MARGVILLIER & ANDRE SAINTARD RECEVEVR DE LA TAINVILLE

Sur la panse, la marque de P. Charles Morel, premier du nom, telle que nous l'avons vue sur la cloche de Jaméricourt (n° CXLIV).

LEVEMONT [1]

A. — ÉGLISE.

CLXVI.

Pierre tombale de Philippe Guyon, curé de Levemont (?) (1647).

Longueur : 2 m. 12; largeur : 1 m. 06

---

(1) Ancienne paroisse aujourd'hui réunie à Hadancourt-le-haut-Clocher.

Dalle à l'entrée du chœur, avec l'effigie gravée au trait, mais très effacée, d'un prêtre couché, les mains jointes. L'épitaphe se déroule autour. L'un des cotés est illisible.

CY GIST VENERABLE ET DISCRETE | PERSONNE MESSIRE PHILIPPE GVYON PBRE ET..... | .... | LEQVEL DECEDA LE XXVI MAY 1647 PRIES DIEV POVR SON AME.

CLXVII.

Pierre tombale effacée (1616).

Grande dalle encastrée dans le pavé, en avant de la grille du chœur. Longueur : 2 m. 29; largeur : 1 m. 06. On ne peut plus lire que la fin de l'épitaphe, gravée à la partie inférieure :

le 6 Septembre 1616. Priez Dieu pour leurs Ames.

CLXVIII.

Pierre tombale de Thomas Dumouchel, curé de Levemont (1776).

Pierre encastrée dans le pavé de la nef, au sud de la précédente.

Longueur : 1 m. 80; largeur : 76 cent.

ICI REPOSE LE CORPS
DE M^{RE} THOMAS
DUMOUCHEL P^{RE} CURÉ
DE CETTE PAROISSE
DECEDÉ LE 2 (?) 7BRE
1776
PRIEZ DIEU POUR LUI.

(Deux os en sautoir).

CLXIX.

Cloche (1812).

Diamètre : 67 cent.

☦ LAN 1812 JAI ETE BENITE PAR M^{IRE} JEAN BAPTISTE PELLETIER CURE DE SERANS MESSIRE CHARLES FRANÇOIS

☞ DE CLERY SERANS ANCIEN CAPITAINE DE CAVALLERIE PROPRIETAIRE DES DOMAINES DE SERANS LEVEMONT

☞ ET AUTRES ET DAME CLOTILDE LOUISE DE SAGUIER LUIGNE (1) SON EPOUSE ME NOMMERENT ELISABETH CLAIRE

☞ MR PIERRE JEAN MOREAU FERMI[E]R DU DOMAINE DE LEVEMONT ET MAIRE MR IOSEPH CHARLES DUHAMEL

ANCIEN OFFICIER DE CANTEE (2)

Cette cloche, non signée, porte les armoiries accolées du parrain et de la marraine : *D'hermine, au franc canton de gueules, chargé de trois fermaux d'or en fasces, 2 et 1*, qui est Cléry ; *d'argent à la tête de Maure de sable, coupée et posée de profil, tortillée et bandée du champ*, qui est Saguier de Luigné.

La famille de Cléry-Serans, aujourd'hui éteinte, fut le dernier rameau des Cléry, originaires d'une paroisse de ce nom, située dans le Vexin français (3). La famille Saguier de Luigné est originaire de Bretagne, où elle possédait les seigneuries de Luigné, de la Mauguitonnière et des Roussières, sises toutes trois sur la paroisse de Maisdon (4). On peut consulter, à son sujet, le grand ouvrage de M. Potier de Courcy, intitulé : *Nobiliaire et armorial de Bretagne*.

---

(1) Lisez : *Luigné*.
(2) Lisez : de santé.
(3) Canton de Marines, arrondissement de Pontoise (Seine-et-Oise).
(4) Cant. d'Aigrefeuille, arr. de Nantes (Loire-Inférieure).

Grace à l'obligeance et à l'habileté de notre compatriote M. le comte Robert de Burey, savant héraldiste qui ne nous refuse jamais le secours de ses lumières, nous pouvons mettre sous les yeux du lecteur les armoiries accolées de M. et Mme de Cléry-Serans, telles qu'elles sont représentées sur un cachet à leur usage, aujourd'hui dans la collection de M. Louis Janvier de la Motte (1).

---

(1) La famille Janvier était liée avec Mme de Cléry-Serans et avec son second mari, M. Jégu. Le décès de celui-ci, en 1832, fut déclaré à la mairie de Serans par le conseiller Elie Janvier, père du préfet de l'Eure, et par son frère Adolphe, alors procureur du roi à Laon.

B. — MONUMENTS DIVERS

CLXX.

Calvaire de Damval (1887).

Dans la rue montant à Levemont.

DON
PAR
ANDRÉ
DELAFOSSE
VERTU
ET
BERTRAND
—
1887.

CLXXI.

Croix au Mesnil-Lancelevée (1866).

Dans un carrefour. Sur le socle :

O
CRUX
AVE
SPES
UNICA
—
ÉRIGÉE
1866.

CLXXII.

Autre croix au Mesnil-Lancelevée (1874).

Rue conduisant à la Molière. Croix de fer sur un fût en pierre. Piédestal octogonal.

En avant du piédestal :

    O
   CRUX
   AVE
   SPES
   UNICA

A droite du piédestal :

   ÉRIGÉE
   PAR
   GERMAIN
   COUTURIER
   L'AN
   1874.

CLXXIII.

Croix sur la Molière (1870).

Sur la pente septentrionale de la montagne appelée la Molière de Serans, au bord d'un bois et près de la sente de Serans au Bout-du-Bois, s'élève une croix en fer, portée par un fût octogonal en pierre reposant sur un socle carré, qui fut élevée en 1870 par un habitant de Serans, du nom de Julien Sédille, sur l'emplacement d'un cimetière gallo-romain ou franc, découvert la même année, et dont les sarcophages sont restés enfouis. On lit sur le socle les inscriptions suivantes, que nous rapportons textuellement.

1. Face antérieure :

   ✠
   AUX
   MALHUREUX
   Trouvés Dans
   Ce Terrain
   —
   PRIEZ DIEU
   POUR EUX.

2. Face de droite :

   DONNÉE
   Par Jⁿ
   SEDILLE
   —
   1870
   —

3. Face de gauche :

> TÉMOIGNAGNE
> De Reconnoissance
> Des Fidelles
> Trepassées Qui
> Repose Dans Leur
> TOMBEAU

LIANCOURT-SAINT-PIERRE.

A. — ÉGLISE.

CLXXIV.

Cloches (1859).

1. Grosse cloche.

> Diamètre : 1 m. 22 (1).

† FAITE EN L'AN DE N. S. 1789 AVEC TROIS AUTRES CLOCHES PLUS PETITES DEMEUREE SEULE DEPUIS 1793 J'AI

☞ ETE REFONDUE ET HARMONISEE AVEC TROIS NOUVELLES CLOCHES L'AN 1859 NOMMEE ALPHONSINE PAR M ELIE

☞ GABRIEL MORIN, AGE DE 6 ANS, FILS DE FEU GABRIEL MORIN ET DE MARIE ELISABETH VAUGON, ASSISTÉ DE M⁰

☞ ELIE MORIN SON GRAND PERE, ET PAR ESTELLE ALPHONSINE MONVOISIN, EPOUSE DE M JEAN BAPTISTE GARNOT

☞ NOTAIRE A TOURNY (2) ET BENITE LE 11 JUILLET PAR MONSEIGNEUR JOSEPH ARMAND GIGNOUX EVEQUE DE BEAUVAIS,

☞ M⁰ DUVAL CURE, M⁰ GARNOT MAIRE

---

(1) Cette cloche est fêlée.
(2) Canton d'Ecos, arr. des Andelys (Eure).

2. Seconde cloche.

Diamètre : 1 m. 09.

† EN L'AN DE N. S. 1859, J'AI ETE DONNEE PAR LA PAROISSE NOMMEE GABRIELLE CAROLINE PAR M FELIX GABRIEL OZANE
☞ EPOUX DE CELESTINE LETULLE, DEMEURANT A LIVILLERS. (1) ET PAR M (sic) JOSEPHINE CAROLINE, AUGE, (2) ÉPOUSE DE M JEAN
☞ BAPTISTE FRION, JUGE DE PAIX A CHAUMONT (3) ET BENITE PAR MONSEIGNEUR LEVEQUE DE BEAUVAIS LE 11 JUILLET, ASSISTE
☞ DE M DUVAL CURE DE LA PAROISSE

3. Troisième cloche.

Diamètre : 98 cent.

L'AN DE N. S. 1859 J'AI ETE DONNEE PAR M CHARLES AUGUSTE GILLOT NE DANS CETTE PAROISSE, NOMMEE CHARLOTTE
☞ ADELE, PAR M THEODORE RENARD MAIRE DE CHAUMONT, ET PAR M (sic) MARIE FELICITE BRACHARD, EPOUSE DE M MATHIEU
☞ AZEMARD DEMEURANT A PONTOISE ET BENITE PAR MONSEIGNEUR L'EVEQUE DE BEAUVAIS LE 11 JUILLET, ASSISTE DE M DUVAL CURE

4. Quatrième cloche.

Diamètre : 93 cent.

L'AN DE N. S. 1859 JAI ETE DONNEE PAR M JEAN FRANCOIS DUVAL CURE DE LA PAROISSE PAR MADEMOISELLE FELICITE DUVAL SA SŒUR
☛ ET PAR M PIERRE FRANÇOIS DENEUX LEUR NEVEU, CURE DE GOINCOURT (4), ET NOMME MARIE FRANCOISE ANGADRISMA PAR FRANCOIS
☛ DENEUX CURE DE GOINCOURT ET PAR MARIE ANGADRISMA INSTITUTRICE RELIGIEUSE DE LA PAROISSE ET NIECE DE M LE CURE ET
BENITE PAR MONSEIGNEUR L'EVEQUE DE BEAUVAIS LE 11 JUILLET

Sur la panse de chacune de ces quatre cloches se trouve la signature du fondeur. Au-dessus d'un christ en croix, on lit en fer à cheval cette inscription :

FONDUE PAR F DUTOT ET Cie A PARIS

---

(1) Livilliers, canton de l'Isle-Adam, arr. de Pontoise (Seine-et-Oise).

(2) Lisez : *Auger*.

(3) Il est inhumé dans le cimetière de Chaumont. Cf. n° LXIX.

(4) Canton S.-O. de Beauvais.

B. — CIMETIÈRE.

CLXXV.

Tombe de l'abbé Duval, curé de Liancourt (1871).

Au centre du cimetière, une grande croix de fer repose sur un piédestal en pierre, à la face antérieure duquel une plaque de marbre grisâtre porte :

O CRUX, AVE, SPES UNICA

A LA MÉMOIRE

DE MESSIRE JEAN FRANCOIS JOSEPH DUVAL

CURÉ DE CETTE PAROISSE PENDANT 35 ANS

DÉCÉDÉ LE 1ᴱᴿ MARS 1871, A L'AGE DE 60 ANS

BIENFAITEUR DE L'EGLISE, PÈRE DES PAUVRES, AMI DE TOUS

AU NOM DE TOUT (1) LE CONSEIL, DE FABRIQUE RECONNAISSANT.

Sur l'abbé Duval, voyez *Notice sur Liancourt-Saint-Pierre*, par l'abbé L. Pihan, 1877, p. 78-80.

CLXXVI.

Tombe de M.-Ant. Garnot, maire de Liancourt (1863).

Pierre debout.

---

(1) Lisez : *Au nom de tous.*

†

ICI REPOSE LE CORPS
DE MICHEL ANTOINE GARNOT.
NÉ A LIANCOURT S^T PIERRE
LE 27 NOVEMBRE 1790.
ET DÉCÉDÉ LE 14 JUIN 1863.
A SON DÉCÈS IL ÉTAIT MAIRE
FONCTION QU'IL REMPLISSAIT
DEPUIS PRÈS DE 30 ANS.

CLXXVII.

Tombe de M.-Aug. Garnot, maire de Liancourt (1887).

Sépulture de :

Michel-Auguste Garnot, ancien maire de la commune, décédé à Liancourt-Saint-Pierre le 15 septembre 1887, à l'âge de 72 ans.

CLXXVIII.

Tombe de J.-O. Bouillart, chevalier de la Légion d'honneur (1889).

CI-GIT
BOUILLART JACQUES ONÉSIME
CHEVALIER DE LA LÉGION D'HONNEUR
DÉCÉDÉ A LIANCOURT S^T.-PIERRE
LE 18 AOUT 1889
A L'AGE DE 70 ANS.

Bouillart fut décoré pour ancienneté de service. Il avait été militaire pendant vingt-huit ans et comptait treize campagnes, dont sept en Afrique.

C. — *MONUMENTS DIVERS.*

CLXXIX.

Calvaire Saint-Louis, au Vivray (1828). — Pierre tombale de Philippe de Pellevé, seigneur de Rebetz, abbé de Saint-Paul de Verdun (1633).

    Cy gist
   Messire Prelipes
  de Peleve Seignevr de
  Rebays (1) en son vivant
 Conseiller dv Roy en ses
 conseilz destat et prive.
 abbe commandataire de
S Pavl de Verdvn (2) Filz
 de deffvnct Mess Charles
 de Peleve Chevallier
 Seignevr dvdict Rebays
 Et de Dame Genevieve
 de Montmorency ses
 pere et mere qvi est
 decede le xiiii Iovr
 de Febvrier 1633

 il est décédé en sa
 maison a Rebays

L'inscription que l'on vient de lire est gravée sur une grande pierre d'ardoise qui sert d'enmarchement à un calvaire érigé au Vivray en 1828 par M. Louis-Alexandre Commecy, ancien notaire et juge de paix à Chaumont. Elle est sciée en deux parties très inégales, et le fragment le plus important, comprenant la partie inférieure de la pierre, est lui-même légèrement rogné à son extrémité. Les deux fragments réunis mesurent actuellement 2 m. 04 de longueur sur 1 m. 07 de largeur.

---

(1) Hameau de Chaumont.
(2) Abbaye de l'ordre de Prémontré.

Depuis la Révolution, cette dalle a subi de nombreuses vicissitudes, et son origine n'est pas même connue d'une façon précise. M. Frion (1) dit qu'elle se trouvait dans l'église de Saint-Martin de Chaumont, démolie vers 1798; et qui était, en effet, la paroisse du défunt. D'après M. l'abbé Pihan (2), né au Vivray, et M. l'abbé Bouché (3), l'abbé de Verdun aurait été inhumé dans l'église Notre-Dame de Liancourt, paroisse dont la seigneurie appartenait à son cousin issu de germain, Louis de Pellevé. Une enquête récente à Liancourt n'a pas tranché la question. Elle nous a cependant appris que la pierre tumulaire gisait, sous la Restauration, dans le cour du château de Liancourt, alors en la possession du baron Seillière, et qu'elle fut transportée un peu plus tard, sur l'ordre de l'abbé Duval, curé de Liancourt, dans l'église du village et placée à l'entrée du chœur, opération qui nécessita sa mutilation. L'abbé Duval l'avait-il fait restituer à son église ou bien provenait-elle de Saint-Martin de Chaumont ? Nous l'ignorons. Tout ce que nous pouvons ajouter, c'est qu'elle fut vendue à M. Commecy lorsqu'on décida de renouveler le pavage du chœur de l'église.

Mais venons à la description du monument. L'épitaphe de Philippe de Pellevé est encadrée par un grand cartouche ovale, que soutient de chaque côté un petit génie. Elle est surmontée d'un fronton arrondi, coupé et replié en deux volutes, suivant le goût du temps, et sur lequel on voit assis un ange, le pied appuyé sur une tête de mort. A droite et à gauche de ce fronton se trouve répété un écu en accolade, avec couronne de marquis, dont le bas est malheureusement engagé sous le morceau principal de la dalle, placé à un niveau supérieur. Un examen attentif nous a toutefois permis de reconstituer cet écusson, qui doit se blasonner comme suit : *Ecartelé, au 1ᵉʳ d'or à la croix de gueules*

---

(1) *Descript., hist. et statist. de la ville de Chaumont-en-Vexin*, p. 78.

(2) *Notice sur Liancourt-Saint-Pierre*, 1877, p. 20 et 98.

(3) *Notice histor. sur Jouy-sous-Thelle*, œuvre posthume complétée et publiée par M. le chanoine Pihan, 1890, p. 40. — Le passage indiqué renvoie à la *Notice sur Liancourt-Saint-Pierre*, mais M. l'abbé Pihan nous a affirmé que cette assertion figurait, malheureusement sans preuves à l'appui, dans le manuscrit de l'auteur, rédigé longtemps auparavant.

cantonnée de seize alérions d'azur; au 2º d'hermines à la bordure de gueules chargée de huit fers à cheval d'or posés en orle; au 3º d'argent semé de fleurs de lis de sable; au 4º d'argent au chevron de gueules accompagné de sept merlettes du même, quatre en chef, trois en pointe; sur le tout, de gueules à une tête humaine d'argent au poil levé d'or.

Philippe de Pellevé avait tenu à ce que son écusson rappelât ceux de ses ascendants dans les deux branches. C'est ainsi que le premier quartier est formé des armoiries de sa mère, Geneviève de Montmorency, fille de Claude de Montmorency, baron de Fosseux, et d'Anne d'Aumont; le second de celles de son aïeule maternelle, Françoise de Ferrières, fille de Guillaume de Ferrières, seigneur de Dangu; le troisième de celles de sa grand' mère paternelle, Hélène de Fay, épouse de Charles de Pellevé, seigneur de Jouy-sous-Thelle, Rebetz et Liancourt; et le quatrième de celles de son aïeul maternel, Ferry d'Aumont, seigneur de Méru. Quant à l'écu en cœur, il montrait, à la place d'honneur, comme cela était naturel, les armoiries qui avaient été transmises à Philippe par son père, que l'épitaphe appelle Charles, alors que, d'après les généalogistes, il portait le prénom de Gilles (1).

L'encadrement de la pierre est semé de larmes (2).

---

(1) Le tableau suivant permettra de saisir d'un coup d'œil la succession des ascendants de Philippe de Pellevé :

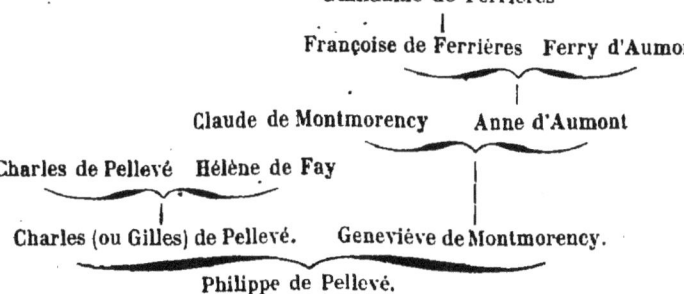

(2) Le texte de l'inscription, sauf les deux lignes terminales, a été publié successivement par MM. Frion et Pihan dans leurs ouvrages déjà cités, et a fait, en outre, l'objet d'une courte communication de M. A.

Nous n'avons pas à faire ici la description du calvaire, édicule sans intérêt artistique, aujourd'hui dominé par une petite croix en pierre qui a remplacé une croix de fer (1). Les fondateurs, M. et Mme Commecy, y ont fait graver, à mi-hauteur, sur une plaque de marbre blanc (largeur : 49 cent. ; hauteur : 12 cent.), ces trois lignes, dont la première doit être lue la dernière :

DÉCÉDÉE AU PRINTEMPS DE SES JOURS,
UN PÈRE ET UNE MÈRE AFFLIGÉS
ONT REMPLI LE VŒU D'UNE FILLE CHÉRIE.

CLXXX.

Croix de Vaux (1834).

Dans un carrefour du hameau de Vaux, croix en pierre dont le piédestal porte diverses inscriptions.

1. Face antérieure.

O CRUX AVE
SPES UNICA
1834.

2. Face de gauche.

PAR LA PIÉTÉ ET
LES SOINS DE
LOUIS ANTOINE
[GOUGIBUS] (2)

Héron de Villefosse à la section d'Épigraphie de la Société française de numismatique et d'archéologie, dans sa séance du 25 janvier 1875 (*Comptes rendus de la Soc. fr. de num. et d'archéol.*, t. VI, année 1875, 1re partie, p. 208-209).

(1) Cf. une vue dans la *Notice* de M. l'abbé Pihan, en regard de la page 97.

(2) Le nom n'est plus lisible.

3. Face de droite.

SOUS LE RÉGIME DE
Mr ANTOINE HONORÉ
PICHON
CURÉ DE [LIANCOURT]

4. Face postérieure.

‹ VOUS AVEZ ÉTÉ
RACHETÉS BIEN CHER
NE VOUS FAITES PAS
LES ESCLAVES DU [DÉMON]

LIERVILLE.

A. — ÉGLISE.

CLXXXI.

Pierre tombale d'Elisabeth de Bourdin, femme d'Antoine de Joigny, seigneur de Bellebrune, Lierville, le Bouleaume, etc. (1657).

Pierre encastrée dans le dallage du bas-côté nord de la nef. En partie effacée. On ne distingue plus les ornements qui figuraient au centre, et l'un des côtés de l'épitaphe, qui se déroulait autour de la pierre, est illisible.

Longueur : 1 m.; largeur : 61 cent.

Cy gist....... Elisabeth de bourdin en | ....[go] | uuerneur de la Ville de hesdin et Conté de saint |

Paul laquelle deceda le xxi⁰ septembre 1657 Priez Dieu pour son ame.

Une inscription obituaire de la chapelle du Bouleaume (voir n° CLXXXVII) nous a permis de reconnaître qu'Elisabeth de Bourdin était femme d'Antoine de Joigny, seigneur de Bellebrune, Lierville, le Bouleaume, le Bois-Guillaume, Boubiers et autres lieux.

CLXXXII.

Pierre tombale de L. - F. Becherand Delamotte (1783).

Marbre blanc encastré dans une pierre placée dans le pavage de la nef, devant le chœur.

Longueur : 1 m 17 ; largeur : 65 cent.

†

EN JESUS-CHRIST ET AVEC JESUS-CHRIST
ICY REPOSE MESSIRE LOUIS FRANÇOIS
BECHERAND DELAMOTTE ORIGINAIRE
DU PONT SAINT ESPRIT EN LANGUEDOC . CHERI
DE DIEU DES SA JEUNESSE, PREVENU DE SES
PRECIEUSES BENEDICTIONS AIMÉ, ESTIMÉ, BENI
DE TOUS CEUX QUI LONT CONNU, SA MEMOIRE
SERA LONG TEMS EN VENERATION ET VIVRA
DANS CETTE PAROISSE. IL Y A PASSÉ LES 36 DERNIERES
ANNEES DE SA VIE, PENDANT LES QUELLES IL Y A
ÉDIFIÉ EN TOUTE MANIERE PAR UNE PRIERE
CONTINUELLE, PAR L'ASSIDUITÉ A VENIR TOUS
LES JOURS PLUSIEURS FOIS A L'EGLISE SE PROSTERNER
AUX PIEDS DE JESUS-CHRIST, PAR UNE PROFONDE
RETRAITE, PAR LA LECTURE ET LA MEDITATION
ASSIDUE DE LA PAROLE DE DIEU, PAR SES
ENTRETIENS QUI NE RESPIROIENT QUE SA FOI
ET SA PIÉTÉ, PAR SA PATIENCE DANS LES
SOUFFRANCES ET LES HUMILIATIONS, DÉTACHÉ

DE TOUS LES BIENS. PAUVRES D'ESPRIT ET DE
CŒUR, SENSIBLE AUX BESOINS DU PROCHAIN,
AFFLIGÉ DES MAUX DE L'ÉGLISE ET SOUMIS EN
TOUT A SES DÉCISIONS.

IL EST MORT AVEC UNE GRANDE CONFIANCE
DANS LA PAIX DU SEIGNEUR LE 27 JUIN
MIL SEPT CENT QUATRE VINGT TROIS
AGÉ DE 88 ANS

Au bas de cette longue épitaphe, un écu surmonté d'une couronne de comte portait des armoiries aujourd'hui effacées.

CLXXXIII.

Epitaphe d'Adrien Candon, curé de Lierville (1668) et fondations par lui, par Pierre Candon, son frère († 1657), et par Claire Marchand, femme de ce dernier († 1640).

Pierre placée contre l'un des piliers du chœur, au sud.

Hauteur : 1 m.; largeur : 64 cent.

DEFVNT · M̄RE · ADRIAN · CANDON
PRESTRE · CVRÉ · DE · CETTE · PAROISSE · AA
GÉ · DE · 84 · ANS · ENSEPVLTVRE · CY · DEVANT
LE · 4 · AVRIL · 1668 · ET · FEV · PIERRE · CANDON
SON · FRERE · AAG · (sic) DE · 68 · ANS · ENSEPVLTVRE
LE · 25 · MARS - EN · CETTE · EGLISE · ONT · FONDÉ · 6
5 · 1 DE · RENTE · A · PRENDRE · SVR · VN · HERITAGE
QVE · TIENT · IEAN · MASSON · DEMEVRANT · AV
BOVLEAVME · ET · CE · AFFIN · QVIL · SOIT · DIT · ET
CELEBRÉ · DEVX · MESSES · HAVTES · A · PERPETV
ITE · A · LINTENTION · DV · DIT · SIEVR · CVRÉ · SC
AVOIR · VN · AVBIT · A · PAREIL · IOVR · DE · SA · SEPVLTV
RE · ET · LA · 2^{DE} MESSE · AV · IOVR · DE · S^T · ADRIAN
4ME · MARS ; ET · LA 3ME MESSE · SERA · DITE · HAVL^{TE}.
AVEC · VIGILE · ET · COMENDACE · POVR · FEV
PIERRE · CANDON · LA · QVELLE · SE · DIRA · A

pareil·iovr·de·son·deceds·qvi·fvt·le
23·mars·1657.
Honneste·persone·fev·clere·march-
and·feme·dv·svsdit·pierre·Candon
decedee·av·moix·(sic)·de·ivillet·1640·a
doné·a·l'eglise·de·Lierville·a·perpe
tvité·zo¹¹·povr·fere·dire·
vne·messe·basse·par·an
le·iovr·de·S^{te}·Clere·le·12
d'aovst
Pries Povr levrs ames

La partie supérieure de la pierre, coupée en forme de fronton triangulaire peu élevé, porte un croissant placé entre deux étoiles. A l'angle inférieur de droite est gravé un écu en accolade encadré par deux branches de laurier et portant un pélican nourrissant ses petits de son sang. Il faut considérer ce dernier sujet comme une allusion aux vertus sacerdotales d'Adrien Candon plutôt que comme une distinction nobiliaire.

CLXXXIV.

Epitaphe de Ch.-Fr. Prévost, curé de Lierville (1740).

Pierre appliquée contre un des piliers du chœur.

Hauteur : 87 cent. (couronnement compris); largeur : 63 cent.

In Spem Resurrectionis
Hic Jacet
Carolus Franciscus
Prevost hujus ecclesiœ (sic)
Rector ab anno 1695
Totus gregi et pauperibus
Quos Testamento hœredes
habuit vixit annos 80
obiit die martis ii 1740
Patruo posuit Alexius

PREVOST EJUS SUCCESSOR
AB ANNO 1731
OBIIT QUE DIE 17
REQUIESCANT IN PACE

La date de la mort d'Alexis Prévost n'a pas été gravée.

CLXXXV.

Cloche (1735).

Diamètre : 1 m. 09.

☦ LAN 1735 IAY ETE BENIE (sic) PAR M^{RE} ALEXIS PREVOST CURE DE LIER-
VILLE & NOMMEE MARIE LOUISE PAR M^{RE} LOUIS PIERRE ROBERT CONS^{ER} AU

☞ PARLEMENT SEIG^R DE LIERVILLE BOULEAUME (1) BOUBIET MONNE-
VILLE MARQUEMONT BOUT DU BOIS (2) & AUTRES LIEUX & DAME MARIE LOUISE
CHIBERT

☞ EPOUSE DE M^{RE} DE GARS CONS^{ER} AU PARLEMENT SEIG^R DE FREMAIN-
VILLE (3) & AUTRES LIEUX

Sur la panse, autour d'un cartouche circulaire contenant une cloche : P CHARLES MOREL.

Cette cloche est du même fondeur que celles de Jaméricourt (n° CXLIV) et de Lattainville (n° CLXV).

B. — *CIMETIÈRE* (4).

CLXXXVI.

Tombe de l'abbé Ledru, curé de Lierville (1871).

Pierre debout, derrière la croix du cimetière.

---

(1) Le Bouleaume, hameau de Lierville.
(2) Le Bout-du-Bois, hameau de Montjavoult, canton de Chaumont.
(3) Canton de Marines, arrondissement de Pontoise.
(4) Il avoisine l'église.

LE 15 AVRIL 1857	LE 22 SEPT. 1871
P. J. B. LEDRU PÈRE PROPRIÉTAIRE A BEAUVAIS AGÉ DE 73 ANS	P. A. J. LEDRU FILS CURÉ DE LIERVILLE AGÉ DE 64 ANS

REQUIESCANT IN PACE.

C. — *CHAPELLE DU BOULEAUME* (1).

CLXXXVII.

Fondations par Antoine de Joigny, seigneur de Bellebrune, Lierville, le Bouleaume, etc., et François de Joigny, chevalier de Saint-Jean de Jérusalem 1656).

Pierre appliquée contre la muraille occidentale, à droite en entrant.

Hauteur : 85 cent.; largeur : 61 cent.

HAVLT ET PVISSANT · SeIGNEVR MESSIRE
Anthoine de Ioigny Vivant cheuallier (eig^r
de bellebrune (2) lieruille boul^{me} (3) bois Guillaume (4) bou

---

(1) Cette chapelle possède une clochette suspendue dans un clocher-arcade, au-dessus de la façade, mais à laquelle nous n'avons pu accéder.

(2) Canton de Desvres, arr. de Boulogne (Pas-de-Calais).

(3) Le Bouleaume.

(4) Fief à Lierville.

bies (1) et aultres lieus conseiller du Roy en son
con⁻ˡ des guerre (sic) lieuten⁻ˡ general en ses armees
gouuerneur et grand baillif des Ville et païs
de hesdin A donné à la Chapelle de ceans sept
Arpans de terre en unne piece sisse au terroir
de la Ville tarte (2) pour dire et celebrer tous les
Iours Vne Messe en cette chapelle ou en Celle
du Chasteau (3) lors que les seig⁻ʳˢ dudit lieu y seront
passé pardeuant le seubure no⁻ʳᵉ à Chaumont
ce (sic) prem⁻ʳ Io⁻ʳ de decembre 1656. . . . . . .
. . . . . . (4) pour l'entretien du
dit seruice Cidessus lequel est decede le 15⁻ᵐᵉ seub (5)
1658 pries Dieu pour le Repos de son ame

Messire frerre francois de Ioigny cheuallier de
lord⁻ʳᵉ de s⁻ᵗ Iean de Ierusalem frerre du dit dessun
lequel a aussi donne en Cette Chapelle six arpans
et demy de Terre sisse au terroir du bois guilla⁻ᵐᵉ
et boulleaume pour ayeder (sic) a Entretenir ledit seru (6)
cy dessus par Contrat passé par le No⁻ʳᵉ Cy dessus
se (sic) mesme Iour lequel est decede le Iour   16..
   Pries Dieu pour le Repos de son ame

1) Boubiers. Antoine de Joigny avait acquis la seigneurie de Boubiers en 1642 de Catherine Le Hochard, veuve de Claude de Boulainvilliers (*Table des fiefs du Vexin français*, par Pihan de la Forest, publiée en 1864 par A. de Marsy, p. 6), mais cette vente n'avait compris que l'un des fiefs qui se partageaient alors la seigneurie de Boubiers, et les Boulainvilliers en avaient assurément conservé quelque autre, car ils continuèrent jusqu'à la fin du xvii⁻ᵉ siècle à prendre la qualification de seigneurs de Boubiers.

(2) La Villetertre.

(3) Du château du Bouleaume.

(4) Ce passage a été effacé.

(5) Février.

(6) Service.

Les Joigny de Bellebrune portaient : *de gueules à l'aigle d'argent.*

CLXXXVIII.

Fondation par Marin Duchêne, chapelain du Bouleaume (1676).

Pierre appliquée contre la muraille occidentale, à gauche en entrant. Inscription en lettres bâtons hautes de trois centimètres.

Hauteur : 1 m. 17; largeur : 57 cent.

MESSIRE . MARIN . DVCHÊNE
EN . SONT *(sic)* . VIVANT . PRESTRE . CHAP
ELVIN *(sic)* . DE . CETTE . CHAPELLE . A LA
ISSÉ . PAR . TESTAMENT . PASSÉ . PAR .
DEVANT . LEFEBVRE LAINÉ . NO
TAIRE . ROIAL . A . CHAVMONT . LE . 5 .
IEME . OCTOBRE . 1676 . A . DONNÉ .
A LADITTE . CHAPPELLE . 6 ARP
ENTS . 63 PERCHES . DE . TERRE . ASI
SIZE . AV . TERROIR . DE . BOVBIERS . A .
CONDITION . QVE . LON . CELEBRERA .
TOVS . LES . LVNDIS . DE . LA . SEMAI
NE . VNE MESSE BASSE . AVEC VN LI
BERA . ET . AVTRE *(sic)* . PRIERES . PLVS . SA
PRIERE . TOVTS . LES . DIMANCHES .
AVSSY . LE . IOVR . DE . S^t . IEAN . ET . S^t . PAVL
PATRONS . DE . CE LIEV .
PLVS A FONDÉ . VN . SALVT . AVSOIR AVX
4 FESTES . SOLEMNELLES . DE LANNEE
ET . AVX . 3 FESTE . DE . LA . VIERGE . ET . DES
2 . PATRONS . LEQVEL . SERA . COMPOSÉ .
DE . LITANIES . DE . LA . VIERGE . DE DEPR
OFVNDIS . ET . ANTIENNE . DV . TEMPS .
ET . POVR . CE . A . DONNÉ . SON . CALICE .

D·ARGENT · ET · VNNE · AVBL · SVPPLIS (*sic*) ·
ET · 2 · NAPPES · LEQVEL . CONTRAT ·
A · ÉTÉ · DÉLIVRÉ · ET · PASSÉ · PAR · ANTOINE
DVCHÊNE · FRERE (1)· ET · FERMIER · VNIVER
SEL (2)· DVDIT · DEFVNT · PAR · LEDIT ·
NOTAIRE · LE· 16 · NOVEMBRE · 1676 ·

LOCONVILLE.

A. — ÉGLISE.

CLXXXIX.

Pierre tombale de Jean de....., laboureur (1557).

Pierre encastrée dans le pavé de la nef, près de la muraille septentrionale. Elle est très effacée, mais on y distingue encore la plus grande partie de l'épitaphe, disposée en encadrement, et

---

(1) Du testateur.
(2) C'est-à-dire, sans doute, légataire universel.

l'effigie gravée au trait d'un personnage vêtu d'une robe ou de vêtements longs, les mains jointes, sous une arcade cintrée.

Longueur : 73 cent.; largeur : 45 cent.

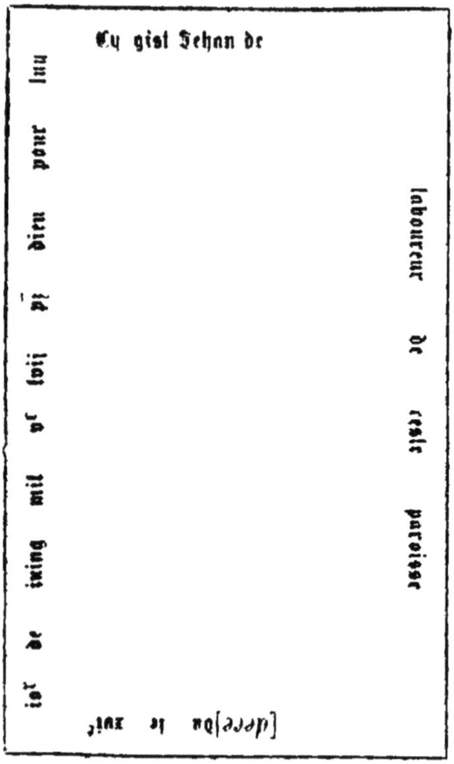

Cy gist Jehan de laboureur de ceste paroisse … qui trespassa le xvii[e] … mil v[c] lxiiii priez Dieu pour luy

[La transcription exacte de l'épitaphe, disposée autour de l'effigie :]

Cy gist Jehan de … laboureur de ceste paroisse … [décédé] le xvii[e] … mil v[c] lxiiii priez Dieu pour luy

CXC.

Pierre tombale de J.-N. Crottey, curé de Loconville (1701).

Pierre encastrée dans le pavé, au milieu du chœur.

Hauteur : 1 m. 67 ; largeur : 81 cent.

> Hic Jacet
> D. D. Joannes
> Nicolaus Crottey
> hujus ecclesiæ rec
> tor qui per annos vi
> ginti quinque pastora
> et digne functus minis
> terio. obiit die decima
> tertia mensis augustus (sic)
> anno dni 1701. ætatis
> autem suæ quinqua
> gesimo octavo.
> Requiescat
> In Pace

L'inscription est entourée d'un cadre ovale avec enroulements dans les quatre écoinçons. Au bas, une tête de mort avec deux fémurs croisés.

Voir le numéro suivant.

CXCI.

Fondation par J.-N. Crottey, curé de Loconville (1701).

Lettres dorées sur plaque de marbre noir rectangulaire, contre la muraille méridionale du chœur.

> D.   O.   M.
>
> Cy devant gist le corps de MR Jean Nicolas Crottey pbre
> Curé de cette Parroisse, lequ^L, par son Testam^T, olographe
> du 9 Janvier 1701 a fondé en Cette Eglise vn prestre chapel
> lain pour chanter a perpetuite tous les dimanches et
> festes de lannée les Matines et Toutes les Heures.
> dire sa Messe Basse tous les jours a la fin vn De Profundis
> Sur sa Sepulture Faire vn Service annuel d'une Hautte

MESSE AVEC L'OFFICE DES MORTS LA VEILLE (sic) OU LES TROIS CLOCHES
SERONT SONNÉES, CHANTER LE Veni Creator DEVANT LES
MESSES DES FESTES ET DIMANCHES, ET ASSISTER A TOUS LES
OFFICES DE L'EGLISE.
POUR CE A LEGUÉ LA SOMME DE TROIS CENTS LIVRES DE RENTE
PAYABLE AUD. S^R. CHAPEL^N. AVEC VNE MAISON CLOS ET HERITAGE
ET LA SOMME DE CENT LIVRES DE RENTE PAYABLE AU CLERQ
DE LADITTE PAROISSE POUR AYDER A CHANTER LES^D OFFICES
ET TENIR ECOLE AUX ENFFANS. A   A LA CURE 40 PER
CHES DE PRÉ. A DONNÉ A LA FABRIQ. VNE RENTE DE 10 ^{lt}
ET 100 ^{lt} ARGENT COMP   TANT ET SON CALICE
DARGENT, LE TOUT   AU LONG EXPLIQUÉ AUD
TESTAMENT ET AU   Bûcher   CONTRACT DE DELI
VRANCE PASSÉ A   enflammé   CHAUMONT DEVANT
LE CARPENTIER NOT   TAIRE LE 4 9BRE 1701
        ReQvIeSCAt   IN PACE
                            LATARE A SENLIS

On remarquera la somme léguée au clerc pour l'encourager à tenir l'école. Le même curé fit exécuter, en 1699, pour le chœur de l'église, six stalles sur lesquelles on retrouve, dans un cartouche, le bûcher qu'il avait pris pour emblème, accompagné de sa devise : ARDET NON SIBI.

Cette inscription est signée du nom du graveur, Latare, à Senlis.

CXCII.

Cloche (1755).

Diamètre : 1 m. 04.

† L'AN 1755 IAY ETE BENITE PAR M^{RE} FRANCOIS CLAUDE BOURLIER CURE
DE LOCONVILLE & NOMMEE FRANCOISE AUGUSTINE PAR M^{RE} AUGUSTIN
☞ GEORGE LOUIS DE LA VACQUERIE CHEVALIER SEIGNEUR DE
FLAMBERMONT (1) LOCONVILLE & DAMOISELLE FRANCOISE LOUISE LE GRAIN
FILLE DE M^{RE}
☞ LOUIS GABRIEL LE GRAIN CHEVALIER MARQUIS DU BREUIL
SEIGNEUR DE BOISSY LE BOIS ——————————— & IACQUES
MARIE MARGUILLIER EN CHARGE.

---

(1) Commune de Saint-Martin-le-Nœud, canton S.-O. de Beauvais.

Cette cloche n'est pas signée. On voit seulement sur la panse une Vierge, un saint évêque et un Christ en croix, accompagné de la Madeleine agenouillée. Sous l'inscription, on remarque, de place en place, une tête d'ange, outre un fragment de frise assez élégante.

B. — *MONUMENTS DIVERS.*

CXCIII.

Croix élevée par la famille Dufour (1844).

Sur le bord de la route départementale de Gisors à Chambly, en face le chemin de Boissy-le-Bois et de Gagny, s'élève une croix de bois entourée d'une clôture également en bois. Le piédestal en pierre montre, dans autant de niches, trois statuettes de saint Lucien, de sainte Madeleine et de saint Jean. Il porte aussi diverses inscriptions dont l'une nous apprend que le calvaire fut :

BÉNIT LE 1ᴿ AOUT — ANNÉE 1841.

La suivante se lit sur la face postérieure :

VŒU FAIT AU CIEL
PAR AUGUSTIN DUFOUR
PROPRIETAIRE DE CE
LIEU
; ET AU NOM
DE VICTOIRE ELISABETH
SOPHIE CHAPPART SON ÉPOUSE
DECEDÉE LE 13
SEPTEMBRE 1836,
ET DE SA FAMILLE.

A côté de la croix sont les tombes des fondateurs. M. Dufour mourut en 1850.

MONNEVILLE.

A. — *ÉGLISE DE MONNEVILLE.*

CXCIV.

Cloche (1765).

Diamètre : 1 m. 20.

✠ L AN 1763 JAY ETE BENITE PAR M^{RE} IOSEPH CASTEL DARMANIOUX CURE DE MARQUEMONT ET NOMMEE LOUISE ROMAINE PAR M^{RE} LOUIS PIERRE ROBERT ☞ CHEVALIER SEIGNEUR DE MARQUEMONT MONNEVILLE LE BRECIL (1) TIERVILLE (2) BOUBIERS BOUTDUBOIS (3) BOULLEAUME (4) ET AUTRES LIEUX CONSEILLER EN LA GRANDE ☞ CHAMBRE DE PARLEMENT DE PARIS ET DMME *(sic)* CATHERINE ROMAINE MONTMARQUE SON ÉPOUSE M^{RE} MICHEL ROMAIN DE BEAUGRAN CHAPELAIN

FRNCOIS ANELOT *(sic)* MARGUILLIER CHRGE *(sic)* HENRY VINET SINDIC IEAN BATISTE MAUTEMPS PETITPAS ET LES THERIOT NOS FECESRONT *(sic)*

Cette cloche, provenant de l'église de Marquemont, qui ne sert plus au culte, a pris, il y a quelques années, la place de la suivante, fondue en 1865 pour l'église de Monneville, mais dont les dimensions, malgré toutes sortes d'expédients, ont été reconnues trop considérables pour le clocher destiné à la contenir.

---

(1) Hameau de Monneville.
(2) Lisez : Lierville.
(3) Hameau de Montjavoult, canton de Chaumont.
(4) Hameau de Lierville.

B. — ÉGLISE DE MARQUEMONT.

CXCV.

Cloche (1865).

JACOB, HOLTZER ET CIE

LAN 1865 J'AI ETE BENITE PAR MGR OBRE (1) PROT. APOST. VIC. GEN. CH.
[DE LA LEG. D'HON
ET NOMMEE DESIREE
PETROZ C. H. (2) DE L'ACAD. IMP. DE MEDECIN (3) CH. DE LA LEG. D'HON.
[NE EN 1788
ET PAR E. DESIREE DROUARD V^{VE} ROND
HUSSY P. A. CURE DE MONNEVILLE

C'est la cloche fondue en 1865 pour l'église de Monneville. Elle n'est pas en bronze, mais en acier. L'inscription, placée d'un seul côté, commence par l'indication du nom des fondeurs.

C. — MONUMENTS DIVERS.

CXCVI.

Pierre tombale dans un mur, à Monneville (XIVe siècle).

On a employé dans la construction d'un mur, au bord de la rue qui passe devant le portail de l'église de Monneville, une grande pierre tombale brisée en trois morceaux et mesurant trois mètres de long. Cette pierre est posée de champ, dans le sens de sa longueur, et montre du côté de la rue la face portant l'effigie du défunt et l'épitaphe en onciales. Malheureusement,

---

(1) Lisez : *Obré*.
(2) Correspondant honoraire.
(3) Lisez : *médecine*.

des éraflures très nombreuses et la présence de mousses et de lichens rendent la lecture du texte extrèmement difficile. Malgré tous nos efforts, nous n'avons pu parvenir à déchiffrer que des fragments de mots insignifiants. L'effigie elle-même est très mutilée, et nous ne saurions dire s'il s'agit d'une femme ou d'un prêtre.

La chapelle fondée à Monneville en 1286 par Jean de Monneville était située dans un enclos bordant la même rue. Il est certain que la pierre tombale dont nous parlons provient de cet édifice. Son style permet de lui assigner pour date la première moitié du xive siècle. Peut être recouvrait-elle les restes du fondateur de la chapelle lui-même, qualifié de *clerc* dans la charte de fondation (1).

MONTAGNY.

A. — ÉGLISE.

CXCVII.

Grosse cloche (1816).

Diamètre : 61 cent.

† LAN 1816 JAI ETE BENITE PAR M^R. MICHEL MARIE AUGEER CURE DE MONTAGENY ET NOMMEE LOUISE

☞ CLOTILDE PAR M^R. RENE URBAIN JEGU LIEUTENANT COLONEL CHEVALIER DE LORDRE ROYAL ET MILITAI

☞ RE DE S^T. LOUIS OFFICIER DE LA LEGION DHONNEUR SEIGNEUR DE SERANS ET PAR MADAME CLOTILDE LOUISE

☞ SAGUIER DE LUIGNE EPOUSE DE M^R. JEGU ET DAME DE SERANS M^R. LOUIS JUSTE GUILLOT MAIRE.

Sur la panse : PIERRE CARTENET FONDEUR

---

(1) Arch. de la S.-Inf., G. 1817.

Le parrain de la cloche, René-Urbain Jegu, fut inhumé dans la chapelle du Petit-Serans (voyez n° CCXLIII). La marraine, Clotilde-Louise Saguier de Luigné, était veuve en premières noces de Charles-François de Cléry-Serans, ancien capitaine de cavalerie.

Voir, au sujet du fondeur Cartenet, la note qui suit les inscriptions des trois cloches de Boutencourt (n° LV).

CXCVIII.

Petite cloche (1874).

Diamètre : 55 cent.

LAN 1874 JAI ETE DONNEE PAR LES HABITANTS DE MONTAGNY BENITE PAR MR ARSENE GER

☞ VOISE DOYEN DU CANTON (1) NOMMEE EUGENIE DESIREE JULIENNE PAR MR EUGENE PIERRE LECUI

☞ ROT ET DAME VICTOIRE DESIREE GILLES VEUVE DE MR LOUIS VICTOR HEBERT M^B AUGUSTE

☞ MAXIMILIEN AIME BLOCHET CURE DE SERANS DESSERVANT DE MONTAGNY MR BENJAMIN OCTAVE

HEBERT MAIRE

Sur la panse : FONDUE PAR VIEL TETREL A VILLEDIEU MANCHE

Sur le mouton : EMI BEURIER   A FLEURY

B. — *MONUMENTS DIVERS.*

CXCIX.

Croix dans le village (1838).

Croix en pierre, au milieu d'un carrefour. Sur le piédestal, la simple date de l'érection :

1838

---

(1) Voyez son épitaphe n° LXXVI.

CC.

Croix au sud du village (1856).

Croix en pierre, à l'angle des chemins de Magny et de Saint Gervais. Sur le piédestal :

> ÉRIGÉE EN
> MDCCCLVI
> PAR
> M. EUGÈNE GILLES.

MONTJAVOULT.

A. — ÉGLISE (1).

CCI.

Pierre tombale effacée XVIIe siècle.

Dans le pavage du collatéral nord, près des fonts baptismaux, une pierre rectangulaire, presque complètement effacée, paraît remonter au XVIIe siècle. Un écu armorié était gravé au centre.

CCII.

Pierre tombale de Louis Audouin, seigneur d'Hérouval (2) (1614).

Pierre encastrée dans le pavage de la chapelle de la Vierge (au sud du chœur).

---

(1) On voit, à la voûte de la nef méridionale et au portail, des inscriptions en capitales romaines de la seconde moitié du XVIe siècle, qui sont empreintes uniquement du caractère religieux et n'offrent aucun intérêt historique.

(2) Hameau de Montjavoult.

Longueur : 2 m.; largeur : 1 m.

Au milieu se trouve un grand écu dont les armoiries ont été effacées et sous lequel figurent une tête de mort, entre quatre os disposés deux par deux en sautoir, et la formule REQUIESCAT IN PACE. L'épitaphe se déroule autour de la pierre :

CY GIT LOYS AVDOVIN ESCVYER SEIGNEVR DE HEROVVAL LEQVEL DECEDA LE PRE | MIER IOVR DE MAY·1·6·14· | ⸻〰〰⸻ EN L'AGE DE 57 ANS PRIEZ DIEV POVR SON AME

Les Audouin possédèrent le fief d'Hérouval pendant la seconde moitié du XVIᵉ siècle et la première moitié du XVIIᵉ. Celui dont nous venons de lire l'épitaphe était marié à Marie du Mesnil-Jourdain. Nous ignorons quelles étaient les armoiries de cette famille Audouin, qu'il ne faut pas confondre avec celle du même nom qui possédait au XVIIIᵉ siècle la seigneurie d'Epinay, dans le pays de Caux (1).

CCIII

Pierre tombale d'Antoine d'Acheu, seigneur de Foucaucourt (1663).

Pierre encastrée dans le pavage de la chapelle Saint-Martin (au nord du chœur).

Longueur : 2 m.; largeur : 95 cent.

CYGIT LE CORPS DE
MESSIRE ANTHOINE
DACHEV EN SON
VIVANT [CHEVALIER
SEIGNEVR DE] FOVCAV
[CO]VRT MA[INEVILLE
ET AVTRES LIEVS LE
QVEL DECEDA.....
IOVR DE DECEMBRE
1663 AGE DE 70 ANS
PRIE DIEV POVR SON
AME

(Quatre os disposés en sautoir deux par deux.)

---

(1) Aujourd'hui canton de Duclair, arrond. de Rouen.

Ce personnage était seigneur de Foucaucourt (1) et de Maigneville (2), en Picardie. Il avait épousé Catherine de Guiry, dame du Perchay (3) et en partie de Cléry (4). Nous croyons qu'il était frère de Marguerite d'Acheu, femme d'Antoine de Caumont, seigneur du Bout-du-Bois, hameau de Montjavoult (5). Ainsi s'explique son inhumation dans l'église de cette paroisse.

CCIV.

Cloche (1851).

Diamètre : 1 m. 30.

† LAN DE NOTRE SEIGNEUR JESUS CHRIST 1851 JAI ETE REFONDUE POUR LA DEUXIEME FOIS APRES UN SERVICE DE 290 ANS BENIE PAR MR MARIE MICHEL SIMOND

CURE DE CETTE PAROISSE NE A CLUSES SAVOIE NOMMEE EUGENIE EMELIE ADELE PAR MR EUGENE PIERRE ISIDORE MARIE PROPRIETAIRE CULTIVATEUR EPOUX DE

DAME MARIE ANGELIQUE DUMONT ET PAR DAME EMELIE ADELE PARADIS (6) EPOUSE DE MR PIERRE AUGUSTIN LEGER FILATEUR A HEROUVAL JE RENDS GRACE A M^R

PIERRE ARMAND MARIE MAIRE DE CETTE COM^{NE} ET AU CON^{IL} MUNI^{AL} DE MAVOIR RENDU LA VIE QUE JE CONSACRE A DIEU ET AU SALUT DES HABITANS DE MONTJAVOULT

Sur la panse : MAHUET FONDEURS A DREUX.

---

(1) Cant. d'Oisemont, arr. d'Amiens (Somme).

(2) Commune de Frettemeule, cant. de Gamaches, arr. d'Abbeville (Somme).

(3) Canton de Marines, arr. de Pontoise (S.-et-O.)

(4) Canton de Marines.

(5) Cf. Arch. de l'Eure, H. 1410, p. 133-134 (fonds de l'abbaye du Trésor).

(6) Lisez : Paradès.

B. — CIMETIÈRE.

CCV.

Croix du cimetière (1886).

En granit. Sur le piédestal, en lettres dorées :

O
CRUX AVE
SPES UNICA

Au pied de la croix, face antérieure : une croix recroisetée accompagnée du monogramme IHS, du chrisme, de l'alpha et de l'oméga, et surmontant l'inscription suivante, le tout doré :

DON DE LA FAMILLE
DUMONTIER
et LEBEAU.

Au pied de la croix, côté droit (lettres noires) :

TERRAIN DONNÉ
PAR LA FAMILLE
DUMONTIER et LEBEAU
en 1886.

CCVI.

Tombe de P.-A. Léger, maire de Montjavoult (1868).

A
LA MÉMOIRE DE
PIERRE AUGUSTIN
LÉGER
MAIRE DE MONTJAVOULT
DÉCÉDÉ LE 11 7bre
1868
DANS SA 36ème ANNÉE

———•———

PRIEZ POUR LUI

CCVII.

Tombe d'Alexandre Saintard, maire de Civières (Eure) (1848).

> CI-GIT
> LE CORPS DE
> M' ALEXANDRE
> SAINTARD
> ANCIEN CULTIVA
> TEUR ET MAIRE
> DE LA COMMUNE
> DE CIVIÈRE (EURE)
> DÉCÉDÉ A MAGNY LE
> 26 JANVIER 1848 AGÉ
> DE 74 ANS
> DE PROFUNDIS

Cette tombe, comme la précédente, provient de l'ancien cimetière, voisin de l'église. Le nouveau est situé entre le hameau du Marais et le chef-lieu de la commune.

C. — *MONUMENTS DIVERS.*

CCVIII.

Croix des Essarts (1839).

Croix dans la plaine, à l'est de Beaugrenier, au croisement des chemins de Boubiers au Vouast et de Gisors au Petit-Serans. Ce dernier chemin est ancien et connu sous le nom de Chemin de la Reine. La croix des Essarts tire son nom de l'ancienne chapelle N.-D. des Essarts qui s'élevait sur le même emplacement.

Sur le piédestal :

> POUR ENTRER DANS LA GLOIRE
> LE CHRIST A DÛ PÂTIR
> VEUX TU MÊME VICTOIRE
> CHRETIEN [IL FAUT SOUFFRIR (?)]
>
> RETABLIE
> EN 1839

CCIX.

Croix à Beaugrenier (1859).

Cette croix s'élève au bord du chemin de grande communication de Gisors à Magny.

Sur les quatre faces du piédestal :

✚	STABAT	BENIE LE	RETABLIE PAR
crux aue	MATER	X AVRIL DE L'AN	LA PIÉTÉ DE MM.
spes unica	DOLOROSA	DE N.S.J.C.	Lesueur j. b. i.
(fleur)		M.D. CCC. LIX.	Lebeau l.
			Lebeau a. c.

PARNES.

A. — ÉGLISE.

CCX.

Pierre tombale d'un chevalier (1559).

Encastrée dans le pavage du croisillon sud, cette dalle, en forme de cercueil, mesure 2 m. 23 de longueur sur 85 cent. de largeur aux pieds et 1 m. 05 de largeur à la tête. Elle représente, gravée au trait, l'effigie d'un chevalier, tête nue, vêtu, sur un vêtement de mailles, d'une jupe serrée à la taille et descendant un peu au-dessous du genou. Une épée est suspendue au côté gauche. La ceinture soutient, en outre, un bouclier gothique portant un lambel à cinq pendants en chef et une bande. Les pieds reposent sur un animal dont nous n'avons pu reconnaître l'espèce. Cette dalle tumulaire est, en effet, fortement usée, et de l'épitaphe en belles onciales qui se déroulait dans l'encadrement, il ne nous a été permis de déchiffrer que la partie conte-

176 ÉPIGRAPHIE DU CANTON DE CHAUMONT-EN-VEXIN.

nant la date et non celle qui nous eût appris le nom du personnage inhumé :

ICI GIST ! . . . . CHEVALLIER·QVI·TRE | PASSA·LAX·DE·GRA | CE· M·CCC·L·IX·LE·PREMIER·VENDREDI·DE·IVING·PRIES·POVR· | LAME·DE·LVI.

Le costume décrit n'était plus guère en usage à la date de 1359. Très probablement, le défunt ayant à sa mort un âge avancé, on voulut le représenter avec les vêtements de guerre qu'il portait au temps de sa jeunesse, c'est-à-dire tout à fait au commencement du xiv⁰ siècle. Ses armoiries n'ont pu suffire à nous permettre de fixer son identité (1).

Il ne reste de distinct de l'ornementation que l'arc en tiers-point trilobé et deux anges balançant des encensoirs dans les angles laissés par le fronton triangulaire qui le surmonte.

CCXI.

Pierre tombale effacée (1515).

Pierre placée dans le pavage, à l'extrémité de la nef, vers le chœur, légèrement incomplète à la partie inférieure.

Longueur : 2 m. 22; largeur : 1 m. 15.

..... Mil vᶜ et xv Pries dieu pour leurs ames pr nr

Tels sont les seuls mots visibles de l'épitaphe gravée autour de cette dalle, à la surface de laquelle étaient figurés deux défunts,

---

(1) On trouve à la Bibliothèque nationale, dans les collections Gaignières, deux dessins (Dép. des Estampes, Oa 10, f⁰ 27, et Pe 9) de la pierre tombale d'Anne de Beaulieu, morte vers 1280, qui se voyait, avant la Révolution, dans l'église des Cordeliers de Senlis. Cette dalle porte des armoiries semblables à celles que nous trouvons sur la pierre tumulaire de Parnes, une bande au lambel à cinq pendants, sans que rien, du reste, nous autorise à déclarer qu'il s'agit de deux membres de la même famille.

mari et femme, couverts de vêtements longs, la tête et les mains formées d'incrustations de marbre blanc. Les deux abréviations finales se lisent — est-il besoin de le dire? — *Pater noster*.

CCXII.

Pierre tombale de Jean Le Harranger, laboureur, et de Marion Aubry, sa femme (1608).

Pierre autrefois encastrée dans le pavé et aujourd'hui déposée à plat dans le croisillon sud.

Longueur : 1 m. 90; largeur : 1 m. 05.

On lit autour :

CY·GISET·HONNESTE·ET·DICRESTE·(*sic*, PERSONNES | IEHAN· LE HARRANGER NE·ET·NATIF·DE·LACHAPELLE·(1) ET·MARION·AVBRY·SA·FAMME·NE·ET· NATIF·DE· SAINCT·GERVAIS·(2) LABOVREVRS·DEME^{RT} A CHAVDRY·PARROISSE·DE·PARNES· QVI·DE LEVR·VIVANT·LONT·FAICT·FAIRE·1608.

Les deux défunts sont représentés étendus, les mains jointes, sous une double arcade cintrée portée au milieu par un cul-de-lampe. Costume bourgeois assez simple. Le mari a jeté sur le sien un large manteau sans manches, descendant jusqu'aux genoux et laissant voir le bas de la culotte courte. Toute la partie inférieure du corps est, d'ailleurs, mal dessinée. La tête, découverte, avait, croyons-nous, de la barbe. Quant au costume de la femme, la seule remarque à laquelle il donne lieu est motivée par un chapelet retenu à la ceinture et terminé par une croix ressemblant à une croix de Malte. Au-dessus des deux arcades, se voit un cartouche rectangulaire, accompagné latéralement d'enroulements de feuillages.

Le centre de cette pierre tumulaire est la partie la moins bien conservée.

---

(1) La Chapelle-en-Vexin, cant. de Magny, arr. de Mantes (Seine-et-Oise).
(2) Cant. de Magny.

CCXIII.

Cloches (1837).

1. Grosse.

Diamètre : 1 m. 24.

† LAN DE J C 1837 JAI ETE BENITE PAR MR PIERRE LOUIS ROUGET CURE DE CETTE PAROISSE (1) ET NOMMEE JEANE ATHENAIS PAR MR NICOLAS PHILIPPE SARAZIN PROPRIETAIRE A PARNES ET PAR DAME JEANNE ATHENAIS LEBEAU FEMME LEBEIGUE PROPRIETAIRE EN CETTE PAROISSE ET DOMICILIES A PARIS MR FRANCOIS HENRY MAIRE DE CETTE COMMUNE ET MR PRUDENT BRADEL TRESORIER EN CHARGE

2. Deuxième.

Diamètre : 1 m. 12.

† LAN DE J C 1837 JAI ETE BENITE PAR MR PIERRE LOUIS ROUGET CURE DE CETTE PAROISSE ET NOMMEE VICTOIRE URSULE PAR MR VINCENT CHEVALIER PROPRIETAIRE A DELINCOURT ET PAR DAME VICTOIRE URSULE FESSART EPOUSE DE MR FLEURY PROPRIETAIRE A ENANCOURT LEAGE MR FRANCOIS HENRY MAIRE DE CETTE COMMUNE
ET MR PRUDENT BRADEL TRESORIER EN CHARGE

3. Troisième.

Diamètre : 1 m.

† LAN DE J C 1837 JAI ETE BENITE PAR MR PIERRE LOUIS ROUGET CURE DE CETTE PAROISSE ET NOMMEE FRANCOISE VIRGINIE PAR MR JOSEPH FRANCOIS FOURMENT ET PAR DAME VIRGINIE ADELAIDE TROUSSEVILLE SON EPOUSE CULTIVATEUR A AINCOURT HAMEAU DE PARNES MR FRANCOIS HENRY MAIRE DE CETTE COMMUNE
ET MR PRUDENT BRADEL TRESORIER EN CHARGE

4. Petite.

Diamètre : 90 cent.

† LAN DE J C 1837 JAI ETE BENITE ET DONNEE A LEGLISE DE PARNES PAR MR PIERRE LOUIS ROUGET CURE DE CETTE PAROISSE ET NOMMEE LOUISE ONEZIME

---

(1) Voir n° CCXVII, l'épitaphe de l'abbé Rouget.

PARNES. 179

PAR MR LOUIS BRTHELEMY (sic) BERTAULT ET PAR DAME ONEZIME EUGENIE BERTAULT FEMME TERRIE MR FRANCOIS HENRY MAIRE DE CETTE COMMUNE ET MR PRUDENT BRADEL TRESORIER EN CHARGE MM{RS} PASCHAL JOLLY FRANCOIS ALEPEE PROP{RES} ET PIERRE LECLERC INSTITUTEUR DE CETTE [COMMUNE].

Sur la panse de chacune des quatre cloches : MORLET FONDEUR A VESLY (1).

CCXIV.

Epitaphe de Jean Legault, charron (1521).

Pierre encastrée à l'extérieur de l'église, du côté méridional, sur la face du cinquième contrefort, à partir de l'ouest.

Hauteur : 73 cent.; largeur : 62 cent.

Priez dieu pour les trespasses
Tous les Jours et deuotement
Car vous ferez tous amasses
Deuant luy au grant Jugement.
Ayes pitie de vos amys
Qui sont trespassez de ce monde
Priant dieu que bien brief soint mis
Es sainctz cieulx ou tout bien abonde
Humains viuans pries pour nous
Poures ames de purgatoire
Et nous prirons apres po{r} vous
Quant nous serons laffus en glore
Prions tant dieu et nostre dame
Que les trespassez soint absoubz
Et mesmement po{r} les poures ames
De ceulx qui gissent cy dessoubz

Sur une seule ligne :

Cy gist Jehā legault e sō viuāt charon q{i} tpassa le xviiᵉ Jo{r} de feb{er} Mil·vᶜ·xxi.

(1) Canton de Gisors.

Cette inscription est encadrée par la représentation au trait du Jugement dernier. Au sommet de la pierre, Jésus-Christ apparaît sur des nuages. Déjà, la sainte Vierge à sa droite, et saint Jean-Baptiste à sa gauche — ce dernier en qualité de patron du défunt — implorent à genoux sa clémence en faveur des pécheurs. Deux anges font entendre l'appel de la justice divine : de leurs trompettes sortent des phylactères où l'on peut lire, à droite : Venite ad judicium, et à gauche : Surgite mortui. Les morts obéissent et, à gauche de l'inscription, on les voit sortir de leurs tombeaux. Quelques-uns se jettent à genoux. Plusieurs cadavres, entourés de bandelettes, ressemblent absolument à des momies égyptiennes. Du même côté, le *tumbier* a figuré le purgatoire, où des patients sont plongés dans les flammes. A droite, des anges accueillent les humains et les conduisent devant le Créateur.

L'œuvre est assez délicate, mais elle a beaucoup souffert de la pluie et du soleil. Il serait à désirer qu'on pût la transporter à l'intérieur de l'église (1).

B. — *CIMETIÈRE* (2).

CCXV.

*Tombe du général baron Rémond († 1859)
et de M.-E. Bobierre de Vallière, sa femme († 1865).*

Obélisque en pierre de 4 m. environ de hauteur, situé à l'extrémité du cimetière, dans l'axe de l'allée centrale.

---

(1) L'épitaphe de Jean Legault a souvent été publiée ou citée. On la trouve, notamment, dans le *Bull. de la Comm. archéol. du dioc. de Beauvais* (t. 1er, 1846, p. 6-7 : communication de l'abbé Barraud); dans le *Nouveau précis statistique sur le canton de Chaumont*, de M. Frion (p. 176); dans la *Notice sur la commune de Parnes*, de M. Lefrançois (p. 18); dans les *Mém. de la Soc. histor. de Pontoise* (t. III, p. xxiv : *Rapport présenté par M. l'abbé Grimot au nom d'une commission nommée pour l'examen des fouilles faites sur le territoire de Chaudry, commune de Parnes*), et dans l'*Histoire de Delincourt*, de M. l'abbé Baticle (p. 132).

(2) Au bord du chemin de la Chapelle-en-Vexin, à environ 400 m. S. de l'église.

PARNES. — CCXIV

Encadrement de l'inscription tumulaire de Jean Legault, 1521.

1° Face antérieure.
Sur l'obélisque :

> CI-GIT
> LE
> GÉNÉRAL BARON
> VICTOR URBAIN
> RÉMOND
> GRAND OFFICIER
> DE LA LÉGION
> D'HONNEUR,
> ANCIEN DÉPUTÉ,
> NÉ A DOMFRONT (1)
> LE 15 JUILLET 1773
> DÉCÉDÉ A HALLAINCOURT (2),
> LE 23 DÉCEMBRE 1859

Sur le piédestal :

> IL A HONORÉ SA CARRIÈRE
> PAR DE BRILLANTS FAITS D'ARMES,
> PAR DES ÉCRITS SCIENTIFIQUES
> ET PAR DES VERTUS PRIVÉES.
>
> *PRIEZ POUR LUI*

2° Face postérieure.
Sur le piédestal :

> CI-GIT
> MARIE ELIZA BOBIERRE DE VALLIERE
> BARONNE RÉMOND
> NÉE A PARIS LE 7 MAI 1798
> DÉCÉDÉE A HALLAINCOURT
> LE 19 AOÛT 1863
>
> PRIEZ POUR ELLE

Victor-Urbain Rémond, général de division, baron de l'Empire, naquit à Domfront et représenta le département de l'Orne à la

---

(1) Orne.

(2) Château situé dans la commune de Parnes, dont était propriétaire la baronne Rémond.

Chambre des députés sous la Restauration et la monarchie de Juillet. Cf. sur sa vie une notice biographique par Eug. Plessis, insérée dans l'*Annuaire des cinq départements de la Normandie*, 27ᵉ année, 1861, p. 513-522; une autre notice biographique par de Lestrées, etc.

La baronne Rémond était fille de Pierre-Robert Bobierre et de Charlotte de Vallière, issue elle-même du mariage de Joseph-Florent, marquis de Vallière, seigneur de Magny-en-Vexin (1), Halaincourt, Parnes, Chaudry (2), la Chapelle-en Vexin (3), Saint-Gervais (4), Estrées (5), etc., directeur des écoles d'artillerie sous Louis XV, associé libre de l'Académie des sciences, avec Marie-Louise-Victoire du Bouchet de Sourches.

CCXVI.

Tombe d'Henri Monnier (1877).

HENRI MONNIER
1799-1877

GILBERTE PERRIER	JEAN PIERRE ETIENNE
DAME MONNIER	MONNIER
DÉCÉDÉE LE 29 AVRIL 1838	DÉCÉDÉ LE 1ᴱᴿ FÉVRIER 1855

Cette courte inscription se lit sur une pierre légèrement inclinée, entourée d'un grillage bas, et en arrière de laquelle s'élève, sur un fût cylindrique en granit, le buste en bronze d'Henri Monnier, œuvre du sculpteur Hippolyte Moulin. Le lierre a envahi l'entourage de la tombe et recouvre tout entier le fût de granit. L'image souriante de l'écrivain semble ainsi reposer sur

---

(1) Chef-lieu de cant., arr. de Mantes (Seine-et-Oise).

(2) Hameau de Parnes.

(3) Cant. de Magny, arr. de Mantes (Seine-et-Oise).

(4) Cant. de Magny, arr. de Mantes (Seine-et-Oise).

(5) Hameau de Saint-Gervais.

un piédestal de verdure, et ce monument, sous lequel il dort du dernier sommeil, à côté de son père et de sa mère, apparaît empreint d'un caractère frappant de calme et de sérénité.

Henri-Bonaventure Monnier, mort à Paris le 3 janvier 1877, était né à Paris en 1799. Littérateur, acteur, dessinateur, caricaturiste, il s'immortalisa en créant le type de « Monsieur Prudhomme ». Ses œuvres les plus dignes de lui survivre sont les *Scènes populaires* et les *Mémoires de M. Joseph Prudhomme*. Il voulut être inhumé à Parnes, où il revenait souvent dans sa riante maison des *Godebins*, qu'il avait héritée de son père et qui existe encore aujourd'hui. Nous ne pouvons songer à donner la liste de tous les articles et notices qui lui furent consacrés : nous renverrons seulement à l'article inséré par Larousse dans le *Grand dictionnaire universel du XIXe siècle*, t. XI, 1874, p. 458, col. 2-3 ; à l'étude de M. J.-M. Villefranche, publiée dans la 2e série des *Illustrations et célébrités du XIXe siècle*, et surtout au beau livre de Champfleury, *Henry Monnier, sa vie, son œuvre* (Paris, Dentu, 1879 ; in-8).

Le buste qui surmonte sa tombe est signé sur la tranche de l'épaule, à la gauche du personnage : H. MOULIN. 70., et en arrière :

F BARBEDIENNE
Fondeur

L'original en marbre blanc fut exposé au Salon de 1870 et parut de nouveau à l'exposition de 1878.

CCXVII.

Tombe de l'abbé Rouget, curé de Parnes (1889).

Sarcophage incliné, placé au centre du cimetière, en avant de la croix.

CI-GIT

EN ATTENDANT LA RÉSURRECTION
GLORIEUSE LE CORPS DE MONSIEUR
L'ABBÉ PIERRE LOUIS ROUGET.
CURÉ DE PARNES PENDANT 55 ANS.
DÉCÉDÉ LE 13 MAI 1889,
DANS SA 84ᴵᴱᴹᴱ ANNÉE.

REQUIESCAT IN PACE

A LEUR CURÉ SES PAROISSIENS
RECONNAISSANTS

C. — CHATEAU D'HALINCOURT.

CCXVIII.

Cloche de l'horloge (1585).

D'un côté :

1585 Sancta maria ora pro nobis

De l'autre :

M·Vᶜ·IIII××·V

Aucune ornementation. Ni figure, ni croix, ni nom de fondeur.
Cette clochette, qui sonne aujourd'hui les heures et se trouve dans le campanile surmontant l'un des anciens pavillons d'entrée du château, celui du sud-est, était autrefois la clochette de la chapelle seigneuriale. Nous n'avons pu y accéder, mais, grâce à l'obligeance de M. Arsène Sarazin, nous pouvons en donner l'inscription, que notre honorable confrère avait vue de près il y a quelques années.

On remarquera la présence simultanée, dans cette courte inscription, de caractères gothiques, de caractères romains et de chiffres arabes. Le dernier quart du XVIᵉ siècle fut, à cet égard, une période de transition, en ce qui concerne l'épigraphie campanaire.

La chapelle du château a été rendue au culte le 16 septembre 1894. Elle était autrefois sous le vocable de saint Eutrope (1).

D. — *MONUMENTS DIVERS.*

CCXIX.

Croix Gabriel Crochet (XVIe siècle).

Croix en pierre de style gothique, réédifiée vers 1858, à l'angle de deux rues, dans la partie méridionale du village de Parnes. On a conservé de celle qui la précédait une pierre (largeur : 49 cent.; hauteur : 53 cent.) aujourd'hui encastrée dans l'un des degrés du piédestal et sur laquelle on lit, tracées en caractères gothiques irréguliers, les quatre lignes suivantes :

> Celte ✠ par gabriel crochet
> en testamet come chun le sçait
> Pries que dieu luy face p[aix]
> et à to^s loyaulx tref[passés].

L'ancienne croix avait été érigée au même emplacement vers le milieu du XVIe siècle et recouvrait la sépulture de Gabriel Crochet et de sa femme, dont les restes sont déposés dans un petit caveau ménagé sous la croix actuelle.

Gabriel Crochet était tenancier, en 1521, d'un fief situé à Pierrepont (2) et vendu la même année par Robert de Hardeville, seigneur de Serans, à Pierre Le Gendre, seigneur d'Halincourt (3).

---

(1) Camille SARAZIN, *Hallincourt (Oise) au commencement du XVIe siècle*, ap. *Mém. de la Soc. histor. et archéol. de l'arr. de Pontoise et du Vexin*, t. III (1881), p. 38.

(2) Hameau de Parnes.

(3) Camille SARAZIN, *op. cit.*, p. 41.

REILLY.

A. — EGLISE.

CCXX.

*A la mémoire de Mme Potard, née Poilleu,
bienfaitrice de l'église (1871).*

Marbre blanc contre la muraille septentrionale du clocher.

Largeur : 60 cent.; hauteur : 50 cent.

A LA MÉMOIRE
DE MME POTARD NÉE POILLEU
MARIE ANGE CAROLINE
BIENFAITRICE DE CETTE EGLISE

RENTE FONDÉE : 128 FRANCS
CONDITION : UNE MESSE BASSE PAR MOIS
A PERPÉTUITÉ.
1871

CCXXI.

Cloche (1792).

Diamètre : 82 cent.

† L'AN 1792 QUATRIEME ANNEE DE LA LIBERTE JAY ETE BENITE PAR MR JACQUES CONSTANT CURE ☞ DE CE LIEU ET NOMMEE FRANCOISE PAR MONSIEUR PIERRE CHARLES LEONARD SEGUIER ANCIEN CHEF DE BATAIL ☞ LON //////////////////// (1) ET PAR MADEMOISELLE FRANCOISE SEGUIER SA SEUR *(sic)* JAY ETE FAITE PAR MOREL DE GISORS ——————— ALEXIS MOUFLETE MARGUILLIER

---

(1) Cette partie a été effacée.

Le fondeur était Pierre-Charles Morel, deuxième du nom, auteur des cloches de Boubiers (n° XVII), de Chaumont (n° LXIV) et de Fleury (n° CXXX).

Pierre-Charles Séguier et Françoise Séguier étaient les enfants de François-Claude Séguier, seigneur de Liancourt, de Courtieux (1) et autres lieux, décédé en 1786, et dont l'épitaphe, encastrée à l'extérieur de l'église de Chaumont, nous a été conservée par Millin (2).

B. — *CIMETIÈRE.*

CCXXII.

Tombe de Maurice L'Epine, maire de Reilly (1892), de Joseph L'Epine, inspecteur général des postes et relais (1842), et de Mme L'Epine, née La Charlière (1811).

ICI REPOSE LE CORPS DE
Monsieur MAURICE L'ÈPINE
ANCIEN JUGE AU TRIBUNAL CIVIL DE BEAUVAIS
MAIRE DE REILLY
NÉ A BEAUVAIS LE 1ᴿ JUILLET 1832
DÉCÉDÉ A REILLY LE 30 JUILLET 1892

Cette inscription se lit en A sur l'une des deux pierres horizontales qui précèdent un mausolée en pierre B, lequel a été transporté du cimetière de Chaumont dans celui de Reilly au

---

(1) Hameau de Reilly.

(2) *Antiq. nat.*, XLII, p. 8 (t. IV). Cf. aussi l'abbé PIHAN, *Notice sur Liancourt-Saint-Pierre*, p. 43-44.

mois de septembre 1892. Il porte les épitaphes de Joseph L'Epine, inspecteur général des postes et relais, mort en 1812 (face antérieure), de Julienne Delanoë, sa femme (face postérieure), et de Mme L'Epine, née La Charlière, décédée en 1811 (à l'une des extrémités). Nous avons rapporté ces épitaphes sous les n°s LXXVIII et LXXIX, mais nous avons commis une erreur en leur consacrant deux articles, puisqu'elles se lisent sur un seul et même monument. Une autre erreur nous a fait substituer le millésime de 1771 à celui de 1711, véritable date de la naissance de Mme L'Epine, née Delanoë. M. Maurice L'Epine était le petit-fils de Mme L'Epine, née La Charlière de Montharderet, dont le mari mourut à Lintz, dans la haute Autriche, le 10 mars 1806, et l'arrière-petit-fils de M. et Mme L'Epine-Delanoë.

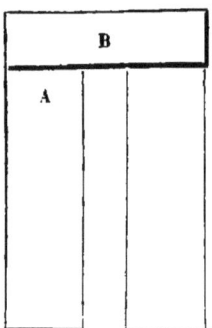

SAINT-CYR-SUR-CHARS. [1]

A. — *EGLISE* [2].

CCXXIII.

Épitaphe de Philippe de Garges, femme de René de Morcul, seigneur de Saint-Cyr (1657).

Pierre encastrée dans la muraille septentrionale du chœur, à l'intérieur :

---

[1] Ancienne paroisse aujourd'hui réunie à La Villetertre.

[2] Il ne subsiste que le chœur de cette église. La nef fut supprimée au XVIIe siècle.

Hauteur : 2 m.; largeur : 1 m.

```
CY GIST HAVTE E  CY GIST HAVTE
         ET PVISSANTE
         DAME PHLIPPE DE
         GARGES VIVANTE
         FEMME DE HAVT
         ET PVISSANT
         SEIGNEVR MESSIRE
         RENE DE MOREVL
         SEIGNEVR DE SAINCT
         CYR ET DE ROMESNIL (1)
         ET DE VILLIERS ST
         GENETS (2)&c LAQVELLE
         EST DECEDEE LE 14ME
         DAPVRIL 1637 AGÉE
         DE 55 ANS
         PRIE DIEV POVR
         SON AME
```

(1) Hameau de Saint-Cyr, aujourd'hui dépendance de La Villetertre.

(2) Villers-Saint-Genest, cant. de Betz, arr. de Senlis. — René de Moreul en était seigneur par sa femme.

Au bas de cette épitaphe, dans la partie correspondant au texte, se trouvent gravées, dans un écu losangé, surmonté d'une couronne de comte et encadré par deux palmes nouées, les armoiries de Philippe de Garges :] *d'or au lion rampant armé et lampassé de gueules.*

Cette famille, d'ancienne noblesse, tire son nom de la paroisse de Garges, près Gonesse. Philippe de Garges, femme de René de Moreul, était fille de Jean de Garges, seigneur de Villers-Saint-Genest, et de Renée de Gaillarbois (1).

CCXXIV.

Epitaphe de M.-F. Fagnier de Montflambert, épouse de A.-N. Guillemeau de Saint-Souplet, seigneur de Saint-Cyr (1792).

Pierre encastrée dans la muraille méridionale du chœur, à l'intérieur, vis-à-vis de la précédente.

---

(1) Sur les *Garges*, cf. *Dictionnaire de la noblesse*, par La Chesnaye-Desbois et Badier, 3ᵉ édit., t. viii, 1866, col. 966-978.

SAINT-CYR-SUR-CHARS.

Hauteur : 1 m. 98; largeur : 1 m.

CI GIT HAUTE

ET PUISSANTE

DAME MARIE

FRANÇOISE DE SALLE

FAGNIER DE MONTFLAMBERT

EPOUSE DE HAUT

ET PUISSANT

SEIGNEUR MESSIRE

ANNE NICOLAS

GUILLEMEAU DE S.^{T}

SOUPLET (1) SEIGNEUR

DE S.^{T} CYR ET ROMESNIL

DÉCÉDÉE A S.^{T} CYR LE

5 AVRIL 1792 AGÉE

DE 62 ANS.

PRIEZ DIEU POUR

SON AME.

---

(1) Saint-Soupplets, cant. de Dammartin, arr. de Meaux (Seine-et-Marne).

Ces deux pierres tombales avaient évidemment été préparées pour recevoir chacune deux épitaphes, celles du mari et de la femme.

Anne-Nicolas Guillemeau, seigneur de Saint-Souplet, écuyer du roi, mousquetaire, capitaine de cavalerie, était fils de François-Marie-Joseph Guillemeau, seigneur de Fréval (1), conseiller au Châtelet de Paris, et d'Elisabeth-Marguerite de Bragelongne. Sa femme, qu'il avait épousée le 15 juin 1750, était fille de M. Fagnier de Montflambert, conseiller au Châtelet, et d'Anne d'Arboulin. Les Guillemeau sont une famille d'origine parisienne, sur laquelle on peut consulter : DE MAGNY, *Premier registre du livre d'or de la noblesse de France*, 1844, p. 273-276.

CCXXV.

Cloche (1609).

Diamètre : 69 cent.

1609 IE FVS FAICTE PAR MARC DE MOREVL E^R S^R DE S^T CYR & NOMMEE IVLLITTE PAR ANNE DE
MOREVL FILLE DVDICT S^R

En avant de la date se trouve la signature du fondeur :

N· LECLERC·
A· PONTHOISE·

Les deux lignes de cette signature sont surmontées de la représentation d'une cloche et le tout est encadré par un cartouche rectangulaire sans ornementation terminé à la partie supérieure en fronton à deux rampants rectilignes.

Au-dessous de l'inscription, de petits sujets en relief appa-

---

(1) Nous connaissons trois localités de ce nom. Toutes trois sont de simples hameaux, dépendant l'un de Bernières-le-Patry, canton de Vassy, arr. de Vire (Calvados); le second de Cropus, cant. de Bellencombre, arr. de Dieppe (Seine-Inférieure); le troisième de Viarmes, cant. de Luzarches, arr. de Pontoise (Seine-et-Oise).

raissent sur les flancs de la cloche. On y voit : 1° une *Visitation* abritée par une arcade gothique en accolade, ornée de quatre lobes aigus ; 2° les instruments de la Passion groupés dans un petit écu en forme de bouclier arrondi à la partie inférieure ; 3° et un Christ en croix dans un cadre rectangulaire, sans aucun ornement.

B. — *CIMETIÈRE* (1).

Les quatre tombes suivantes se composent d'autant de pierres debout, arrondies à la partie supérieure. Elles sont placées, les deux premières en avant, les deux autres en arrière, dans un petit espace de terrain entouré d'une très modeste grille.

CCXXVI.

Tombe de la marquise de Saint-Souplet, née Agay (1830).

ICI REPOSE
D^{ME} M^{IE} CAMILLE
D'AGAY,
M^{ISE} de SAINT SOUPLET
NÉE A PARIS LE 25 AVRIL 1799,
DÉCÉDÉE LE 29 MAI 1830.
REQUIESCAT IN PACE

Marie-Camille d'Agay, fille de Philippe-Charles-Bruno d'Agay, ancien intendant de Picardie, et de Catherine-Geneviève-Philippine Jourdan de Launay, épousa Anne-Nicolas-Camille-Eustache Guillemeau de Saint-Souplet, veuf en premières noces de Cornélie-Pétronille des Chapelles. M. de Saint-Souplet, qui lui survécut pendant quarante-sept ans, est inhumé n° CCXXIX.

---

(1) Très petit et placé en avant de l'église, vers l'ouest.

CCXXVII.

Tombe de la comtesse de Saint-Souplet, née L'Escalopier (1845).

ICI REPOSE
DAME ANGÉLIQUE MARIE ROSALIE
DE L'ESCALOPIER,
VEUVE DE MESSIRE
ANNE CLAUDE GUILLEMEAU
COMTE DE SAINT SOUPLET.
DÉCÉDÉE A PARIS LE 4 MARS 1845
AGÉE DE 75 ANS.

PRIEZ DIEU, POUR SON AME

Anne-Claude Guillemeau de Saint-Souplet naquit le 4 juillet 1751, du mariage d'Anne-Nicolas Guillemeau de Saint-Souplet avec Marie-Françoise Fagnier de Montflambert, inhumée n° CCXXIV. Il épousa en 1786 Angélique-Marie-Rosalie de l'Escalopier, fille de M. de l'Escalopier, ancien capitaine de cavalerie, et de Marie-Anne de Paris.

CCXXVIII.

Tombe de la comtesse de Rutant, née Saint-Souplet (1880).

ICI REPOSE
MARIE ANTOINETTE DE S^T SOUPLET
COMTESSE DE RUTANT.
NÉE LE 11 SEPTEMBRE 1819
DÉCÉDÉE EN SON CHATEAU
DE S^T CYR
LE 17 JANVIER 1880
DANS SA 61^E ANNÉE

PRIEZ POUR ELLE

Fille d'Anne-Nicolas-Camille-Eustache Guillemeau de Saint-Souplet (inhumé n° CCXXIX) et de Marie-Camille d'Agay (inhumée n° CCXXVI), et femme d'Amic-Ernest-Louis de Rutant.

CCXXIX.

Tombe du marquis de Saint-Souplet (1877).

ICI REPOSE
ANNE NICOLAS CAMILLE
EUSTACHE GUILLEMEAU
MARQUIS DE S^T SOUPLET
NÉ A S^T CYR
LE 20 SEPTEMBRE 1787
DÉCÉDÉ A S^T CYR
LE 22 MARS 1877
DANS SA 90ème ANNÉE

PRIONS DIEU POUR LUI

Epoux de Marie-Camille d'Agay, inhumée n° CCXXVI, et père de Madame de Rutant, qui précède. Il servit dans les chevau-légers de la garde.

C. — *MONUMENTS DIVERS.*

CCXXX.

Croix de Romesnil (1832).

A l'angle de l'ancien et du nouveau chemin de Romesnil à la Villetertre. Fût en pierre. Croix en fer. Sur le piédestal :

CETTE CROIX FUT
ÉRIGÉE L'AN 1832.
EN MÉMOIRE DE J.
FESSART, DÉCÉDÉ
A 65 ANS.

SENOTS.

A. — ÉGLISE.

CCXXXI.

Cloche (1821).

Diamètre : 88 cent.

☦ EN 1821 JAI ETE NOMMEE LOUISE PAR MR HENRY DE MORNAY MARECHAL DE CAMP ET MARQUIS DE MONCHEVREUIL ET ☞ PAR MADAME LA COMTESSE LOUISE DE CAULAINCOURT : ☞ : LEROUX MAIRE FAUPEL ⋮

Sur la panse se trouve la marque du fondeur, François Carré. Sous un écu circulaire portant les trois fleurs de lis de France et surmonté d'une couronne royale, on lit le nom : FRANCOIS CARRÉ.

Claude-Henri-Gabriel, marquis de Mornay de Montchevreuil, était âgé de 90 ans au moment de la bénédiction de la cloche de Senots. Né le 30 mars 1731, il avait fait la campagne de 1747 avec le maréchal de Saxe et pris part à la *guerre de Sept Ans* (1). La marraine de la cloche fut Louise-Augustine de Caulaincourt, sa belle-fille, veuve du comte Christophe de Mornay, son fils, fille du lieutenant-général marquis de Caulaincourt, sénateur, et sœur du duc de Vicence. Cette dame s'était remariée en 1806 avec le comte Honoré d'Esterno, qui mourut le 18 décembre 1822. Si le nom de son second mari n'a pas été inscrit sur la cloche de Senots, ce fut sans doute sur le désir formel du vieux marquis de Mornay, très jaloux de la prééminence de sa maison. Mme d'Esterno mourut le 6 octobre 1832 et fut enterrée dans le cimetière de Fresneaux-Montchevreuil.

---

(1) Cf. Constant MOISAND, *Histoire abrégée de la maison de Mornay*. ap. *Bull. de l'Athénée du Beauvaisis*, 1851-52-53, p. 354-355.

B. — ANCIEN CIMETIÈRE.

CCXXXII.

Tombe de Prosper Leroux, maire de Senots (1864).

L'ancien cimetière, contigu à l'église, contient encore quelques tombes, notamment celle de :

« LEROUX Prosper, décédé dans sa 80me année, le 9 X^bre 1864, administrateur de cette commune pendant 28 ans. »

C. — NOUVEAU CIMETIÈRE.

CCXXXIII.

Croix du cimetière. Epitaphe de Jean Lespée, curé de Senots (1503).

On a transféré dans le nouveau cimetière, établi à l'est de l'église, au sommet du côteau, une croix dont le piédestal octogonal et orné de moulures porte une inscription en caractères gothiques bien gravés. Les mots se répartissent ainsi sur chaque face :

† Soubz la | tobe cy devāt | gist Messre Seh|a lespee cure de | senos : q̄ tspassa | lan mil v z | iij ~ pes dieu | pour luy.

Au-dessous, une inscription moderne n'a pas été complétée :

Cette | croix | et la | restauration | de ce | monument| sont | M^r et

D. — MONUMENTS DIVERS.

CCXXXIII bis.

Calvaire Flament, à Bléquancourt (1879).

Cette inscription, portée par erreur à l'article *Fresne-Léguillon*, a déjà été publiée n° CXXXVII.

SERANS.

A. — ÉGLISE.

CCXXXIV.

Epitaphe de Gilles Roussel, de Jeanne, sa femme, et de Jean Roussel, prieur de Serans, leur fils († 1514).

Pierre autrefois appliquée contre un groupe de colonnettes, à l'entrée du sanctuaire, et aujourd'hui déposée dans la chapelle méridionale. Forme rectangulaire, légèrement arrondie par le haut.

Largeur : 49 cent.; longueur : 62 cent.

Apres auoir fatiffaict a nature
Par mort humaine, des vers la nourriture
Ont efte faictz, et ceans Inhumez
En leur vie trois gens bien renomes
Ceft a fcauoir Gilles rouffel fa femme
Ieanne nomee qui neuft oncques diffame
Lefquelz gifent deuant le crucifix
De cefte eglife, mais damp Jeha Rouffel filz
Des deffufdictz Icy deuant repofe,
Le quel mourut lan mil cinq ces quatorze
Quart Jour dapuril lors quil eftoit prieur
De cefte eglife, chacun donct foit prieur
Au doulx Jefus, quil leur face pardon
Et paradis leur ortroye par don

Comme on peut le remarquer, cette inscription offre un mélange de caractères gothiques et de capitales romaines. Est-elle bien contemporaine de 1514?

A la partie supérieure est gravé un sujet que l'on rencontre souvent sur les monuments de ce genre. Le Christ en croix occupe le milieu. A gauche, les défunts, Gilles Roussel et sa femme, sont agenouillés, accompagnés de saint Gilles, debout, costume monacal, avec sa biche. A droite, leur fils, Jean Roussel, en habit ecclésiastique, également agenouillé, accompagné de saint Jean l'Évangéliste.

Le prieuré de Serans était un membre dépendant de l'abbaye bénédictine de Saint-Germer, au diocèse de Beauvais. Le fils de Gilles Roussel, qui mourut en 1514, ne resta pas longtemps à la tête de cette maison, car son prédécesseur, Nicole Le Peincte, vivait encore en 1511 (1).

Il est à désirer que l'on puisse promptement replacer cette curieuse inscription contre la muraille, et le plus près possible de l'endroit où elle se voyait jusqu'ici.

CCXXXV.

Pierre tombale effacée (XVIᵉ siècle).

Pierre. Longueur : 2 m. 35; largeur : 1 m. 28.

Au milieu du chœur, avec une efügie, probablement celle d'un prêtre. Il ne reste que quelques mots insignifiants de l'inscription gothique qui se déroulait autour de cette dalle :
..... en ſo viuent pr..... For de..... mil vᶜ et..... Pries dieu.....
Un écusson se trouvait répété aux deux angles supérieurs.

CCXXXVI.

Pierre tombale de N., de Mahiette du Mesnil, sa femme, et de N., leur enfant (?) (1536-1554-15..).

Pierre. Longueur : 2 m. 33; largeur : 1 m. 31.

Dans le pavage de la chapelle située au nord du chœur. Très usée. Deux personnages, le mari et la femme, étaient représentés

---

(1) Arch. de l'Oise H. 1613.

Epigraphie du canton de Chaumont   p. 200

SERANS. — CCXXXIV
Partie supérieure de l'épitaphe de Jean Roussel. 1514.

étendus, les mains jointes. Aux deux angles inférieurs se trouvent des écussons. Celui de gauche, qui a la forme d'un bouclier gothique, porte un semis de pièces dont nous n'avons pu déterminer la nature : ce sont les armoiries du mari. Celui de droite, en losange, appartenait à la femme : il est parti des armoiries précédentes et de celles particulières à la famille de Mahiette du Mesnil : *de... à trois chevrons de...*

L'épitaphe-encadrement, gravée en caractères gothiques, ne peut plus se lire qu'en partie. Elle ne fournit pas le nom du mari, mais nous apprend qu'une troisième personne, sans doute un enfant mort en bas-âge, était inhumée sous la même dalle.

.... trespassa le xj^e jor de septembre mil v^c lxiij..... gist noble dā

deffunct q trespassa le ve jor doctobre mil v^c xxxvj · Et noble ....

moyselle mahiette du mesnil dame de plemont e sa viuāt feme dud

CCXXXVII.

Pierre tombale de N. († 1667) et d'Etiennette Fougeray, sa femme († 16..).

Pierre. Longueur : 2 m. 03 ; largeur : 1 m. 17.

Dans le pavage du bas-côté sud de la nef. L'épitaphe-encadrement est en partie effacée. Au centre de la pierre, un grand cartouche circulaire à enroulements. A la partie inférieure, quatre os croisés deux à deux et plusieurs larmes semées çà et là.

CY GIST HONNESTE PER[SONNE]

[TRESPAS]SA LE HVICTIESME

IOVR DE IUIN 1667 AAGÉ DE..... ANS [ET] ESTIENNETTE FOVGERAY

SA FEMME LAQVELLE DECEDA LE... IOVR

DE IANVIER 16...

TOVS DEVX.....

PRIEZ DIEV [POUR] LEURS

AMES

Le mot *âmes* est gravé à l'intérieur du cartouche circulaire dont nous avons parlé.

CCXXXVIII.

Cloche (1564).

Diamètre : 1 m. 18.

† LAN MIL V^{cc} LXI IEFVS FAICTE ET SVIS NOMMEE MARIE PAR NICOLAS LE VICONTE FERRY DE HARDEVILLE LOYS DE CLERY
† CHARLES DE HARDEVILLE FRANSCOIS DE BOVLLAINVILIER TOVS ESCVIERS ET PARROISSIANS DE SEANS. (Cette ligne est terminée par une petite course de feuilles de vigne et de grappes de raisin.)

Au-dessous de l'inscription, on voit un écu chargé de deux fasces et l'empreinte d'un sceau circulaire portant d'hermines à deux fasces accompagnées de trois roses en chef, avec une légende gothique difficile à déchiffrer : 𝔖. helenne de hardeuille. Les armoiries sont, en effet, celles de la famille de Hardeville telles qu'elles figurent dans le *Matheloge* de la confrérie de l'Assomption de Gisors : *D'hermines à deux fasces de gueules accompagnées en chef de trois roses du même, boutonnées d'or.*

Tous les personnages ci-dessus nommés possédaient sans doute de petits fiefs sur le territoire de Serans. Si l'information de l'auteur du *Nobiliaire de Normandie* (1) est exacte, Louis de Cléry pourrait être le fils de Nicolas de Cléry, qui, en 1530, épousa Catherine de Hardeville. Cette famille finit par devenir propriétaire unique de la seigneurie de Serans.

On remarquera l'emploi des caractères romains par le fondeur de la cloche de Serans à une époque où tous ses confrères, sauf de rares exceptions, restaient fidèles aux lettres gothiques (2).

---

(1) E. de MAGNY, *Nobiliaire de Normandie*, t. II, p. 57.

(2) J'ai communiqué, en 1890, à la Société historique de Pontoise, l'inscription de la cloche de Presles (Seine-et-Oise), qui, datée de 1563 et signée du fondeur Geffroy François, présente la même particularité que celle de Serans. Cf. *Mém.*, t. XIV, p. xxv-xxvi. — R.

B. — *ANCIEN CIMETIÈRE* (1).

CCXXXIX.

Croix de l'ancien cimetière (1802-1890).

Croix en pierre. Autour de la corniche qui sert de chapiteau au fût, dont le plan est un octogone à côtés inégaux :

ERIGÉE | EN | 1802 | ✿ | REST^{RE} | EN | 1890 | ✿

CCXL.

Pierre tombale de Robert Delaporte (1638).

Dans la partie de l'ancien cimetière située au sud du portail de l'église et où s'élève la croix, on voit encore, dans l'herbe, une pierre couchée dépourvue d'ornementation et autour de laquelle on lit :

..... ROBERT DELAPORTE | LEQVEL DECEDA LE 2 FVRIER (*sic*) 1638. PRIE DIEV POVR | LVI.

Hauteur : 1 m. 65; largeur : 80 cent.

Les actes de catholicité de Serans, qui ne commencent qu'en 1675, ne peuvent nous fournir aucune indication sur le défunt.

C. — *NOUVEAU CIMETIÈRE.*

CCXLI.

Croix (1887).

Sur trois des faces du piédestal en pierre :

---

(1) Contigu à l'église, vers l'ouest et le sud-ouest

A gauche :　　En avant :　　A droite :

ERIGÉE　　　　Ô　　　　　DONNÉE
EN 1887　　　CRUX AVE　　PAR EDELINE

CCXLII.

Tombe de l'abbé Pelletier, curé de Serans (1828).

Pierre debout, dans la partie inférieure du cimetière.

ICI
REPOSE
MR JEAN BAP{TE} PELLETIER
CURÉ DE LA PAROISSE
DE SERANS
DÉCÉDÉ LE 15 7{BRE} 1828.
IL VÉCUT 63 ANS,
LA MOITIÉ DE SA VIE
FUT CONSACRÉE
A SON MINISTÈRE.

Cet ecclésiastique, originaire de Montjavoult, était régent au collège de Gisors lorsque fut décrétée la Constitution civile du clergé. Il prêta, non sans hésitation, le serment exigé par la loi et devint plus tard vicaire de Magny (1).

D. — *CHAPELLE SAINT-NICOLAS DU PETIT-SERANS* (2).

CCXLIII.

Tombe de R.-U. Jégu, lieutenant-colonel (1832).

Pierre encastrée dans le pavage de la nef.

---

(1) L'abbé P. LEFEBVRE, *Gisors : les Ecoles avant la Révolution*, p. 52.

(2) Cette chapelle a été presque entièrement démolie en 1888 et en 1893.

Longueur : 1 m. 50 ; largeur : 95 cent.

ICI REPOSE.....
MONSIEUR RENE URBAIN [JÉGU]
LIEUTENANT COLONEL.....
IMPERIALE COM[MANDEUR DE LA]
LEGION [D'HONNEUR, CHEVALIER DE]
SAINT LOUIS DECEDE [EN SON]
CHATEAU DE SERANS LE.....
....

M. Jégu, décédé le 10 octobre 1832, à l'âge de 59 ans et huit mois, avait épousé la veuve du dernier des Cléry-Serans, Clotilde-Louise Saguier de Luigné, qui lui survécut. Cf. n°ˢ CLXIX et CXCVII.

CCXLIV.

Cloche (1812).

Diamètre : 48 cent.

JE FUS FAITE EN 1812. MESSIRE J BTE PELLETIER CURE DE SERANS ME BENIT AINSI QUE MA SOEUR NOMMEE
☞ CLOTILDE CHARLOTTE. MESSIRE CHARLES FRANCOIS DE CLERY SERANS PROPRIETAIRE DES DOMAINES DE SERANS
☞ ET AUTRES ET DAME LOUISE ELEONORE DE CLERY FREMAINVILLE VEUVE DE MESSIRE CHARLES DE GUIRY ME NOMMA (sic)
☞ CHARLOTTE LOUISE. EN 1783 OU 1794 SOUS LE GOUVERNEMENT ANARCHI REVOLUTIONNAIRE LES CLOCHES
☞ DE CETTE CHAPELLE DE Sᵀ NICOLAS DE SERANS LE GATS FURENT ENLEVE (sic) VIOLEMMENT LA CHAPELLE MEME DESTINEE A
☞ ETRE VENDUE COMME BIEN NATIONAL MAIS EN 1797 MESSIRE CHARLES FRANCOIS DE CLERY SERANS ET DAME
☞ LOUISE DE SAGUIRE (1) LUIGNE SON EPOUSE RECLAMERENT LA CHAPELLE COMME BASTIE PAR UN DES ANCETRES DE
☞ Mᴿ DE CLERY SERANS DONT LES DESCENDANS ONT CONSERVE LA PROPRIETE JUSQU A LUI. MA SOEUR VOUS DIRA LE
☞ RESTE.

---

(1) Lisez : Saguier.

Comme on le voit, l'inscription était complétée par celle de la seconde cloche. Malheureusement, cette dernière fut vendue vers 1868 à M. Hildebrand, fondeur à Paris, et une démarche tentée près du successeur de celui-ci nous a appris qu'elle avait aussitôt disparu dans le creuset. C'est en vain que nous avions eu le faible espoir de retrouver au moins le texte de l'inscription. La réponse qui nous fut faite — « Il n'est pas d'usage de noter ces renseignements pour de vieilles cloches » — ne nous a pas, d'ailleurs, autrement surpris, car tout le monde sait que les fondeurs de cloches, à part quelques intelligentes exceptions, sont loin de montrer un respect exagéré pour l'œuvre de leurs devanciers.

La cloche conservée ne se balance plus, du reste, au-dessus de la chapelle Saint-Nicolas, aujourd'hui sacrifiée à une mesquine cupidité. Elle a trouvé asile dans une ferme toute voisine, d'où ses notes sonores appellent au repas quotidien les travailleurs disséminés dans la plaine.

E. — *MONUMENTS DIVERS.*

CCXLV.

Croix (1877).

Au bord du chemin de grande communication conduisant de Serans à Montagny. Croix de fer portée par une colonne dorique en pierre. Sur trois faces du piédestal carré :

A gauche :	Face antérieure :	A droite :
DONNÉE PAR	O	ÉRIGÉE
M. PIGEARD	CRUX	EN
INSTITUTEUR	AVE	1877
A SERANS		

THIBIVILLIERS.

A. — ÉGLISE.

CCXLVI.

Cloche (1766).

Diamètre : 95 cent.

† LAN 1766 IAY ETE BENITE PAR M^{RE} N-R GRENOTTE BACHELIER DE SORBONNE CURE DE CETTE PAROISSE DOYEN ☞ DE CHAUMONT & NOMMEE PIERRE DU NOM DE NOTRE PATRON MICHEL CAMUS MARGUILLIER

Sur la panse se trouvent les marques de deux fondeurs, consistant chacune en une cloche enfermée dans un médaillon circulaire et autour de laquelle on lit, d'une part : P. CHARLES MOREL ; de l'autre : FRANCOIS MOREL.

Cette association momentanée était formée des deux frères. Voyez ce que nous avons dit à propos de la cloche de Jaméricourt (n° CXLIV).

B. — CIMETIÈRE (1).

CCXLVII.

Tombe de l'abbé Bouffet, curé de Thibivilliers (1854).

Petite pyramide basse, en pierre.

---

(1) Autour de l'église.

ICI
REPOSE
LE
CORPS
DE
DÉSIRÉ
BOUFFET
CURÉ DE
THIBIVILLERS
DÉCÉDÉ
LE 3 7ᵇʳᵉ
1854, A L'AGE
DE 31 ANS
REGRETTÉ DE
SES
PAROISSIENS
QUI LUI ONT ÉLEVÉ
CE MONUMENT

PRIEZ DIEU POUR
LE REPOS DE SON
AME

C. — *MONUMENTS DIVERS.*

CCXLVIII.

Croix à l'ouest du village (1875).

Croix de fonte située à l'ouest du village, à l'angle des chemins de Jaméricourt et de Hardencourt. Sur le piédestal en pierre :

SALUT O CROIX
NOTRE UNIQUE
ESPÉRANCE

LA FAMILLE
DESCHAMPS
RECONNAISSANTE
19 7ʙʀᴇ 1875.

TOURLY.

ÉGLISE.

CCXLIX.

Fondation par Benoist Pelletier, marchand boucher à Pontoise († 1579).

Pierre appliquée contre la muraille méridionale de la nef, près de la chaire. Quelques parties sont effacées.

Hauteur : 69 cent.; largeur : 50 cent.

Yci deuant gist le cœur de honeste perçone benoist
pelletie en son uiuāt ma[rch]at bocher demt a potoyse
a par testamēt a done a la fabrique de ceas trois
quarties de terre asise au terroer de cette ville (1) au lie dt
le santie sauoir demy arpan tenāt dun cote au dit
testateur daut cote et du bout ieqan (sic) pillon daut
bout le terroer villetertre vn quartier en ce mayme
lieu tenāt quote bertin m   t dautre quote iaques
heber et des deux bous ieh   a la charge
que les marguilliers de leglise de ceans serōt tenus
[faire dire tous] les ans le iour de sō deses vne haute
[messe et un] libera auec loraisō et soner les cloche
[avant la dite] messe outre serōt tenus lesdi margies
[faire dire au] iour du sainct saqureman en faisant la
procession un salue regina et oraison propre auec
de profundis au lieudit la croas blanche a la chargͭ
que les marguilliers de cette eglise serōt tenus
baillie et paier au cure [ou vicaire] dicelle eglise
quinse solz tournoy   nte messe
libera   oraison   le iour du sainct saqrem
et trepassa le 9ᵉ iour de decembre 1579 prieʒ dieu
pour son ame

---

(1) C'est-à-dire au terroir de Tourly.

CCL.

Fondation par Marguerite-Françoise Pinthereau († 1707).

Marbre noir, contre la muraille septentrionale de la nef. Lettres et encadrement dorés.

Hauteur :.63 cent.; largeur : 45 cent.

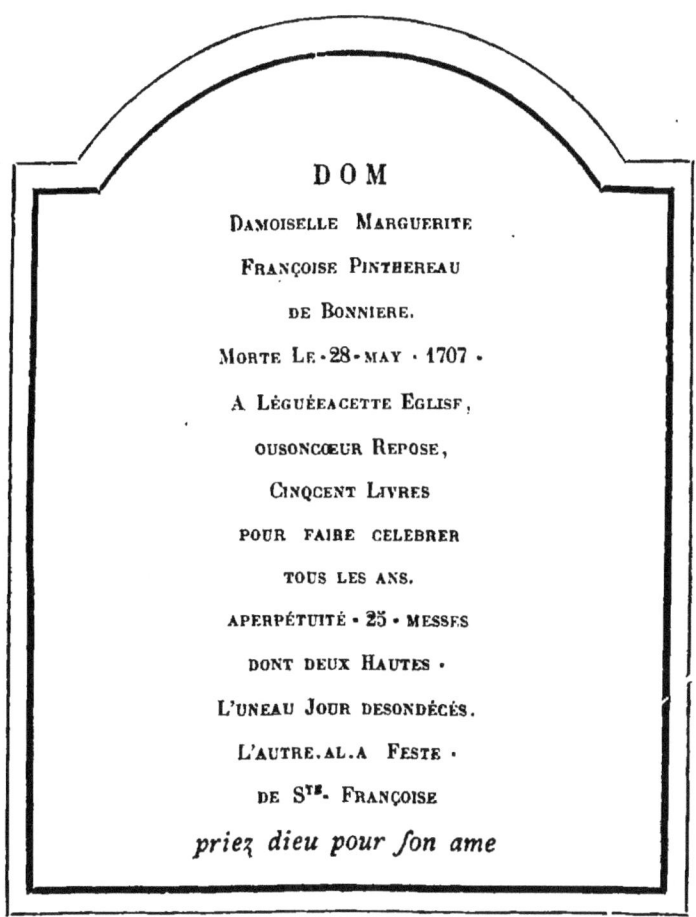

D O M

DAMOISELLE MARGUERITE
FRANÇOISE PINTHEREAU
DE BONNIERE,
MORTE LE · 28 · MAY · 1707 ·
A LÉGUÉE A CETTE EGLISE,
OU SON CŒUR REPOSE,
CINQCENT LIVRES
POUR FAIRE CELEBRER
TOUS LES ANS,
A PERPÉTUITÉ · 25 · MESSES
DONT DEUX HAUTES ·
L'UNE AU JOUR DES ONDÉCÉS.
L'AUTRE.AL.A FESTE ·
DE S^{TE}· FRANÇOISE
priez dieu pour fon ame

Les Pinthereau possédèrent jusque vers 1760 le fief de Tourly.

CCLI.

Cloche (1749).

Diamètre : 80 cent.

† LAN 1749 IAY ETE BENITE PAR M^RE IEAN DANGVEVGER MAITRE ES ARTS EN LVNIVERSITE DE PARIS CVRE DE TOVRLY

☞ ANCIEN CVRE DE LIMAI PRES MANTE ET NOMMEE PAR M^RE NICOLAS LOVIS PINTHEREAV CHEVALIER DE LORDRE ROYAL ET

☞ MILITAIRE DE S^T LOVIS SEIG^R DE TOVRLY BACHIVILLIERS DES GROVES (1) ET AVTRES LIEVX ET MARGVERITE FRANCOISE BONNE

PINTHEREAV DAMOISELLE DE TOVRLY

Sur la panse : IACQVE BELLARD MARGVILLIER

Pas de signature, ni de marque de fondeur.

TRIE-CHATEAU.

A. — *ÉGLISE.*

CCLII.

Cloche (1828).

Diamètre : 98 cent.

☞ FONDUE EN 1828 SOUS LA MAIRIE DE M^R J B^TE CRETIN CHEVALIER DE L ORDRE R^AL ET MILITAIRE DE S^T LOUIS OFFICIER DE LA

☞ LEGION D HONNEUR (2) MR LOUIS AUG^N DUCLOS ETANT ADJOINT J AI ETE BENIE PAR MR F^S BASILE BONNARD CURE DE TRYE CHATEAU

☞ & NOMMEE CAROLINE PAR LE DIT MR CRETIN & M^DE CAROLINE LEDUC NEE CERTAIN.

---

(1) Les Groux, hameau de Liancourt-Saint-Pierre.
(2) Voir son épitaphe, n° CCLIV.

Cette cloche n'est pas signée. Elle a été fondue à Aumale par le fondeur Evrot-Boudin, qui s'était installé dans cette localité, succédant à son beau-père, J.-B. Cavillier (1). M. Dergny, qui a trouvé dans les clochers des cantons d'Aumale, Blangy, Forges-les-Eaux, Londinières et Neufchâtel de nombreuses cloches fournies par Evrot, depuis 1814 jusqu'en 1849, fait observer que la plupart de ces cloches ne portent, comme celle de Trie, aucun nom de fondeur. La formule de leurs inscriptions, presque toujours la même, les rend, d'ailleurs, reconnaissables (2).

B. — *ANCIEN CIMETIÈRE* (3).

CCLIII.

Tombe de Mme Leduc, née Delavigne (1815).

Contre la chapelle latérale de l'église, au sud. Pierre debout, dans laquelle est encastrée une plaque de marbre gris.

ICI REPOSE
DAME CATHERINE JULIE
DELAVIGNE,
V^{VE}. DE C^{LES}. J^{PH}. LEDUC,
CONSEILLER DU ROI,
NÉE LE 8 9BRE. 1745,
DÉCÉDÉE
LE 11 FÉVRIER 1815.
LA RECONNAISSANCE
DE SES ENFANS,
A GRAVÉ SUR SA TOMBE
CETTE SIMPLE EPITAPHE.
CI-GIT UNE BONNE MÈRE.
Requiescat in Pace

---

(1) On trouve de lui deux petites cloches datées de 1814 dans le clocher de Chambly.
(2) Cf. D. Dergny, *les Cloches du pays de Bray*, t. II, passim.
(3) Autour de l'église; actuellement dépendance du presbytère.

Cette dame, décédée à Paris, fut inhumée à Trie par les soins de l'exécuteur de son testament, Pierre Vallon, avocat à la cour royale de Paris et maître des requêtes au conseil de S. A. R. Monsieur, frère du roi.

C. — *CIMETIÈRE* (1).

CCLIV.

Tombe du colonel Cretin, maire de Trie-Château (1836).

Pierre très simple placée le long du mur de clôture méridional :

ICI
REPOSE LE CORPS
DE M. LE COLONEL *CRETIN*
CHEV^{er} DE S^T LOUIS OFF^{er} DE LA LÉGION D'HONNEUR
DÉCÉDÉ LE 13 DÉCEMBRE 1836
AGÉ DE 71 ANS.

Les habitans de Trye-Château voulant perpétuer sa mémoire comme militaire et maire de Trye, carrières qu'il a parcourues avec distinction, bravoure et loyauté, lui ont fait graver cette inscription comme témoignage de leur reconnaissance.

Jean-Baptiste Cretin, né à Besançon le 9 novembre 1765, remplit pendant les Cent-Jours les fonctions de général de brigade et commanda la citadelle d'Amiens. Sous la Restauration, il devint maire de Trie-Château et membre du conseil d'arron-

---

(1) Situé au nord du village, sur le bord du chemin de Trie-la-Ville. Il est commun aux deux localités.

dissement pour le canton de Chaumont. On conserve à Trie le souvenir d'une grande fête qu'il donna, avec tout l'appareil militaire, en l'honneur de M#gr# Feutrier, évêque de Beauvais, ministre des cultes et pair de France, alors en tournée de confirmation. En 1830, il organisa la garde nationale et fut nommé commandant du bataillon de Trie. Il habitait une maison contiguë à la porte fortifiée dite porte de Gisors, et avait des liens de parenté avec le général Tuncq, l'ex-conventionnel Musset, et le général baron Joseph Morand, qui tous ont également habité Trie Château (1). On connaît un portrait du colonel Cretin, peint, dit-on, au moment du Congrès de Châtillon, en 1814, et actuellement conservé à Trie dans une maison particulière.

CCLV.

Tombe de l'abbé Bonnard, curé de Trie-Château (1834).

Devant la croix du cimetière.

ICI REPOSE
M. J. B. *BONNARD*
DÉCÉDÉ CURÉ DE TRYE CHATEAU
LE 17 FÉVRIER 1834
A L'AGE DE 70 ANS
APRÈS 31 ANS D'EXERCICE

SON ESPRIT DE TOLÉRANCE
LUI MÉRITA L'ESTIME PUBLIQUE

LES HABITANS RECONNAISSANS
LUI ONT FAIT ÉLEVER CE MONUMENT

---

(1) Nous devons à notre regretté confrère M. Alfred Fitan ce résumé de la biographie du colonel Cretin.

CCLVI.

Tombe de l'abbé Godin, curé de Trie-Château (1873).

Devant la croix du cimetière.

---|---

A
LA MÉMOIRE
DE
EDOUARD ALEXANDRE
GODIN
DÉCÉDÉ CURÉ
DE TRIE CHATEAU
1815-1873

Requiescat in pace

CCLVII.

Tombe de Jacques Coeffet, chevalier de la Légion d'honneur (1860).

Pierre debout

ICI REPOSE
LE CORPS DE
Mr *JACQUES COEFFET*
OFFICIER RETRAITÉ, ET CHEVALIER
DE LA LÉGION D'HONNEUR
DÉCÉDÉ LE 15 FÉVRIER 1860, DANS SA 89e ANNÉE

DE PROFUNDIS

L'acte de décès de M. Coeffet, aux actes d'état-civil de Trie-Château, n'indique pas dans quelle arme il a servi. Nous croyons qu'il a servi dans l'infanterie. M. Coeffet était né à Reilly, le 11 septembre 1771, de Charles Louis Coeffet, facteur de la vente du bois de Reilly, et de Victoire-Véronique Lambert.

CCLVIII.

Tombe de A.-F. Le Duc, chevalier de la Légion d'honneur (1871).

Pierre couchée, à l'angle nord-ouest du cimetière.

CI GIT
AMAND FIDÈLE LE DUC
CHEVALIER DE L'ORDRE ROYAL ET MILITAIRE
DE S^T LOUIS
MEMBRE DE LA LÉGION D'HONNEUR
DÉCÉDÉ EN SON CHATEAU DE TRYE LA VILLE
LE 11 JANVIER 1871
DANS SA 88e ANNÉE

Ancien capitaine de cavalerie, né à Paris, le 6 février 1783, de Charles-Joseph Le Duc et de Catherine-Julie Delavigne, il avait épousé Judith-Caroline Certain de Bellosanne, qui fut marraine des cloches de Trie-Château et de Trie la Ville, et dont l'épitaphe suit.

CCLVIII bis.

Tombe de Judith-Caroline Certain de Bellosanne, épouse de A.-F. Le Duc (1859).

Pierre couchée, à côté de la précédente.

CI GIT
DAME JUDITH DE BELLOSANNE
NÉE LE 29 SEPTEMBRE 1796
DÉCÉDÉE A PARIS
LE 26 FÉVRIER 1859
ÉPOUSE DE M. AMAND LEDUC
CAPITAINE D'ÉTAT MAJOR
CHEVALIER DES ORDRES DE St LOUIS
ET DE LA LÉGION D'HONNEUR

CCLIX

Tombes de la famille d'Espériès (1869, 1876, 1879).

A l'angle sud-est du cimetière, se trouvent deux tombeaux sous lesquels sont inhumés :

Raimond-Alexis-Amédée, vicomte d'Espériès, décédé le 25 janvier 1869, à l'âge de 67 ans.

*Louise-Marie Pinedde Le Daën du Cosquer, vicomtesse Amédée d'Espériès, décédée à Domfront (Oise), le 14 février 1879, à l'âge de 72 ans (*veuve du précédent).

Amédée-Louis-Marie-Eugène, baron d'Espériès, capitaine au 26me de ligne, décédé à Nancy le 25 janvier 1876, à l'âge de 38 ans (leur fils).

Le vicomte d'Espériès était venu habiter Trie-Château en qualité de percepteur de cette localité.

La Chesnaye-Desbois et Badier consacrent une notice à la famille d'Espériès, originaire des Cévennes (1). D'après l'*Indicateur* dressé par M. Louis Pâris, le Grand Armorial général de d'Hozier contient les noms suivants : Daën (Bretagne), I, 95, 611 ; du Cosquer (Bretagne), I, 704, 891, 1114.

---

(1) *Dictionn. de la Noblesse*, 3ᵉ édit., t. VII (1865), col. 393-395.

CCLX.

Tombe de la veuve Coutable (1884).

Colonne en pierre, haute de 2^m 60 et surmontée d'une croix en pierre.

MONUMENT
ÉLEVÉ PAR LA RECONNAISSANCE
DES HABITANTS DE TRYE LA VILLE
A LA MÉMOIRE DE
VEUVE URANIE COUTABLE
DÉCÉDÉE LE 12 NOVEMBRE 1884 A L'AGE DE 69 ANS

ELLE A PASSÉ EN FAISANT LE BIEN
ET SA MÉMOIRE RESTERA EN BÉNÉDICTION

Cette personne, veuve d'un simple berger, se fit remarquer par un très grand esprit de charité et de dévouement. Elle élevait les enfants et soignait les malades, sans aucune rétribution.

CCLXI.

Tombe d'E.-E. Cognet, ancien maire de Trie-Château (1893).

A l'entrée de la partie nouvelle du cimetière, contre la muraille nord. Sarcophage rectangulaire en granit, légèrement incliné, portant en relief une croix en granit poli. L'inscription se lit à gauche de la croix, sous le croisillon ; lettres dorées.

EUSICE EUSÈBE
COGNET
ANCIEN MAIRE
DE TRIE-CHATEAU
1831-1893

CCLXII.

Tombe d'Alfred Fitan (1893).

Sarcophage rectangulaire en pierre, légèrement incliné. A l'angle sud-ouest de la partie nouvelle du cimetière

ALFRED FITAN
HISTORIEN DE TRIE
1852-1893

Né à Trie-Château le 16 janvier 1852, décédé à Trie-Château le 30 octobre 1893, Jean-Alfred Fitan eut toute sa vie le culte du pays natal. Si une mort prématurée ne lui a pas permis d'en devenir réellement l'*historien*, il réunit, du moins, sur le passé si intéressant de cette localité privilégiée, des documents de toute espèce. Sa profession de libraire à Paris lui facilita la formation de cette collection, aujourd'hui encore entre les mains de sa famille, et qu'il serait très désirable de voir entrer un jour dans un dépôt public. Tout entier à ses projets d'histoire de Trie, Alfred Fitan a peu publié. Il fut le collaborateur de M. Léon de Vesly, avec lequel il fouilla le dolmen de Trie (*Exploration du dolmen de Trye-Château* : Paris, Ducher, 1877 ; in-8°), puis celui d'Henri Le Charpentier pour la publication du *Journal d'un bourgeois de Gisors* (Paris, Ducher, 1878 ; in-8°). Ses travaux personnels se bornent à la réédition d'une brochure de 1779 sur les *Eaux de Trie-Château* (Paris, veuve Morel, 1880 ; in-8°), et à la rédaction d'une *Notice historique* très abrégée *sur*

Trie-Château, qu'il fit paraître en 1891 (Méru, Pol Mayeux ; in-8°), à l'occasion d'une fête locale.

Le discours prononcé sur sa tombe, le 2 novembre 1893, par son ami M. de Vesly, d'abord inséré dans deux des journaux de Gisors, *l'Avenir du Vexin* et *l'Echo républicain* (n°s du 5 nov.), a été ensuite successivement reproduit dans le *Journal de Brionne* (n° du 12 nov.), *l'Ami des monuments* (7e vol., 1893, p. 349-350), le *Bulletin de la Société libre d'émulation du commerce et de l'industrie de la Seine Inférieure* (exercices 1892-93-94, p. 51-52), et les *Mémoires de la Société historique et archéologique de Pontoise et du Vexin* (t. XVI, p. XI-XII). — Il existe aussi sur Alfred Fitan un article biographique, avec portrait, signé Louis Girardin, et inséré dans la revue *la France moderne* (n° du 8 mars 1892).

D. — *HOTEL-DE-VILLE.*

CCLXIII.

Cloches de l'horloge publique (XIXe siècle).

Le curieux édifice du XIIe siècle qui sert d'hôtel-de-ville à la commune de Trie-Château est surmonté d'un campanile construit vers le milieu de notre siècle. Ce campanile renferme l'horloge publique et abrite trois clochettes achetées à la même époque pour la sonnerie des heures. Sur la plus grosse, on lit uniquement cette signature :

HILDEBRAND FONDEUR A PARIS

E. — *MONUMENTS DIVERS.*

CCLXIV.

Souvenir de Pierre de Saint-Denis (1860).

Dans la rue conduisant aux deux stations de chemin de fer qui desservent Trie-Château, la façade d'une petite maison en briques, composée seulement d'un rez-de-chaussée, présente une pierre encastrée, sur laquelle on peut lire les mots suivants :

SOUVENIR
DE
Monsieur Pierre DE St Denis
DONNÉ PAR LUI EN 1860
A L'AGE
DE 102 ANS

Cette inscription rappelle la donation faite par le vieillard à sa servante de la maison dont il s'agit, alors nouvellement construite. Saint-Denis, qui mourut à Trie-Château le 15 novembre 1860, à l'âge de 102 ans 5 mois et 3 jours, avait été chaleureusement fêté par ses concitoyens au moment du centième anniversaire de sa naissance. Il nous a été impossible de retrouver sa tombe dans le cimetière communal.

Pierre de Saint Denis, né à Villers sur-Trie le 12 juin 1758, était vitrier lorsqu'il épousa, le 4 octobre 1785, à Trie-Château, Françoise-Adélaïde Morel, fille de François Morel, le fondeur dont nous avons rencontré plusieurs cloches au cours de cette exploration épigraphique.

TRIE-LA-VILLE.

A. — ÉGLISE.

CCLXV.

Réparations à l'église (1671 et 1876).

Inscription gravée au-dessous du glacis du premier contrefort soutenant le mur septentrional de la nef, à partir de l'ouest.

CEttE EgLISE A ÉTÉ RÉPARÉE
LE XXVIII · AOVST ·
M D C L X X I
ET EN
1876

Les trois premières lignes ont été inscrites au xviie siècle.

CCLXVI.

Cloche (1846).

Diamètre : 1 m. 26.

† CETTE CLOCHE A EU POUR PARRAIN MR LEDUC FIDELE AMAND (1) ET POUR MARRAINE MADAME CERTAIN CAROLINE SON EPOUSE PROPRIETAIRES A TRYE LA VILLE QUI LUI ONT DONNE LE NOM

☞ DE CAROLINE ELLE A ETE BENITE EN 1846 PAR MR PIERRE JEAN THOMAS MINEL CURE DE TRYE CHATEAU SOUS LADMINISTRATION MUNICIPALE DE MR LOUIS HILDEVERT JUHEL MAIRE DE

☞ TRYE LA VILLE

Le nom du fondeur n'est pas indiqué. On nous a assuré que cette cloche avait été fondue à Vesly : si le fait est exact, le fondeur n'a pu être autre que J.-B. Morlet. C'est probablement la seule cloche sortie de ses fourneaux qui ne porte pas son nom.

B. — *CIMETIÈRE.*

Voir *Trie-Château.*

C. — *ANCIENNE ABBAYE DE GOMERFONTAINE* (2).

CCLXVII.

Fragment de pierre tombale (XVIIe siècle).

Encastré dans le mur d'une remise faisant suite à la maison de ferme.

Dimensions : 74 cent. sur 84 cent.

CY GIST DEVOTE ET RELIGIEVSE DAME

C'est le commencement d'une épitaphe qui faisait le tour de la

---

(1) Voir son épitaphe n° CCLVIII.
(2) Abbaye de religieuses cisterciennes, dont les débris n'offrent pas d'intérêt. C'est aujourd'hui une ferme.

pierre. A la partie supérieure on voyait une tête d'ange ailée, accompagnée de deux écus en accolade. Celui de gauche est seul visible sur le fragment dont nous nous occupons. Il porte *de... au chevron de..., accompagné en chef de deux lions rampants affrontés de..., et en pointe d'une hure de sanglier de...* Nous n'avons pu identifier ces armoiries.

CCLXVIII.

Fragment de pierre tombale (XVIIe siècle).

Cet autre fragment est actuellement placé au bord de la rivière la Troesne, sur le mur du vannage du moulin de Gomerfontaine. Il provient, comme le précédent, de l'église ou du cloître de l'abbaye.

Longueur : 63 cent.; largeur : 58 cent.

CEA   LE   FAIVILLE..... (?)

RIES

QVI

TRES

PASSA · LE   ZO   DE   IVIN

D. — *MONUMENTS DIVERS.*

CCLXIX.

Croix (1893).

A l'angle des chemins de Trie-Château à Trie-la-Ville et de Trie-Château à Enencourt-Léage, se dresse une croix de pierre portant un Christ de bronze et montée sur un fût pyramidal en pierre, avec socle. A la base du fût, on lit la date :

et la signature :

                                                    E. OLLIVIER A B^{vais}

Sur le socle :

                          O
                   CRUX AVE!..

                                              A. S.
                                        1890-1892

Cette croix fut érigée en exécution du désir exprimé par M. Stanislas Audier, ancien tanneur à Paris, décédé à Magny-en-Vexin en 1890. M. Audier était originaire de Trie-la-Ville.

VAUDANCOURT.

A. — ÉGLISE.

CCLXX.

Cloche (1790).

Diamètre : 1 m.

† LAN 1790 IAY ETE BENIE (sic) & NOMMEE CHARLOTE MARIE PAR M^k CHARLES BOUCHER CORDELIER DE SERVANT (sic) DE CE LIEU & PAR

☞ DEMOISSELLE MARIE MADELEINE PRUDENCE DUPUIS FILLE DU SIEUR NICOLAS DUPUIS OFFICIER DE LA MUNICIPALITE DE CE LIEU

☞ — FRANCOIS LE SUEUR MARGUILLIER EN CHARGE ET OFICIER DE LA MUNICIPALITE DE CE LIEU

Sur la panse : FAITE PAR CHARLES MOREL DE GISORS

Au-dessus de cette dernière ligne, la marque habituelle de ce fondeur : un cartouche circulaire avec une cloche, entourée du nom : P CHARLES MOREL

B. — CIMETIÈRE.

CCLXXI.

Tombe de A.-Ch. Aubourg, comte de Boury,
sous-préfet des Andelys (1844).

ICI
REPOSE LE CORPS DE
Mr ANNE CH^{LES} AUBOURG
COMTE DE BOURY
ANCIEN SOUS-PRÉFET
DES ANDELYS
CHEV^{ER} DE S^T LOUIS
ET DE LA LÉGION D'HONNEUR
DÉCÉDÉ A PARIS
LE 10 9BRE 1844.

Priez Dieu pour le repos de son âme.

Second fils de Charles Aubourg, marquis de Boury, et d'Anne-Charlotte Rousseau de Chamoy, tous deux inhumés dans le cimetière de Boury (voir n°s XXIX et XXX). Il fut nommé sous-préfet des Andelys le 14 mai 1817, et conserva cette fonction jusqu'en 1828. Il fixa ensuite sa résidence au château de Vaudancourt, propriété de sa femme, Marie-Julie Sébire de Boislabé (voir le n° suivant).

CCLXXII.

Tombe de la comtesse de Boury, née Sébire
de Boislabé (1854).

ICI
REPOSE LE
CORPS DE
DAME MA^RIE JULIE
SEBIRE DE BOISLABÉ
COM^SSE DE BOURY
DÉCÉDÉE LE 14 9BRE 1854
Priez Dieu pour le repos de son âme.

Femme du précédent. Elle était fille de Pierre-Jacques-Charles Sébire de Boislabé, écuyer, seigneur de Vaudancourt, et d'Anne Baudry de la Neuville.

CCLXXIII.

Tombe de l'abbé Durayaume, curé de Vaudancourt (1888).

Au pied de la croix du cimetière, une croix en bois porte cette inscription sur une plaque de tôle :

ICI REPOSE
DANS L'ATTENTE DE LA RÉSURRECTION
GLORIEUSE LE CORPS DE
M^R L'ABBÉ DUROYAUME
CURÉ DE VAUDANCOURT
DÉCÉDÉ LE 27 JUIN 1888
A L'AGE DE 78 ANS.

REGRETTÉ DE SES PAROISSIENS
ET DE SA FAMILLE.

DE PROFUNDIS.

VILLERS-SUR-TRIE.

A. — ÉGLISE.

CCLXXIV.

Cloche (1863).

Diamètre : 83 cent.

Des deux côtés, les inscriptions suivantes, chacune dans un grand écusson en forme de bouclier.

> LAN DE GRACE 1863 JAI ETE
> BENITE PAR MR MARIE ALEXANDRE
> MAUGER CURE DE VILLERS SUR TRIE (1)
> ET NOMMEE MARIE ALEXANDRINE
> PAR MADAME AIMEE SOPHIE
> BOUILLETTE EPOUSE DE M^R
> LOUIS DESIRE RABUTE (2)
> DEMEURANT A
> TRIE
>
> CHATEAU

Cette première inscription porte en tête un calice au dessus duquel apparaît une hostie, avec une croix à double croisillon et une palme croisées en sautoir devant le pied du calice.

Sur la panse, de ce coté :

> DUBUISSON GALLOIS FONDEUR

> PRESENTS MM^{RS} ISIDORE PREVOST
> FEUGUEUR MAIRE DE VILLERS SUR
> TRIE FREDERIC ALEXANDRE LOUETTE
> ADJOINT LECUYER PIERRE MARIE
> WARGNIER ELIE JOSSET PHILIPPE
> HOUGUENADE PHILIBERT
> VAUDRAN LOUETTE VICTOR
> POUSSIN LOUIS LEMAIRE
> FONDUE PAR LES
> DONATIONS
>
> VOLONTAIRES DES HABITANTS
> ET PROPRIETAIRES DE CETTE COMMUNE

La dernière ligne de la première inscription et les deux dernières lignes de la seconde sont en dehors des deux écussons, dans lesquels elles n'ont pu trouver place.

Sur le mouton, plus ancien que la cloche :

> JAI ETE
> MONTEE
> PAR JOSSET
> 1811

---

(1) Voyez n° CCLXXVI, la tombe de ce curé.
(2) Lisez : Rabuté.

B. — *CIMETIÈRE.*

CCLXXV.

Tombe de l'abbé Lasne, curé de Villers-sur-Trie (1815).

Plaque de cuivre sur croix de fer.

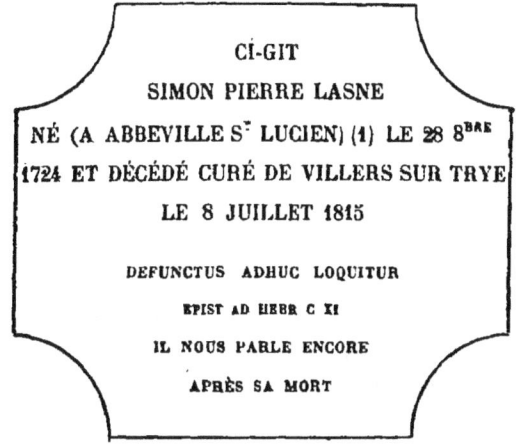

CI-GIT
SIMON PIERRE LASNE
NÉ (A ABBEVILLE St LUCIEN) (1) LE 28 8BRE
1724 ET DÉCÉDÉ CURÉ DE VILLERS SUR TRYE
LE 8 JUILLET 1815

DEFUNCTUS ADHUC LOQUITUR
EPIST AD HEBR C XI
IL NOUS PARLE ENCORE
APRÈS SA MORT

CCLXXVI.

Tombe de l'abbé Mauger, curé de Villers-sur-Trie (1868).

Pierre couchée.

A LA MEMOIRE
DE
MARIE ALEXANDRE
MAUGER
DÉCÉDÉ CURÉ DE CETTE PAROISSE
LE 4 FEVRIER 1868, AGÉ DE 75 ANS

COEUR PLEIN DE FOI DE ZÈLE
ET DE CHARITÉ SACERDOTALE
COMME SON DIVIN MAITRE
IL A PASSÉ SUR LA TERRE
FAISANT LE BIEN
ET FUT L'HOMME DE LA PRIÈRE
JUSQU'A LA DERNIÈRE HEURE

QUE SON AME REPOSE EN PAIX

---

(1) Cant. de Froissy, arr. de Beauvais.

LA VILLETERTRE.

A. — ÉGLISE.

CCLXXVII.

A la mémoire de J.-B. Lemoyne de Bellisle († 1791) et d'Hélène-Emilie de Palerne, sa femme († 1800).

L'inscription dont nous allons donner le texte est gravée sur une pyramide méplate en marbre noir, de 4 m. environ de hauteur au-dessus du sol, qui avait été érigée dans l'église de la Villetertre contre le pilier sud-est de l'intertransept. Les travaux de restauration exécutés dans l'église, en 1885, ont nécessité le déplacement de ce cénotaphe, aujourd'hui appliqué contre la muraille orientale du croisillon nord. Il est surmonté d'une urne en marbre blanc.

IN MEMORIAM DOMINI
NOBILIS ET CLARISSIMI
JOANNIS BAPTISTÆ
LEMOINE DE BELLISLE,
IN SUPREMA RATIONUM
ET SUBSIDIORUM NEUSTRIÆ
CURIA SENATORIS
ET DEINDÈ DECANI,
ALTISSIMI ET SERENISSIMI DUCIS
LUDOVICI PHILIPPI D'ORLÉANS,
PRIMI EX STIRPE REGIA PRINCIPIS
CANCELLARII,
SIGILLORUM CUSTODIS,
REDITUÛM ET TOTIUS DOMÛS PRÆFECTI,
IN REBUS POLITICIS PERSPICACIS,
IN FISCALIBUS FIDELIS JUSTI INDAGATORIS
PROBITATE INSIGNIS
IN OMNIBUS INGENIO ET CONSILIO PRÆCELLENTIS.
INDOLIS LENITATE
ET VIRTUTUM SPLENDORE

PRINCIPI CARISSIMI,
ET UNICUIQUE SPECTABILIS,
QUI
OBIIT DIE XVI JUNII ANNO M. DCC. LXXXXI,
ÆTATIS LXXV.
ET DOMINÆ HELENÆ EMILIÆ DE PALERNE,
DILECTISSIMÆ CONJUGIS
DIE XXVIII. NOV.^BRIS ANNO M. DCCC. ÆTATIS LXXIV. DEFUNCTÆ :

HOC MONUMENTUM PIIS MANIBUS POSUIT
GRATA ERGA PARENTES FILIA
DOMINA GENOFEVA JOSEPHINA EMILIA
LEMOYNE DE BELLISLE, COMITISSA DES COURTILS.

M. et Mme Lemoyne de Bellisle furent inhumés dans la chapelle du château de Bouconvilliers, ainsi que leur fille, Mme la comtesse des Courtils. Nous avons publié leurs épitaphes n° XXIV *bis*.

L'inscription se lit sur la pyramide. Immédiatement au-dessous, on voit, encastré dans le marbre noir, le médaillon, en marbre blanc, de M. Lemoyne de Bellisle, représenté de profil. Le socle de la pyramide montre, sous une couronne de marquis, deux écus accolés, également en marbre blanc, aux armes des Lemoyne de Bellisle et des Palerne (1).

CCLXXVIII.

A la mémoire de Louis-René des Courtils († 1819).

Monument semblable au précédent, également transféré de l'intertransept (pilier nord-est) au croisillon nord (muraille orientale, à droite du cénotaphe de M. Lemoyne de Bellisle). On y voit aussi le médaillon du défunt et ses armoiries (2), accolées

---

(1) Lemoyne de Bellisle : *D'azur à trois besans d'or, accompagnés d'une bordure componée d'argent et de gueules.* — Palerne : *De gueules au paon rouant d'argent, au chef d'argent chargé de trois molettes d'éperon de gueules.*

(2) *D'azur au lion d'argent portant au col l'écu de Flandre attaché par un ruban de gueules.*

à celles de sa femme, Geneviève-Joséphine-Emilie Lemoyne de Bellisle, les deux écus entourés d'une cordelière commune.

A LA MÉMOIRE
DE M[RE] LOUIS-RENÉ
COMTE DES COURTILS,
ANCIEN S[GR]. DE BALLEU (1),
GRÉMÉVILLIERS (2) LE PLIX (3),
HÉRONVAL (4), LA VILLETARTRE,
BOUCONVILLIERS, &a., &a.,
GRAND BAILLI D'ÉPÉE
DE LA PROVINCE DE BEAUJOLLOIS;
COLONEL D'INFANTERIE,
CH[ER]. DE L'ORDRE DE S[T]. LOUIS,
DÉCÉDÉ LE XXX. X[BRE]. M. DCCC. XIX.

PRIEZ DIEU POUR LE REPOS DE SON AME.

IL FUT PUISSANT POUR LE FOIBLE
ET RICHE POUR LE PAUVRE.

MME. GENEVIÈVE-JOSÉPHINE-ÉMILIE
LEMOYNE DE BELLISLE, ANCIENNE DAME
DE VILLETARTRE, VERNONET (5), BELLISLE (6, HENNEZIS (7), &a.
SA VEUVE, LUI A ÉLEVÉ CE MONUMENT
EN MDCCC. XXII.

Le comte des Courtils repose également dans la chapelle du château de Bouconvilliers (voir n° XXIV *bis*). Il remplissait, à sa

---

(1) Commune de la Chapelle-sous-Gerberoy, cant. de Songeons, arr. de Beauvais.
(2) Cant. de Songeons.
(3) Commune de Thérines, cant. de Songeons.
(4) Commune de Mondescourt, cant. de Noyon, arr. de Compiègne.
(5) Commune de Vernon (Eure).
(6) Ce fief, dont M. Lemoyne de Bellisle tirait son nom, était situé en Bretagne, sans que nous sachions dans quelle paroisse.
(7) Cant. et arr. des Andelys (Eure).

 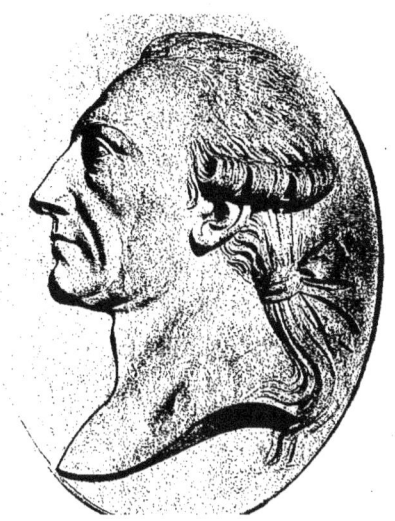

mort, les fonctions de maire de la Villetertre. Il était fils de Louis des Courtils, chevalier, seigneur de Therdonne (1), Framicourt (2), Balleu, etc., colonel du régiment royal de la marine. et de Charlotte-Françoise de l'Epinay.

CCLXXIX.

Maître-autel offert en souvenir de l'abbé Boutillier, curé de la Villetertre (1877).

En pierre, de style gothique. Les deux inscriptions suivantes se lisent aux extrémités latérales de la table d'autel.

Cet Autel a été érigé par Melle Marcelline BARBIER à la mémoire de son oncle bien-aimé M^r l'Abbé BOUTILLIER ancien curé de cette paroisse 1877.

Il a gravi pendant 46 ans les degrés de ce sanctuaire il a sacrifié jusqu'au dernier moment l'hostie de louange, et, prêtre pour l'éternité, il intercède encore pour nous auprès de l'agneau sans tache.

---

(1) Canton de Nivillers, arr. de Beauvais.
(2) Cant. de Gamaches, arr. d'Abbeville (Somme).

CCLXXX.

A la mémoire de Paul Leroux (1885).

Petite plaque de marbre noir, encastrée dans la muraille septentrionale du chœur, à l'intérieur.

LES VITRAUX DU CHŒUR
ONT ETE DONNÉS
par M^r et Mme LEROUX,
POUR PERPÉTUER DANS CETTE ÉGLISE
LE SOUVENIR DE LEUR FILS UNIQUE
PAUL LEROUX,
DÉCÉDÉ A LA VILLE TERTRE
LE 7 AOUT 1885, AGÉ DE 37 ANS.
Priez pour lui

CCLXXXI.

Cloche (1789-1871).

Diamètre : 1 m. 20.

Sur une face :

LAN 1789
JAI ETE BENITE PAR MAITRE ANDRE BAUDART CURE
DE LA VILLETERTRE ET NOMMEE JEANNE HELENE
PAR MESSIRE JEAN BAPTISTE LEMOYNE DE BELLISLE
CHEVALIER SEIGNEUR DE VILLETERTRE (sic) VERNONNET
BELLISLE BENNEZIS ET AUTRES LIEUX CHANCELIER
DE FEU SON ALTESSE MGR LOUIS PHILIPPE DUC
DORLEANS ET PAR DAME EMILIE HELENE DE
PALERNE SON EPOUSE REPRESENTES PAR MESSIRE
LOUIS RENE DES COURTILS CHEVALIER SEIGNEUR
DE BOUCONVILLERS BALEU ET AUTRES LIEUX
ET PAR DAME GENEVIEVE JOSEPHINE
EMILIE LEMOYNE DE BELLISLE SON
EPOUSE FILLE DU DIT SEIGNEUR
JEAN BAPTISTE LEMOYNE
DE BELLISLE.

Sur l'autre face :

AYANT ETE CASSEE ACCIDENTELLEMENT EN 1869
J'AI ETE REFONDUE EN 1871 PAR LES SOINS
DE L'ADMINISTRATION MUNICIPALE ET DU
CONSEIL DE FABRIQUE M^R LE MARQUIS DE
S^T SOUPLET (1) ETANT MAIRE
MR BOUTILLIER CURE (2)
ET MR DELARUE TRESORIER
ET NOMMEE DE NOUVEAU JEANNE HELENE
PAR MR ARMAND MARIE LEMAIRE
ET PAR M^{ELLE} AMABLE APPOLINE
ERNESTINE DORGEBRAY DE
LA VILLETERTRE

DUBUISSON GALLOIS ET FILS FONDEURS A PARIS

B. — *CIMETIÈRE*.

CCLXXXII.

Tombeau de J.-M. Boulais, curé de la Villetertre (1810).

Colonne tronquée surmontée d'une urne cinéraire. Une plaque de cuivre fixée sur la colonne porte l'inscription suivante :

LE VŒU UNANIME DES HABITANS A ELEVÉ CE TOMBEAU
& L'A CONSACRÉ A LA MÉMOIRE DE MONSIEUR JACQUES
MARCEL BOULAIS, PRÊTRE, CURÉ DESSERVANT DE CETTE PAROISSE ;
SA PIÉTÉ FUT DOUCE ET FERVENTE ;
SON ZÈLE ÉCLAIRÉ PAR LA SCIENCE ;
SES EXHORTATIONS TOUCHANTES ET PERSUASIVES.
CE PASTEUR ACCOMPLI
SUT UNIR LES VERTUS SOCIALES AUX VERTUS ECCLÉSIASTIQUES
IL MOURUT VICTIME DE SON AMOUR POUR SON TROUPEAU
AGÉ DE 56 ANS LE 5ME JOUR D'OCTOBRE DE L'ANNÉE
1810

Il a été impossible de connaître la cause de la mort de ce digne prêtre.

---

(1) Voir les épitaphes de Saint-Cyr-sur-Chars (n°^{s} CCXXVI-CCXXIX).
(2) Voir son épitaphe n° CCLXXXIII

CCLXXXIII.

Calvaire du cimetière (1877). Tombe de l'abbé Boutillier, curé de la Villetertre († 1875).

Croix en fonte. Base en pierre, sur laquelle on lit :

1° En avant :

A LA MÉMOIRE DE
M. L'ABBÉ A. C. BOUTILLIER
DÉCÉDÉ LE 3 SEPTEMBRE 1875,
DANS SA 77ᵉ ANNÉE,
APRÈS 46 ANS DE MINISTÈRE
PASTORAL DANS CETTE PAROISSE

2° En arrière :

CE CALVAIRE
A ÉTÉ ÉRIGÉ PAR LA FABRIQUE,
EN RECONNAISSANCE
DU DON D'UN MAITRE-AUTEL
OFFERT PAR
Mᵉˡˡᵉ MARCELLINE BARBIER
A LA MÉMOIRE
DE SON ONCLE BIEN AIMÉ.
1877.

Deux inscriptions gravées sur les faces latérales du piédestal sont consacrées à louer les vertus de l'abbé Boutillier. L'une est en français; l'autre, en latin, a été tirée des Livres saints.

C. — *MONUMENTS DIVERS.*

CCLXXXIV.

Croix à l'ouest du village (XIXe siècle).

Sur une petite place, au sud du château, près du chemin qui conduit à Bouconvilliers, s'élève un obélisque en pierre surmonté d'une croix. Sur la base carrée, on lit :

D. O. M.

O. Crux. Ave. Spes

Unica

Je Vous Salue, O Croix

Mon Unique Esperance

Une autre inscription, gravée sur la face opposée, rappelait probablement que le monument avait été élevé sous la Restauration par la comtesse des Courtils, car les armoiries de cette dame, accolées à celles de son mari, figurent en bas-relief sur la face antérieure de la pyramide, dans deux écus ovales entourés d'une cordelière, telles que nous les avons vues au bas du monument élevé à la mémoire du comte des Courtils, dans l'église de la Villetertre. Etant donné les usages héraldiques en cours au XIXe siècle, la présence de la cordelière paraît être une preuve que cette croix fut érigée pendant le veuvage de Mme des Courtils. L'inscription, en effet, ne nous est d'aucun secours pour déterminer la date, car elle a été complètement martelée, à cause sans doute des titres donnés à la fondatrice. De tels actes de vandalisme sont la sanction inintelligente des révolutions, et dans certains pays les *trois glorieuses* n'eurent, sous ce rapport, rien à envier aux plus mauvais jours de 93.

Le monument tout entier mesure environ cinq mètres de hauteur.

SUPPLÉMENT.

BOUBIERS.

CCLXXXV.

Eglise. — Fondation par Balthazar Dagincourt, curé de Boubiers (XVIIe siècle).

Pierre encastrée dans la muraille méridionale du chœur et dont la partie inférieure est cachée par une boiserie.

Largeur : 35 cent.

```
D · ME · BALTHASART
DAGINCOVRT CVRE
DE  CEANS · A DONN (sic)
A LEGLISE · TROIS
ARPENS · DE · TERRE
A LA CHARGE · DE ·˙·
FAIRE · DIRE - TOVS
LES · VENDREDIS
DES · 4 · TEMPS · ET ·
LES - PMIERS · VENDRE
DIS
```

On remarquera la présence d'un point sur l'*i* toutes les fois que cette voyelle conserve sa valeur propre.

Le curé Dagincourt vécut antérieurement à 1651, date à laquelle commencent les plus anciens registres de catholicité conservés à Boubiers.

CCLXXXVI.

Croix Pihan-Couturier (1894).

A la sortie du village, le long du chemin conduisant de Boubiers à Liancourt-Saint-Pierre. Croix en fer, socle en pierre.
En avant du socle : *O crux ave spes unica.*
En arrière :

Offert par
Pihan Couturier
1894

CCLXXXVII.

Monument de saint Roch, au Fayel (1871).

C'est un édicule en pierre, situé sur le bord de la route nationale, à l'angle du chemin conduisant du Fayel à Boubiers. La partie principale, couronnée d'une croix, est creusée d'une niche vitrée renfermant une statue de saint Roch, en plâtre peint, moderne. On lit, au-dessus de cette niche, le nom

S^t
ROCH

Le piédestal porte simplement :

ERIGEE 1871

BOUCONVILLIERS.

CCLXXXVIII.

Croix élevée dans l'ancien cimetière (1893).

Après la désaffectation du cimetière contigu à l'église, on érigea, dans la partie conservée à usage de chemin de procession, une croix en fonte portée sur un piédestal de pierre. Cette croix se trouve placée à l'angle sud-est de l'église. De chaque côté, quatre immenses fosses avaient été creusées pour recevoir les ossements non transportés dans le nouveau cimetière, ainsi que le rappelle l'inscription gravée sur le socle :

A LA MÉMOIRE
DES
DÉFUNTS
DONT LES OSSEMENTS
RECUEILLIS
DANS L'ANCIEN
CIMETIÈRE
REPOSENT
AU PIED
DE CETTE CROIX
1893

CCLXXXIX.

Croix Pépin (1850-1890).

Au bord du chemin conduisant de l'église à la route nationale. Croix en fer portée par un fût en pierre, sur un piédestal cubique. La face antérieure de ce piédestal porte :

D. O. M.
ERIGÉE PAR D^M.
PÉPIN
EN 1850
RESTAURÉE
EN
1890

BOUTENCOURT.

CCXC.

Croix Delacroix-Monsou (XIX° siècle).

A l'ouest du hameau de Pommereux, dans l'angle formé par les deux chemins conduisant au Vaumain et à Boutencourt, se trouve une croix en fonte supportée par un piédestal de pierre. La partie inférieure montre, dans une arcade à jour, une image de saint Pierre. Plusieurs inscriptions pieuses se lisent sur les différentes faces du socle. Nous les négligerons pour donner seulement celle gravée à gauche :

<pre>
            MONUMENT ÉRIGÉ
                PAR
               DÉSIRÉ
              DELACROIX
               MONSOU
            [PROPRIÉTAI]RE
</pre>

Rappelons toutefois que, sur la plinthe de la face antérieure, le tailleur de pierre a inscrit son nom :

<pre>
       E. LETEURTRE A POMMEREUX
</pre>

CHAMBORS.

CCXCI.

Croix Rouge (1838).

Hauteur totale : 3 m. 22.

A l'angle du chemin de Gisors à Delincourt et de l'ancien chemin de Gisors à Lattainville. Croix de fer forgé, haute de deux mètres, portée sur un piédestal monolithe, de forme cylindrique, avec plinthe carrée. Sur le fût de la croix, on lit, dans le sens vertical, une date et deux initiales gravées :

1838 * — B . F

Personne n'a pu nous dire quel nom cachent les deux initiales.

LAILLERIE.

CCXCII.

Chapelle de l'hospice. — Epitaphe de François Jugam, curé de Laillerie (1625).

Le degré du sanctuaire de la chapelle de Laillerie est formé de deux fragments importants d'une grande dalle tumulaire qui recouvrait autrefois les restes de François Jugam, curé de Laillerie et théologal (ou official) de l'exemption de Chaumont, mort en 1625.

L'effigie du défunt, vêtu de ses ornements sacerdotaux et portant sur le bras gauche un manipule simplement évasé à son extrémité, était gravée sous une arcade en plein cintre, qu'accompagnent deux colonnes corinthiennes, avec une tête d'ange ailée dans chaque écoinçon. Le fût des colonnes est cannelé ; un rameau de lierre l'enveloppe dans sa partie inférieure. Sur les socles, on voit respectivement un lion et un bœuf passant.

L'épitaphe se déroulait dans l'encadrement général. Voici ce que nous en avons pu lire :

.... DISCRET......... . MESSIRE FRANCOIS IVGAM PRESTRE VIVANT CVRE | DE CEANS ET ..... L DE CHAVMONT LE QVEL TRESPASSA LE 20 IVILLET 1625 *PRJEZ DJEV*....

Au sommet et au bas de la dalle, c'est-à-dire au-dessus et au-dessous de l'arcade, étaient gravées des phrases latines, les unes en prose, les autres en vers, aujourd'hui trop incomplètes pour que le sens puisse en être restitué, et dont la tournure paraît d'ailleurs fort alambiquée. Nous croyons devoir quand même reproduire les mots ou fragments de mots encore visibles :

1° Au sommet :

     A
      RJFJC
       SACRI
    SACR)FICIY A PRECE

2° En bas :

 FRANCJSCUS JVGA[m] ET SVB MOLE QVIESCIT
   MOLLE IVGVM Q ... AD ASTRA ... IS
 HIC SACR [IFICIVM] L TA MAGIST
  OFF [EREBAT ?] CH EV VAR VIRO
 TERVICIIS AD MVSAS AD C ÆTERNA CELE[S]T[IA]
 VIXIT ET AD SV A IT OSSA LA IT

En outre, le cintre de l'arc porte ces mots :

   EXV[LTABVN]T DOMINO OSSA [HVMILIATA]

CCXCIII.

A la mémoire de la R. M. Louise de Gonzague, née Damay, supérieure de la maison de retraite (1894).

Marbre noir, avec lettres et encadrement dorés, contre le mur intérieur du sanctuaire de la chapelle.

Hauteur : 40 cent.; largeur : 40 cent.

A LA MÉMOIRE DE
MÈRE LOUISE DE GONZAGUE
DÉCÉDÉE LE 4 AVRIL 1894
SUPÉRIEURE DE CETTE MAISON
DEPUIS DIX-HUIT ANS
—
PRIEZ DIEU
POUR LE REPOS
DE SON AME

Cette religieuse était née Aurore-Artémise Damay.

CCXCIV.

Cimetière. — Epitaphe de la même (1894).

Croix en pierre, sur laquelle :

MÈRE
Louise de Gonzague
SUPÉRIEURE
DÉCÉDÉE
LE 4
AVRIL
1894
PRIEZ
POUR
ELLE

LIANCOURT SAINT-PIERRE.

CCXCV.

Eglise. — A la mémoire du général Ménard (1894).

Marbre blanc appliqué contre le pilier nord-est du carré du transept. Hauteur : 1m 02 ; largeur : 66 cent. Encadrement avec pilastres, urnes et fronton contourné à brisure, surmonté d'une croix. Au bas, drapeaux et enroulements d'architecture. Une palme monte à gauche de l'inscription. Lettres dorées. Rehauts de couleur sur l'ornementation.

DIEU ET PATRIE
A LA GLOIRE
DU GÉNÉRAL PHILIPPE-ROMAIN MÉNARD
COMMANDEUR DE LA LÉGION D'HONNEUR
NÉ A LIANCOURT-St-PIERRE LE 23 8bre 1750.
IL FIT LES CAMPAGNES DE SAVOIE,
DES PYRÉNÉES, D'ITALIE, D'HELVÉTIE,
DU DANUBE (1792-99), COMMANDA LA DIVISION
MILITAIRE DE LIGURIE (1800) ET LA 6e. DIVISION
A BESANÇON, (1801-1806).
IL RENDIT SON AME A DIEU, LE 13 FÉVRIER 1810,
A PARIS.

A LA MÉMOIRE
DES ENFANTS DE LIANCOURT-S¹-PIERRE
MORTS AU CHAMP D'HONNEUR
AU SERVICE DE LA FRANCE.

Laudemus viros gloriosos
parentes nostros... (*ECCL. XLIV.*)

SUMPTIBUS G. MORIN 17 JUIN 1894

Les mots *Dieu et Patrie* se lisent, dans le fronton, sur une banderolle flottante. La dernière ligne figure dans le soubassement et rappelle que l'érection du cénotaphe est due à la généreuse et patriotique initiative de M. Gabriel Morin, maire de Liancourt-Saint-Pierre. La date du 17 juin 1894 est celle de l'inauguration solennelle du monument.

M. le chanoine Pihan vient de publier une biographie très développée du général Ménard (*Le général Ménard, né à Liancourt-Saint-Pierre (Oise) (1750-1810).* Beauvais, typogr. D. Pere, 1895. In-8°, avec portrait. — Extr. de l'*Annuaire de l'Oise* pour 1896.) Nul ne pouvait mieux faire revivre la noble figure du héros chrétien que son sympathique et savant compatriote.

LIERVILLE.

CCXCVI.

Chapelle du Bouleaume. — Cloche (1608).

IEHAN GVILLAVME TESTV ESC^{ER} S^{R} DE MENORVILLE ET CENNE BARIOT DAME DE BALINCOVRT 1608 (1)

Cette petite cloche doit provenir de l'ancienne église désaffectée de Menouville (Seine-et-Oise) (2). Elle porte, en effet, les noms

---

(1) Nous devons cette inscription à l'obligeance de M. Ernest Francaux, du Bouleaume.
(2) Arrondissement de Pontoise, canton de Marines.

de Jean-Guillaume Testu, seigneur de Menouville et de Pierre-basse (1), et d'Anne Barjot de Moussy, sa mère, épouse de Philippe-Guillaume Testu, seigneur de Balincourt (2), Arronville, Margicourt (2), etc. (3).

CCXCVII.

Ferme du Bouleaume. — Clochette (1825).

Dans la ferme du Bouleaume, appartenant à M. le vicomte de Chézelles, est suspendue une clochette trouvée, il y a quelques années, dans les greniers du château, et qui provient vraisemblablement de la propriété du colonel Jégu, à Serans, si l'on en juge par l'inscription qu'elle porte :

J'AI ETE FONDUE L'AN 1825
POUR M^r LE COL^{LE} CHEV^{ER} DE JEGU A SERANS

La seconde ligne est simplement gravée.

Cette clochette porte une marque de fondeur formée d'une sorte d'écu en bouclier, pointu et allongé, sur les deux bords duquel on lit :

CAVILLIER — BEAUVAIS

MONTAGNY.

CCXCVIII.

Réparation de l'église (1853-55).

Inscription gravée sur un des contreforts de la façade :

RESTAURÉE AUX FRAIS
DE MR EUGÈNE
AN 1853 ET 1855

---

(1) Fief en Anjou.
(2) Commune d'Arronville, cant. de Marines.
(3) Cf. la généalogie des Testu de Balincourt dans *Archives généalogiques et histor. de la noblesse de France*, par Lainé, t. XI (1847).

CORRECTIONS ET ADDITIONS.

BOISSY-LE BOIS

VIII. *Face de droite.* Lire : 75ÈME, au lieu de 75ÈME

BOUBIERS.

XV. Ligne 10. Lire : seig^{R}, au lieu de : seig$_{\text{R}}$

BOUCONVILLIERS.

XXI. Planche II. Légende : Lire *Liégeault* au lieu de *Regeault*.
    Ligne 2. Lire : *Liégeault*, au lieu de *Begeault*.
    Ligne 8. Lire : tenuȝ, au lieu de tenus.
    Ligne 18. Lire : branſle, au lieu de bransle.
    Ligne 20 Lire : auſſi, au lieu de aussi.
    Ligne 24. Lire : Payer, au lieu de payer.
    Ligne 29. Lire : touſſainctȝ, au lieu de touſſaintȝ.
    Ligne 30. Lire : Pareillement, au lieu de pareillement.
    —   Lire : fe dire [faire dire], au lieu de le dire.
    Lignes 37, 46 et 52. Lire : liegeault, au lieu de begeault.
    Ligne 44. Lire : ſuſdictes, au lieu de ſuſdites.
    —   Lire : Moyennāt, au lieu de moyennāt.
    Ligne 48. Lire : ſōme et cōfeſſe.
    Ligne 53. Lire : ſcauoir, au lieu de scauoir.
    Ligne 60. Lire : feſd, au lieu de leſd.
    Ligne 62. Lire : eſt, au lieu de est.
    —   Lire : aplain, au lieu de a plain.
    —   Lire : declairer, au lieu de declarrer.
    Ligne 63. Lire : es lr̄es ou, au lieu de eslr̄es en.
    Ligne 64. Lire : moireau, au lieu de morreau.
XXIV. Ligne 4. Lire : M^{r} — au lieu de : M.

BOURY.

XXVII. Ligne 7. Lire : M^E , au lieu de : M$_E$.

Ligne 15. Lire : B^{TE} , au lieu de : B$_{TE}$.

XXVIII. Ligne 3. Lire : MG^R , au lieu de : MG$_R$.

Ligne 4. Lire : M^R , au lieu de : M$_R$.

XXXI. Ligne 8. Lire : S^T , au lieu de : S$_T$.

Ligne 10. Les caractères de cette ligne sont penchés vers la gauche, et non vers la droite.

XXXII. Ligne 12. Lire : J^{ER}, au lieu de : J$_{ER}$.

XLI-2. Ligne 7. Lire : S^T , au lieu de : S$_T$.

XLIII. Ligne 34. Lire : *Rassegna nazionale*, 1er mars, 1er juillet et 16 août 1892 *Paolina Craven Laferronays e la sua famiglia*, signé T. Ravaschieri. — Et ajouter : *A memoir of Mrs Augustus Craven (Pauline de la Ferronnays)*, by Mrs C. Bishop (London, Bentley and sons, 1895); — *Mme Craven, d'après un livre récent*. Signé : Marie Dronsart. (*Correspondant*, 67e année, n° du 10 fév. 1895, p. 471-503), — etc.

XLIV. Ligne 14. Lire : Lagrange, au lieu de : de Lagrange.

XLVI. Ligne 28. Même correction.

XLVII. Ligne 15. Lire : Elle était fille de Joseph Lagrange (et non : de Lagrange), général de division, comte, etc.

XLIX. Ligne 15. Lire : Lagrange, au lieu de : de Lagrange.

CHAUMONT.

Ligne 27. Lire : Mil, au lieu de : mil.

— Lire : lesquelles, au lieu de : lesquettes.

Ligne 31. Lire : colin lambert, au lieu de : lambert.

LXXVIII. Lignes 8 et 9. Lire : DE Ière CLASSE, NÉE A MONTGON (ARDENNES)

LXXVIII et LXXIX. Voir l'article CCXXII.

DALLE TUMULAIRE A CHAUMONT

LXXXIV. Pour les rectifications à l'épitaphe de Jean Christian et de Jeanne, sa mère (xive siècle), voir la gravure ci-jointe. Il convient néanmoins d'ajouter quelques mots à notre description de cette dalle tumulaire. Le costume des personnages, dont le nom n'est accompagné d'aucune qualification, annonce qu'ils appartenaient à la riche bourgeoisie. Le seul recueil Guilhermy renferme plus d'exemples qu'il n'en faut pour prouver l'exactitude de cette opinion. Le costume du mari surtout est probant, car, à la fin du xiiie siècle et au commencement du xive, les dames de la bourgeoisie ne portaient pas des vêtements sensiblement différents, au moins sous le rapport de la forme, de ceux des dames de la noblesse. On peut remarquer que le tombier aurait dû placer la mère à la droite du fils, c'est-à-dire à la place d'honneur.

LXXXV. Ajouter : Il faut rapprocher l'épitaphe de Guillaume de Chaumont de celles des trois Gouffier, à Oiron. Les caractères gravés autour des tables de marbre sur lesquelles reposent les gisants sont, en effet, assez semblables à ceux qui nous occupent en ce moment.

COURCELLES-LEZ-GISORS.

LXXXVII. Ajouter : Le défunt figure au nombre des membres de la confrérie de l'Assomption de Gisors dans le précieux *Matheloge* conservé au trésor de l'église de cette ville. Il s'y fit inscrire au commencement du xve siècle (folio 6, r°), de la manière suivante : « Messire Estiene Bertheram, curé de Courcelles ».

ÉNENCOURT-LÉAGE.

CVI. Ligne 25. Lire : DVD^T , au lieu de : $DVDr$

Ligne 28. Lire : $SIX^{XX} \cdot 6^{IIZ}$, au lieu de : $SIX^{XX} \cdot 6IIz$

CVII. Ajouter : M. de Guilhermy a publié (*Inscriptions de la France : ancien diocèse de Paris*, t. II, p. 633) une inscription, également de 1649, signée du même graveur, de la façon suivante : « Faict à Senlis par Jean Boucher tumbier. »

ÉNENCOURT-LE-SEC.

CXIII. Ligne 12. Lire : ENANCOVRT.
  Ligne 15. Lire : EGL^{SE}.
  Ligne 20. Après le =, ajouter : |.
  Ligne 35. Lire : AVTEL.
  Ligne 36. Lire : PROPRE | ET APRES.
  Ligne 50. Lire : LESD^z.
  Ligne 51. Lire : A LAD^E . | EGL^{SE}.
  Ligne 54. Lire : EGL^{SE}.
  Ligne 56. Lire : IVILLET.
  Ligne 59. Lire : PERPE^{TE}.

ERAGNY.

CXVII. Ligne 14. Supprimer le |.
CXIX. Ligne 14. Lire : POVR, au lieu de : POVR
  — 17. Lire : 3ME.
  — 24. Lire : & AVX 2, au lieu de : AVX 2.
  — 26. Lire : FAaIRE.
CXXII. La lanterne de droite porte également une inscription :

> FAIT
> PAR PREVEL ET
> DUPONT . PAYÉ
> PAR JOSEPH MO-
> REAU GARDE
> BENI PAR M^R.
> FAUCON CURÉ
> LE 30 MAS (sic) 1849

FRESNE-LÉGUILLON.

CXXXVII. Ligne 8. Lire : sculptures.

HARDIVILLIERS.

CXLII. Ligne 7. Lire : V^{IL} L^t.

LAILLERIE.

CXLVIII. Ligne 29. Ajouter : Consulter aussi *Notice biographique sur le baron Du Pille, ancien député, chef d'état-major de la garde nationale du département de l'Oise*, [par J. de Saintry] (Paris, 1853 ; in-8, 7 p.).

LEVEMONT.

CLXXIII. Ligne 22. Lire : J^{en}.
— 26. Lire : TÉMOIGNAGE.

LIANCOURT-SAINT-PIERRE.

CLXXIV. Ligne 63. Lire : Christ.

LIERVILLE.

CLXXXII. Ligne 9. Lire : ICY REPOSE MESSIRE LOUIS FRANÇOIS
CLXXXIV. Ligne 8. Lire : CAROLUS FRANCISCUS
CLXXXVII. « Les Joigny de Bellebrune portaient : *de gueules à l'aigle d'argent.* » Ajouter : Antoine de Joigny, dont il est question dans cette inscription, était connu sous le nom de M. de Bellebrune. Il avait été nommé gouverneur de Hesdin le lendemain même de la prise de cette ville par Louis XIII sur les Espagnols (29 ou 30 juin 1639). Cf. *le Mémorial d'un bourgeois de Domart sur les guerres de Louis XIII et de Louis XIV (1634-1655)*, publié par M. Alcius Ledieu, ap. *Mém. de la Soc. d'émulation d'Abbeville*, t. XVIII 1893, p. 373 et 377.
CLXXXVIII. Tous les points-milieux doivent être, naturellement, à mi-hauteur.

MONNEVILLE.

CXCV. Ajouter : Une cloche également en acier fut fournie en 1866 à l'église d'Hénonville (Oise) par Jacob Holtzer et Cie. D'après M. Dergny (*les Cloches du pays de Bray*, t. II, p. 413), ces fondeurs, qui fournirent en 1865 trois cloches à l'église de Wanchy (Seine-Inférieure), étaient d'Unieux (Loire). On trouve aussi dans le clocher d'Ivry-la-Bataille trois cloches en acier, de 1867, signées de la même façon que celle de Marquemont. Leur son est loin d'égaler en beauté celui des cloches de bronze.

— La note 2 de cet article doit être supprimée. Les deux lettres c. h. qui suivent le nom de M. Pétroz sont les initiales de ses prénoms. M. Pétroz, membre titulaire, et non correspondant, de l'Académie de médecine, était pharmacien de l'Hôtel-Dieu de Paris. On lui doit de savants travaux professionnels. Il mourut en 1866.

PARNES.

CCX. La justesse de nos réflexions sur l'opposition singulière qui existe entre le costume du personnage et la date 1359 s'est trouvé confirmée par un nouvel examen de l'épitaphe. C'est à tort, en effet, que nous avions lu m·ccc·l·ix. Il y a, en réalité, m·ccc· *et* ·ix. Ce que nous avions pris pour une l est le signe représentatif de la conjonction *et*, dont voici une reproduction :

CCXIV. Ligne 8. Lire : *vous*, au lieu de : *vovs*.

CCXV. Ligne 43. Au lieu de : une autre notice biographique par de Lestrées, etc., — lire : une *Notice biographique sur M. le général b*on *Victor Rémond*, signée H. de Lestrées, insérée en 1846 dans la *Revue générale biographique et nécrologique* de Pascallet et tirée à part (in-8, 10 p.), et l'article contenu dans le *Panthéon de la Légion d'honneur* de T. Lamathière (in-8, s. d., vers 1885, p. 53-55).

CCXVI Ajouter à la fin : — Ce buste a été reproduit dans une vignette de l'ouvrage de Champfleury, p. 275.

CCXVIII. M. Arsène Sarazin, ancien maire de Parnes, ayant eu récemment l'occasion de revoir de près la clochette du château d'Halincourt, a bien voulu, à notre prière, en relever l'inscription d'une manière minutieusement exacte. On voit, d'un côté, en caractères penchés vers la droite :

Sancta Maria ora pro nobis
1581

et de l'autre, à mi-hauteur :

MDLXXXI.

On remarquera l'emploi de caractères italiques sur une cloche. C'est le seul exemple que nous connaissions. La clochette d'Halincourt mesure 36 cent. de diamètre

SENOTS.

CCXXXIII. Ligne 10. Lire : lan mil v^c

SERANS.

CCXXXVII. Lire : IVIN, au lieu de : IUIN.
CCXXXVIII. Supprimer la note 2 et ajouter au texte ce qui suit :
Ce fondeur peut, d'ailleurs, être nommé. Ce fut évidemment le même que celui qui exécuta, en 1560, la cloche de Boran (Oise), et, en 1563, celle de Presles (Seine-et-Oise). Les inscriptions de ces cloches présentent, en effet, toutes deux, comme celle de la cloche de Serans, la particularité d'être composées de caractères romains, à l'exception des deux *c c* abréviatifs du mot *cent*, qui sont encore gothiques. Leur ornementation possède, en outre, bien des motifs communs. Enfin, les lettres y sont de formes

et de dimensions parfaitement identiques. La cloche de Serans est donc due à François Geffroy, qui signa la cloche de Boran en caractères romains :

F ✠ GEFFROY NOVS FIST ✠✠

et la cloche de Presles en caractères gothiques :

me fist
geffroy
francoys ✠

Un fondeur, nommé Geffroy ou Geoffroy, était installé à Pontoise en 1581, année pendant laquelle il refondit la grosse cloche de Saint-Jacques-de-la-Boucherie, à Paris (1). Il s'agit évidemment, sinon de François Geffroy lui-même, au moins d'un de ses proches.

CCXLIV. La cloche dont nous avons publié l'inscription sous ce numéro se trouve aujourd'hui (mai 1896), depuis deux ans, dans la grande ferme de Serans, appartenant à M. Delacour. Celle qui portait la suite de cette inscription fut placée — nous avons omis de le dire — dans le clocher de Serans vers 1830, et elle y resta jusqu'au moment où un accident la mit hors d'usage.

TRIE-CHATEAU.

CCLVII. Ligne 17. Lire : Charles-Louis.
CCLVIII. Ligne 15. Lire : Judith-Caroline.
CCLVIII *bis*. Ligne 12. Lire : S^r , au lieu de : S^t.

VAUDANCOURT.

CCLXXIII. Ligne 10. Lire : M^r , au lieu de : M$_R$.

---

(1) Guilhermy, *Inscriptions de la France : ancien diocèse de Paris*, t. 1er, p. 183.

LA VILLETERTRE.

CCLXXVII. Ligne 15. Lire : LEMOYNE DE BELLISLE.
Ligne 42. Lire : GENOVEFA, au lieu de GENOFEVA.

SUPPLÉMENT. — LIANCOURT-SAINT-PIERRE.

CCXCV. Ligne : 32. Lire : initiative.

SUPPLÉMENT. — MONTAGNY.

CCXCVIII. Ligne 5. Lire :
DE Mr EUGÈNE GILLES

TABLE DES NOMS DE LIEUX

Abbeville-Saint-Lucien (Oise), 231.
Aincourt, hameau de Parnes (Oise), 178.
Alger, 72.
Ambleville (Seine-et-Oise), 9.
Amiens, 102, 216.
Andelys (les) (Eure), 33, 228.
Arronville (Seine-et-Oise), 248.
Arthieul (Seine-et-Oise), 75.
Auerstadt (Prusse), 88.
Aumale (Seine-Inférieure), 215.
Austerlitz (Moravie), 88.
Bachivilliers (Oise), 4-7, 75, 90, 91, 214.
Baden-Baden, 41.
Balincourt, hameau d'Arronville, (Seine-et-Oise), 247, 248.
Balleu, hameau de la Chapelle-sous-Gerberoy (Oise), 25, 234, 147, 148.
Barcelonnette (Basses-Alpes), 114.
Bazincourt (Eure), 94.
Beaugrenier, hameau de Montjavoult (Oise), 32, 74, 174, 175.
Beaujolais (le), 145.
Beausserré, hameau de Courcelles-lez-Gisors, 7.
Beauvais, 6, 22, 30, 63, 81, 82, 83, 105, 115, 117, 118, 122, 145, 146, 158, 187, 217, 227, 247, 248.

Bec-Hellouin (abbaye du), diocèse de Rouen, 19, 20.
Bellebrune (Pas-de-Calais), 153, 154, 158.
Bellisle, fief en Bretagne, 24, 234, 236.
Bernay (Eure), 64.
Bertichère, hameau de Chaumont (Oise), 73, 74, 75, 123, 126, 127, 128, 129, 131, 132, 133, 134
Besançon, 216, 246.
Bléquancourt, hameau de Senots (Oise), 116, 198.
Bois-Guillaume (le), hameau de Lierville (Oise), 154, 158, 159.
Boissy-le-Bois (Oise), 7-14, 75, 164, 249.
Boran (Oise), 255, 256.
Bornholm (Danemark), 125.
Bosc (le) (Hérault), 70.
Bosse (la) (Oise), 126.
Boubiers (Oise), 15-19, 85, 122, 154, 157, 159, 160, 166, 187, 240, 241, 242.
Bouconvilliers (Oise), 19-27, 233, 234, 236, 241-242, 249.
Bouleaume (le), hameau de Lierville (Oise), 153, 154, 155, 157, 158, 159, 160, 166, 247, 248.
Boulogne-sur-Seine (Seine), 9.
Boury (Oise), 28-51, 78, 228, 230.

Bout-du-Bois (le), hameau de Mont-javoult (Oise), 157, 166, 172.
Boutencourt (Oise), 16, 51, 55. 131, 169, 243.
Breuil (le), hameau de Monneville (Oise), 166.
Brueil (Seine-et-Oise), 135.
Brunswick (Allemagne du Nord), 47.
Bruxelles, 42.
Caen, 87, 88.
Carrare (Italie), 38.
Carrépuis (Somme), 106.
Caumont (Calvados), 65.
Chamant (Oise), 83.
Chambines, hameau d'Hécourt (Eure), 85.
Chambly (Oise), 215.
Chambors (Oise), 55-56, 138, 243-244.
Chapelle-en-Vexin (la) (Seine-et-Oise), 177, 182.
Chapelle-sous-Gerberoy (la) (Oise), 25, 234.
Chartres, 127.
Chaudry, hameau de Parnes (Oise), 177, 182.
Chaumont-en-Vexin (Oise), 10, 25, 36, 54, 55, 57-75, 80, 93, 95, 100, 112, 120, 122, 123-136, 139, 146, 149, 150, 159, 160, 164, 187, 209, 244, 250.
Chaussy (Seine-et-Oise), 5.
Civières (Eure), 174.
Cléry (Seine-et-Oise), 141, 172.
Cluses (Haute-Savoie), 172.
Compiègne, 64.
Conflans-Sainte-Honorine (Seine-et-Oise), 21.
Copenhague, 125.
Courcelles-lez-Gisors (Oise), 7, 31, 75-79, 119, 251.
Courtieux, hameau de Reilly (Oise), 187.

Damval, hameau de Hadancourt-le-Haut-Clocher (Oise), 117, 143.
Dangu (Eure), 45, 46, 47, 48, 49, 151.
Delincourt (Oise), 79-91, 178.
Domart (Somme), 253.
Domfront (Oise), 220.
Domfront (Orne), 181.
Domont (Seine-et-Oise), 9.
Dreux (Eure-et-Loir), 37, 172.
Droitecourt, hameau de Sérifontaine (Oise), 57, 58, 94.
Eau (abbaye de l'), diocèse de Chartres, 127.
Enencourt-Léage (Oise), 92-96, 178, 251.
Enencourt-le-Sec (Oise), 61, 96-102, 252.
Epaty, hameau de Thérines (Oise), 25.
Epinay-sur-Duclair (Seine-Inférieure), 171.
Eragny (Oise), 93, 94, 103-107, 252.
Essarts (ancienne chapelle des), à Montjavoult (Oise), 174.
Estrées, hameau de Saint-Gervais (Seine-et-Oise), 96, 182.
Etouy, 22.
Etrépagny (Eure), 114.
Eylau (Prusse Orientale), 88.
Faaborg (Danemark), 125.
Fay-les-Etangs (Oise), 108-110.
Fayel, hameau de Boubiers (Oise), 85, 241.
Ferté-sur-Aube (la) (Haute-Marne), 70.
Flambermont, hameau de Saint-Martin-le-Nœud (Oise), 164.
Flavacourt (Oise), 54, 60.
Fleury (Oise), 13, 111-114, 122, 169, 187.
Forêt-la-Folie (Eure), 73, 74.
Foucaucourt (Somme), 171, 172.

Fouilleuse (Oise), 99.
Framicourt (Somme), 235.
Frémainville (Seine-et-Oise), 157.
Fresneaux-Montchevreuil (Oise), 197
Fresne-Léguillon (Oise), 112, 114, 116, 198, 252.
Fréval, hameau de Bernières-le-Patry (Calvados), 192.
Fréval, hameau de Cropus (Seine-Inférieure), 192.
Fréval, hameau de Viarmes (Seine-et-Oise), 192.
Gagny, hameau de Loconville (Oise), 10, 11.
Garges (Seine-et-Oise), 190.
Genainville (Seine-et-Oise), 113.
Genève, 67.
Gisors (Eure), 18, 60, 77, 104, 105, 106, 113, 119, 121, 137, 138, 186, 204, 206, 222, 223, 227, 251.
Glatigny (Oise), 118.
Godebins (les), hameau de Parnes (Oise), 183.
Goincourt (Oise), 146.
Gomerfontaine, hameau de Trie-la-Ville (Oise), 139, 225-226.
Grémévilliers (Oise), 25, 234.
Groux (les), hameau de Liancourt-Saint-Pierre, 214.
Guitry (Eure), 9, 73, 74, 75.
Hadancourt-le-Haut-Clocher (Oise), 117-118, 139-145.
Halincourt, hameau de Parnes (Oise), 181, 182, 184, 185, 255.
Hardivilliers-en-Vexin (Oise), 119-122, 252.
Hécourt (Eure), 85.
Hennezis (Eure), 24, 234, 236.
Hénonville (Oise), 253.
Héronval, hameau de Mondescourt (Oise), 25, 234.
Hérouval, hameau de Montjavoult (Oise), 170, 171, 172.

Hesdin (Pas-de-Calais), 153, 159, 253.
Heullecourt, hameau de Fresne-Léguillon (Oise), 112.
Ivry-la-Bataille (Eure), 254.
Ivry-le-Temple (Oise), 16.
Jaméricourt (Oise), 122, 139, 157, 209.
Jard (le), hameau de Chaumont, 127, 131, 135, 136.
Jouy-sous-Thelle (Oise), 150, 151.
Klagenfurth (Carinthie), 41.
Laillerie, hameau de Chaumont (Oise), 10, 36, 64, 67, 73, 74, 75, 123-136, 244, 246.
Landin (le) (Eure), 72.
Laon, 142.
Lattainville (Oise), 136-139, 157.
Lausanne, 43.
Lectoure (Gers), 47.
Levemont, hameau de Hadancourt-le-Haut-Clocher (Oise), 139-145, 253.
Liancourt-Saint-Pierre (Oise), 145-153, 187, 214, 246-247, 253.
Lierville (Oise), 153-154, 166, 247-248, 253.
Limay (Seine-et-Oise), 81, 214.
Limoges, 79.
Lintz (Haute-Autriche), 183.
Livilliers (Seine-et-Oise), 146.
Loconville (Oise), 10, 11, 13, 161-165.
Londres, 38, 39, 43, 44, 45.
Luigné, hameau de Maisdon (Loire-Inférieure), 141.
Lumigny (Seine-et-Marne), 45.
Magny-en-Vexin (Seine-et-Oise), 174, 182, 206, 227.
Maigneville, hameau de Frettemeule (Somme), 171, 172.
Maisdon (Loire-Inférieure), 141.
Marais-Vernier (le) (Eure), 28.
Margicourt, hameau d'Arrouville (Seine-et-Oise), 247.

Marly-la-Ville (Seine-et-Oise), 41.
Marquemont, hameau de Monneville (Oise), 157, 166, 167, 254.
Martainville, auj. Martainville-du-Cormier (Eure), 85.
Martinique (la), 72.
Maubranche (Cher), 72.
Mauguitonnière (la), hameau de Maisdon (Loire-Inférieure), 141.
Maurepas, fief possédé au XVIe siècle par Georges d'Argence, seigneur de Courcelles, 78.
Meaux (Seine-et-Marne), 46.
Menouville (Seine-et-Oise), 247, 248.
Méré, hameau de Chaussy (Seine-et-Oise), 5, 6.
Méru (Oise), 114, 223.
Mesnil-Lancelevée (le), hameau de Hadancourt-le-Haut-Clocher (Oise), 143.
Metz, 37.
Mondescourt (Oise), 25, 234.
Monneville (Oise), 157, 166-168, 253.
Montagny (Oise), 186-170, 248.
Montgon (Ardennes), 67, 250.
Montjavoult (Oise), 32, 74, 157, 166, 170-175, 206.
Montpellier, 69, 71.
Montredon (Tarn), 70.
Nancy, 220.
Neaufles-Saint-Martin (Eure), 138.
Neuville-d'Aumont (la) (Oise), 90.
Noyon (Oise), 117, 118.
Nylarsker (Danemark), 125.
Oiron (Deux-Sèvres), 251.
Orléans, 106.
Paris, 25, 26, 27, 29, 30, 33, 35, 38, 39, 44, 45, 48, 49, 50, 56, 68, 69, 72, 77, 82, 88, 110, 114, 146, 178, 181, 183, 192, 193, 194, 208, 216, 219, 220, 222, 223, 227, 237, 246, 254, 256.

Parnes (Oise), 175-185, 254, 255.
Perchay (le) (Seine-et-Oise), 172.
Petit-Serans (le) (Oise), 169, 206-208.
Pierrebasse, fief en Anjou, 160.
Pierrepont, hameau de Parnes (Oise), 185.
Plémont, hameau de Dives (Oise), 201.
Plix (le), hameau de Thérines (Oise), 25, 234.
Poitiers, 81.
Pommereux, hameau de Boutencourt (Oise), 54, 243.
Pontoise (Seine-et-Oise), 21, 22, 146, 192, 211, 212, 223, 256.
Pont-Saint-Esprit (le) (Gard), 154.
Port-Lesney (Jura), 114.
Presles (Seine-et-Oise), 201, 255, 256.
Provemont (Eure), 86.
Puchay (Eure), 108.
Quitry. V. Guitry.
Rainvillers (Oise), 113.
Rebetz, hameau de Chaumont (Oise), 71, 149, 151.
Reilly (Oise), 186-188, 219.
Réquiécourt, hameau de Cahaignes (Eure), 74.
Rome, 39, 40, 79.
Romesnil, hameau de la Villetertre (Oise), 189, 191, 196.
Roncières, hameau d'Enencourt-le-Sec (Oise), 102.
Rouen, 80.
Roussières (les), hameau de Maisdon (Loire-Inférieure), 141.
Royaumeix (Meurthe-et-Moselle), 65.
Saint-Charles, hameau d'Eragny (Oise), 106.
Saint-Clair-sur-Epte (Seine-et-Oise), 106.

Saint-Cyr (Seine-et-Oise), 72.
Saint-Cyr-sur-Chars, hameau de la Villetertre (Oise), 188-196.
Saint-Germer (abbaye de), 200.
Saint-Gervais (Seine-et-Oise), 177, 182.
Saint-Malo (Ille-et-Vilaine), 40.
Saint-Martin-le-Nœud (Oise), 164.
Saint-Paul (abbaye de) (Oise), 121.
Saint-Pétersbourg, 38, 39, 40, 42.
Saint-Pol (Pas-de-Calais), 154.
Saint-Pons (Hérault), 50.
Saint-Remy-en-l'Eau (Oise), 99.
Saint-Soupplets (Seine-et-Marne), 191.
Saint-Sulpice, hameau de Flavacourt (Oise), 60.
Senlis, 95, 117, 118, 176, 251.
Senots (Oise), 197-198, 255.
Serans (Oise), 2, 141, 142, 144, 168, 169, 185, 199-208, 248, 255, 256.
Serans-le-Gast. Voir Petit-Serans.
Sérifontaine (Oise), 54, 57, 94.
Sommières (Gard), 70.
Songeons (Oise), 118.
Tain (Drôme), 25.
Talaveyra (Nouvelle-Castille), 88.
Taverny (Seine-et-Oise), 9.
Tenès (Algérie), 89.
Therdonne (Oise), 235.
Thérines (Oise), 25, 234.
Thibivilliers (Oise), 16, 102, 209-211.
Thône, près Genève, 67.

Tourly (Oise), 211-214.
Tourny (Eure), 145.
Tranckjœr (Danemark), 125.
Trie-Château (Oise), 47, 113, 121, 122, 214-224, 225, 230.
Trie-la-Ville (Oise), 92, 219, 221, 224-227.
Unieux (Loire), 254.
Valence (Drôme), 70.
Varenguebec (Manche), 138.
Vaudancourt (Oise), 28, 227-229.
Vaumain (le) (Oise), 129, 133.
Vaux, hameau de Gisors, 119.
Vaux, hameau de Liancourt-Saint-Pierre (Oise), 152.
Vayres, 32.
Verdun (abbaye de Saint-Paul de), 149.
Vernon (Eure), 24, 234.
Vernonnet, hameau de Vernon (Eure), 24, 234, 236.
Vesly (Eure), 6, 30, 96, 179, 225.
Villedieu (Manche), 83, 117, 169.
Villers-Saint-Genest (Oise), 189, 190.
Villers-sur-Trie (Oise), 224, 230-231.
Villetertre (la) (Oise), 24, 25, 27, 159, 188-196, 232-239.
Villiers-le-Sec (Seine-et-Oise), 117.
Vivray (le), hameau de Liancourt-Saint-Pierre (Oise), 149, 150.
Wanchy (Seine-Inférieure), 254.
Wavignies (Oise), 63.

TABLE DES NOMS DE PERSONNES

Acheu (Antoine d'), seigneur de Foucaucourt, 171, 172.
— (Marguerite d'), femme d'Antoine de Caumont, 172.
Agay (Philippe-Charles-Bruno d'), intendant de Picardie, 193.
— (Marie-Camille d'), marquise de Saint-Souplet, 193, 195, 196.
Alépée (François), 179.
Alexandre Ier, empereur de Russie, 40.
Alopeus (Alexandrine-Marie d'), femme d'Albert de la Ferronnays, 37, 38, 39, 40, 41, 44.
— (comte d'), 38, 39.
— (Jeanne de Wenkstern, comtesse d'), 37, 38.
Amelin (Thomas), marguillier d'Eragny, 106.
Amelot (François), marguillier de Marquemont, 166.
Amoreux (P.-J.), 70.
Angadrisma (Marie), institutrice à Liancourt-Saint-Pierre, 146.
Anselme (le P.), 9, 75.
Arboulin (Anne d'), femme de N. Fagnier de Montflambert, 192.

Argence (Georges d'), seigneur de Maurepas et de Courcelles lez-Gisors, 78.
Armanjoux (Joseph Castel d'), curé de Marquemont, 166.
Assézat (Jean-Hyacinthe), curé de Fleury, 113.
Aubourg (Barbe-Charlotte), femme de Charles II Aubourg, marquis de Boury, 32.
—, baron de Boury (Ange-Guillaume), 33.
Aubourg, comte de Boury (Anne-Charles), sous-préfet des Andelys, 33, 228.
—, marquis de Boury (Charles), 31, 32, 33, 34, 35, 37, 228.
—, marquis de Boury (Guillaume II), 32.
—, marquis de Boury (Guillaume III), 33, 34.
—, vicomte de Boury (Marie-Louis-Germain), 33.
Aubourg de Boury (Anne-Louis), dit de Flumesnil, 33, 35.
— (Angélique-Charlotte-Anatole), marquise de Guerny, 33.
— (Anne-Jacqueline-Thérèse), femme Aubourg de la Romery, 33.

Aubourg de Boury (Charlotte-Henriette - Léopoldine), femme Leclerc de Lesseville, 33.
— (Louise-Thérèse), 33.
Aubourg de la Romery (André-Louis), 33, 34.
Aubry (Marion), femme de Jean Le Harranger, 177.
Audier (Stanislas), 227.
Audouin (Louis), seigneur d'Hérouval, 170, 171.
Audouin (famille), 171.
Auger (Michel-Marie), curé de Montagny, 168.
— (Joséphine-Caroline), femme de J.-B. Frion, 146.
Aumont (Anne d'), femme de Claude de Montmorency, baron de Fosseux, 151.
Aux Couteaux (Pierre), 122.
Auzou (Scholastique), 56.
Avelon (Françoise-Renée de Coucquault d'), femme de Geoffroy Martel, 86, 88.
Azémard (Mathieu), 146.
B. F., 244.
Baclé (Charles), prêtre, 134.
Badaire (Pierre), notaire à Chaumont, 80.
Badier, 9, 190.
Balleroy (Emilie de la Cour-), 72.
Barbazza, curé de Courcelles-lez-Gisors, 78, 79.
Barbedienne, fondeur, 183.
Barbier (Eugène), 56.
Barbier (Marcelline), 235, 238.
Barjot de Moussy (Anne), femme de Philippe-Guillaume Testu, seigneur de Balincourt, 247, 248.
Barraud (le chanoine), 83.
Barré, 54, 55, 126, 138.

Baticle, curé de Delincourt, 82, 83, 85, 88.
Bauchain (Sébastien), 92.
Baudart (André), curé de La Villetertre, 236.
Baudier (A.-J.), médecin, 113.
Baudry de la Neuville (Anne), femme de Pierre-Jacques-Charles Sébire de Boislabé, 229.
Beaulieu (Anne de), 176.
Beaugran (Michel-Romain de), chapelain à Marquemont, 166.
Beaumont (Pierre de), seigneur de Boissy, 9.
— (Jeanne de), femme de Renaud de Chaumont, 7, 9, 10.
Beauvilliers (Madeleine de), femme de Charles du Bec, seigneur de Boury, 29, 30.
Bec (Charles du), seigneur de Boury, 29.
— (Georges du), baron de Boury, 28.
— (marquis du), 16.
Becherand-Delamotte (Louis-François), 154.
Begeault (Jean), prieur de Bouconvilliers. Voir *Liégeault*.
Bellard (Jacques), marguillier de Tourly, 214.
Bellay (M.), 45.
Bellisle (Lemoyne de). Voir *Lemoyne de Bellisle*.
Belloy (Jean-Nicolas de), seigneur de Provemont, 86.
— de Provemont (Marie-Louise de), femme de Charles-Louis Martel, 85, 86, 88, 89.
Bellozanne (de). Voir *Certain de Bellozanne*.
Benault (Roland), 120, 121.

Benault (M. et Mme), 36.
Berry (duc de), 40.
Benoist de Bonnières (Aignan), ancien chanoine de Saint-Aignan d'Orléans, 106.
— (Alexandre-Jules), 106.
Bertault (Louis-Barthélemy), 179.
— (Onézime - Eugénie), femme Terrié, 179.
Bertaux, adjoint au maire de Boury, 30.
— (Laurent), curé de Laillerie, 10.
Berthault (Robert), curé de Jaméricourt, 122.
Berthelé (Joseph), 54.
Bertran (Etienne), curé de Courcelles-lez-Gisors, 75, 76, 251.
Bertrand, 143.
Bertrand, curé de Thibivilliers, 102.
Béthune (marquis de), 26.
Beurier (Emi), 169.
Biron (Romain), 59.
Bionneau (d'Eyragues de). Voir Eyragues de Bionneau (d').
Bishop (Mrs C.), 250.
Blier, marguillier de Boury, 30.
Blochet (Maximilien-Aimé), curé de Serans, 169.
Bobierre (Pierre-Robert), 182.
Bobierre de Vallière (Marie-Eliza), femme du général baron Rémond, 180, 181, 182.
Bocquet de Chanterenne (Louis-Joseph, 108, 109.
Boisdenemetz (de). Voir Daniel de Boisdenemetz.
Boislabé (de). Voir Sébire de Boislabé.
Bonanni (Vincenzo), sculpteur, 38.
Bonnard, curé de Trie-Château, 214, 217.
Bonnet (Jean) de Troyes, 9.

Bonnières (de). Voir Benoist de Bonnières.
Borel de Bretizel (Durand), 6.
— (famille), 6, 7.
Bouché, curé de Jouy-sous-Thelle, 150.
Boucher (Charles), cordelier, desservant de Vaudancourt, 227.
Boucher (Jean), sculpteur, 95, 251.
Boucher de Crevecœur (Jules), 128.
Bouchet de Sourches (Marie-Louise-Victoire du), marquise de Vallière, 182.
Bouchet de Sourches de Montsoreau (Albertine-Louise-Marie-Charlotte), comtesse de la Ferronnays, 39, 41, 43, 46, 47.
Boudeville (famille de), 119.
Boudin (Evrot). Voir Evrot-Boudin.
Bouffet, curé de Thibivilliers, 209, 210.
Bouillart (Jacques-Onésime), 148.
Bouillette (Aimée-Sophie), femme de Louis-Désiré Rabuté, 230.
Boulainvilliers (Claude de), seigneur de Boubiers, 159.
— (François de), 204.
Boulais (J.-M.), curé de La Villetertre, 237.
Boulanger, curé de Chamant, 83.
Boullard (Jacques), seigneur de Fay, 108.
Boullet, aumônier de l'Hôtel-Dieu de Compiègne, 64.
Bourbon-Condé (Adélaïde de), comtesse de Chaumont-Quitry, 72.
Bourdin (Elisabeth de), femme d'Antoine de Joigny, seigneur de Bellebrune, 153, 154.
Bourlier (François-Claude), curé de Loconville, 164.
Boury (Aubourg de). Voir Aubourg.

Bouteiller de Senlis (Le). Voir *Le Bouteiller de Senlis*.
Bouteville (Charles), 119.
Bouteville (Philippe), 119.
Boutillier, curé de la Villetertre, 235, 237, 238.
Brachard (Marie-Félicité), femme de Mathieu Azémard, 146.
Bradel (Prudent), trésorier de la fabrique de Parnes, 178, 179.
Bragelongne (Elisabeth-Marguerite de), femme de François-Marie-Joseph Guillemeau de Fréval, 192.
Brainne (Ch.), 6.
Bréant (Mathieu), marguillier de Laillerie, 10.
Brébion (J.), marguillier d'Eragny, 106.
Breda (Antoine-Marie-Ernest, comte de), 124.
Bretizel Borel de). Voir *Borel de Bretizel*.
Bucquet (Charles), notaire à Boury, 29.
Burey (comte Robert de), 142.
Bussy, curé de Monneville, 167.
Campoyer (famille de), 81.
Camus (Michel), marguillier de Thibivilliers, 209.
Candon (Adrien), curé de Lierville, 155, 156.
Candon (Pierre), 155, 156.
Carrière (vicomte de), 71, 72.
Cartenet (Pierre), fondeur de cloches, 53, 168, 169.
Castel Darmanjoux (Joseph), curé de Marquemont, 166.
Castets (H.), 45.
Catheu (Charlotte de), femme de Durand Borel de Bretizel, 6.
Caulaincourt (marquis de), lieutenant général, sénateur, 197.
Caulaincourt (de), duc de Vicence, 197.
— (Louise-Augustine de), comtesse de Mornay, puis d'Esterno, 197.
Caumont (Antoine de), seigneur du Bout-du-Bois, 172.
Cauroy (du). Voir *Liévin du Cauroy*.
Cavillier (J.-B.), fondeur de cloches, 215.
— , fondeur de cloches, 106, 248.
Certain de Bellozanne (Judith-Caroline), femme d'Amand-Fidèle Le Duc, 214, 219, 220, 225.
Chabouillet, 137.
Chamoy (Rousseau de). Voir *Rousseau de Chamoy*.
Champfleury, 183, 255.
Chanterenne (Bocquet de). Voir *Bocquet de Chanterenne*.
Chappart (Victoire-Elisabeth-Sophie), femme d'Augustin Dufour, 165.
Charles V, 81.
Charnois (Pierre-Félix-Geoffroy de), seigneur de Rebetz, 71.
Charpentier, curé de Boubiers, 19.
Chaumont (Guillaume de), 10.
— (Guillaume de), seigneur de Bertichère, Quitry, etc., 73, 74, 75, 251.
— (Julien de), seigneur de Quitry, Boissy-le-Bois, etc,, 75.
— (Renaud de), seigneur de Quitry et de Boissy, 7, 9, 10.
— (Richard de), seigneur de Quitry, 9, 10.
Chaumont-Quitry (Félix de), 72.
— (Guy-Eugène, comte de), 72.
— (Hugues de), 72.
— (Odon, marquis de), 72.
— (Ulick de), 72.

Chaumont - Quitry (Louise - Henriette de), 72.
— (Madeleine-Louise de), 72.
Chaumont de la Millière, 71.
Chesnu (Adrienne), 122.
Chézelles (vicomte de), 248.
Chevalier (Vincent), 178.
Chibert (Marie-Louise), femme de N. de Gars, 157.
Christian (Jean), 72, 73, 251.
Clémens de Graveson (Laure-Marie-Joséphine de), comtesse de Perrochel, 130, 131.
— (Marie-Louise-Charlotte de), veuve de Jules Boucher de Crevecœur, 127, 128.
— (Marie-Angélique de), veuve d'Ambroise Treil de Pardailhan, 129.
— (de), 69.
Cléry (Louis de), 204.
— (Nicolas de), 204.
Cléry-Frémainville (Louise-Eléonore de), veuve de Charles de Guiry, 207.
Cléry-Serans (Charles-François de), 141, 142, 169, 207.
Coeffet (Charles-Louis), 219.
— (Jacques), officier d'infanterie, 218, 219.
Cognet (Eusice-Eusèbe), maire de Trie-Château, 221.
Colmain, curé de Boury, 30, 36.
Colpin, curé de Boutencourt, 52.
Combasson (A.), conseiller municipal d'Enencourt-le-Sec, 102.
— (H.), id., 102.
— (Isidore), id., 102.
— (Angèle-Marie), 102.
Commecy (Louis-Alexandre), juge de paix de Chaumont, 149, 150, 152.

Condé (de Bourbon-). Voir *Bourbon-Condé*.
Conflans (Antoine de), seigneur de Saint-Remy, Fouilleuse, Enencourt-le-Sec, etc., 99.
Constant (Jacques), curé de Reilly, 186.
Cotte (N. de), baronne de Laporte, 88.
Conti (prince de), 132.
Coucquault d'Avelon (Françoise-Renée de), femme de Geoffroy Martel, 86, 88.
Courcy (Potier de), 141.
Courtils (comte des), maire de Bouconvilliers, 23.
— (Louis des), seigneur de Therdonne, Balleu, etc., 235.
— (Louis-René des), seigneur de Balleu, 25, 26, 27, 233, 236.
— (René-Louis-Léon, comte des), 27.
— (Denise-Renée-Joséphine des), marquise de Béthune, 26.
— (Esther-Elisabeth des), comtesse d'Urre, 25, 27.
— de Merlemont (Charles des), 27.
Coutable, secrétaire de la mairie d'Enencourt-le-Sec, 102.
— (Uranie, veuve), 221.
Couturier (Germain), 144.
— Voir *Pihan-Couturier*.
Craven (Augustus), 43.
Craven (Madame). Voir *Ferron de la Ferronnays*.
Cretin (le colonel), maire de Trie-Château, 214, 216, 217.
Crevecœur (de). Voir *Boucher de Crevecœur*.
— (Doctrovée), maire de Bachivilliers, 6.
— (famille), 6, 7.
Crochet (Gabriel), 185.

Dagincourt (Baltazar), curé de Boubiers. 240.

Damay (Aurore-Artémise), en religion Louise de Gonzague, supérieure de la maison de Laillerie, 245, 246.

Dambreville (Jean-François), maréchal ferrant, 17.

Damontville (Martin), 80.

Dangueuger, curé de Limay, puis de Tourly, 214.

Daniel de Boisdenemetz (Louise-Agnès), femme de Jean-Nicolas de Belloy, 86.

Daperon, fondeur de cloches, 102.

Darmanjoux (Joseph Castel), curé de Marquemont, 166.

David (J.-B. de), comte de Lastours, 135.

Defrance, curé de Delincourt, 84, 89, 90.

— (Pierre), 84.

Dejean (Blanche-Stéphanie), femme de Jacques-Parfait Oudard, 109

— (Jeanne-Laure), 110.

Delaclaye (Claude), prêtre à Gisors, 104.

Delacour, 256.

— (Nicolas-Honoré), maire d'Enencourt-le-Sec, 102.

Delacroix, curé de Chambors, 55.

— Monsou, 243.

Delafolie (Pierre-Alexandre), maire d'Eragny, 107.

Delafosse (André), 143.

— (Jean), marguillier de Boubiers, 18.

Delamotte (Louis-François Becherand), 154.

Delanoë (Julienne), femme L'Epine, 67, 188.

Delaporte, curé de Boury, 35.

— (Robert), 205.

Delarue, trésorier de la fabrique de la Villetertre, 237.

— (Perrette), mère de Philippe Des Vers, curé de Fleury, 111.

Delavaquerie, curé de Courcelles-lez-Gisors, 76.

Delavigne (Catherine-Julie), veuve de Charles-Joseph Le Duc, 215, 219.

Delille (Jacques), 13.

Della Seta (comtesse), 12.

Delorme (Marie-Denise-Adélaïde), femme de Louis-Ambroise Juhel, 53.

Deneux (Pierre-François), curé de Goincourt, 146.

Depoin, 22.

Dergny (D.), 215, 253.

De Saint-Denis (Pierre), 223.

Deschamps (famille), 211.

Des Chapelles (Cornélie-Pétronille), femme d'Anne-Nicolas-Camille-Eustache Guillemeau de Saint-Souplet, 193.

Des Courtils. Voir *Courtils* (des).

Destor (Joséphine), 72.

Des Vers (Philippe), curé de Fleury, 111, 112.

De Villers (Jacques), prêtre, 59.

— (Philippe), lieutenant du prévôt de Chaumont, 58.

— (Barbe), femme de Jean Marie, 59.

Dizier (Laurent), 65.

Dorgebray (Amable-Apolline-Ernestine), 237.

Dronsart (Marie), 250.

Drouard, membre du conseil de fabrique de Boury, 30.

Drouard (Antoinette), femme de Jean Martin, dit La Fontaine, 92, 93, 94.

— (E.-Désirée), veuve Rond, 167.

Du Bec. Voir *Bec* (du).
Dubuisson Gallois, fondeur de cloches, 30, 230, 237.
Dubus (F.), 47.
Du Cauroy. Voir *Liévin du Cauroy*.
Duchêne (Antoine), 161.
— (Marin), chapelain du Bouleaume, 160.
Duclos (Louis-Augustin), adjoint de Trie-Château, 214.
— (Ambroise), marguillier de Fleury, 113.
Du Cosquer. Voir *Le Daën*.
Dufour (Augustin), 165.
Duhamel (Joseph-Charles), 141.
Duhoux (Rosalie), femme Leroy, 30.
Du Mesnil (Mahiette), femme de N., 200, 201.
Du Mesnil-Jourdain. Voir *Mesnil Jourdain* (du).
Dumont (Marie-Angélique), femme d'Eugène-Pierre-Isidore Marie, 172.
Dumont, curé d'Eragny, 106.
Dumontier (famille), 173.
Dumouchel (Thomas, curé de Lévemont, 140.
Dupas, maire de Chambors, 56.
Du Pille (André-Jacques-Auguste, baron), 123, 126, 133, 253.
Du Pille (André-Jacques-Louis), seigneur de Bertichère, 128, 129, 132, 135, 136.
Du Pille (Henri-Nicolas-François), 128.
Du Pille (Charles-André-Gabriel, chevalier), 129.
— (Marie-Joséphine), comtesse de Lastours, 134, 135.
Du Pille des Plards (Adélaïde), 124, 133.
Du Pille (Charlotte-Athénaïs), comtesse de Bréda, 124.

Du Pille (Marie-Anne-Christine), comtesse de Perrochel, 135.
Dupont, maçon, 107, 252.
Dupuis (Nicolas), officier municipal de Vaudancourt, 227.
— (Marie-Madeleine-Prudence), 227.
Durdant, membre du conseil de fabrique de Boury, 30.
Duru (Louis), curé de Bachivilliers, 4.
Durey de Noinville. Voir *Noinville*.
Duroyaume, curé de Vaudancourt, 229.
Du Saussay (François-Charles Vallier, comte), 121.
Dutot (F.) et Cie, fondeurs de cloches, 29, 56, 146.
Duval (Françoise-Félicité), 146.
— (Jean-François-Joseph), curé de Liancourt-Saint-Pierre, 145, 146, 147, 150.
Edeline, 206.
Espériès (Amédée-Louis-Marie-Eugène, baron d'), 220.
— (Raimond-Alexis-Amédée, vicomte d'), 220.
Esterno (comte Honoré d'), 197.
Evrot-Boudin, fondeur de cloches, 215.
Eyragues de Bionneau (Marie-Lucile-Rosalie d'), marquise de Graveson, 69, 129, 130.
F. (B.), 244.
Fagnier de Montflambert, conseiller au Châtelet, 192.
— (Marie-Françoise), femme d'Anne-Nicolas Guillemeau de Saint-Souplet, 190, 191, 192, 194.
Famin, maire d'Eragny, 106.
Faucon, curé d'Eragny, 107, 252.

Fay (Hélène de), femme de Charles de Pellevé, seigneur de Jouy-sous-Thelle, 151.
— (Hélène du), femme de Julien de Chaumont, 75.
Ferrières (Françoise de), femme de Ferry d'Aumont, 151.
— (Guillaume de), seigneur de Dangu, 151.
Ferron (Alfred-Marie-Joseph), comte de la Ferronnays, 49, 50, 51.
— (Charles - Marie - Auguste), comte de la Ferronnays, 30, 45, 47, 49.
— (Pierre-Marie-Auguste), comte de la Ferronnays, 39, 40, 41, 43, 46, 47.
— de la Ferronnays (Albert-Marie), 37, 38, 39, 41, 44.
— de la Ferronnays (Albertine), 30.
— de la Ferronnays (Charles-Marie-Michel), 50.
— **de la Ferronnays (Eugénie-Marie), marquise de Mun**, 45, 46.
— de la Ferronnays (Marie-Hélène-Olga), 41, 42, 43.
— de la Ferronnays (Marie-Mathilde), 45, 48.
— de la Ferronnays (Pauline-Armande-Aglaé), femme d'Augustus Craven, 39, 44, 45, 250.
Fessart (Hyacinthe), maire de Hadancourt-le-Haut-Clocher, 117, 118.
Fessart (J.), 176.
— (Napoléon-François), 118.
Fessart (Victoire-Ursule), femme d'Auguste-Arthus Fleury, 96, 178.

Feutrier (Mgr), évêque de Beauvais, 217.
Fitan (Jean-Alfred), 217, 222.
Flament (famille), 116, 198.
Fleury (Auguste-Arthus), maire d'Enencourt-Léage, 96.
— (Pierre), 115.
— Pierre-Etienne), 96
Flumesnil (Anne-Louis Aubourg de Boury, dit de), 33, 35.
Fontaine (Denis), trésorier du conseil de fabrique de Hadancourt-le-Haut-Clocher, 117, 118.
Fontaine (Charles-Louis Martel, comte de), 84, 85, 86, 88, 89.
— (Geoffroy Martel, comte de), 86, 88.
Fontette (Louis-Philippe de), seigneur du Vaumain, 133.
— (Marie-Charlotte de), femme d'André-Jacques-Louis du Pille, seigneur de Bertichère, 128, 130, 132, 133, 135, 136.
Fougeray (Etiennette), femme de N., 202, 203.
Fours (Jeanne de), femme de Richard de Chaumont, 9.
Fourgon, curé-doyen de Chaumont, 66.
Fourment (Joseph-François), 178.
Francaux (Ernest), 247.
François Ier, 70.
Frezon (Anne-Henriette-Marguerite-Rosalie), veuve d'André Le Bastier, seigneur de Rainvillers, 113.
Frion (Mlle C.), 61, 62.
Frion (J.-B.), maire de Chaumont, 55, 62, 63, 66, 68, 126, 146, 150, 151.

Fromont (Marie de), femme de Charles Porquier, 57, 58.
Gaillarbois (Renée de), femme de Jean de Garges, 190.
Galard (Mgr de), évêque de Meaux, 46.
Ganay (Anne-Louise-Gabrielle de), comtesse des Courtils, 22, 27.
Garcin, membre du conseil de fabrique de Boury, 30.
Garges (Jean de), seigneur de Villers-Saint-Genest, 190.
— (Philippe de), femme de René de Moreul, 188, 189, 190.
Garnot (J.-B.), 145.
— (Michel-Antoine), maire de Liancourt-Saint-Pierre, 145, 148.
— (Michel-Auguste), maire de Liancourt-Saint-Pierre, 148.
Gars (N. de), seigneur de Frémainville, 157.
Gastine, notaire à Paris, 71.
Gaudechart (Antoinette de), femme de Richard de Pillavoine, 5.
Gaugé. Voir Noël-Gaugé.
Geffroy (François), fondeur de cloches, 204, 256.
Gérard (maréchal), 47.
Gervoise, curé-doyen de Chaumont, 66, 169.
Gignoux (Mgr), évêque de Beauvais, 30, 82, 83, 117, 118, 145, 146.
Gilles (Eugène), 170, 248.
— (Victoire-Désirée), veuve de Louis-Victor Hébert, 169.
Gillot (Charles-Auguste), 146.
Gillot (Jacques), fondeur de cloches, 106.
Girard (François), fondeur de cloches, 115.

— (Noël-Etienne), fondeur de cloches, 115.
Girardin (Louis), 223.
Godin, curé de Trie-Château, 218.
Gontier (Michel-Valentin), receveur d'Hardivilliers, 121.
Gonzague (Louise de). Voir Damay.
Goré, conseiller municipal d'Enencourt-le-Sec, 102.
— (Antoine), 13.
— (Elie), receveur de Boublers, 18.
— (François), 13.
— (François-Désiré), maire de Fresne-Léguillon, 116.
Goré (Louise), 13.
Gouffier (les), seigneurs d'Oiron, 251.
Gougibus (Louis-Antoine), 152.
Gourdin (Jean-Guislain), cordelier, desservant de Boubiers, 17.
Goussainville (Michel de). Voir Michel de Goussainville.
Graveson (de Clemens de), 69.
— (Laure-Marie-Joséphine de Clemens de), comtesse de Perrochel, 130, 131.
— (Marie-Angélique de Clemens de), veuve d'Ambroise Treil de Pardailhan, 128, 129.
— (Marie-Louise-Charlotte de Clemens de), veuve de Jules Boucher de Crèvecœur, 128.
Grenotte (N.-R.), curé de Thibivilliers, 209.
Guérin, 91.
Guérin-Morin (M. et Mᵐᵉ), 23.
Guerny (Remi Lempereur, marquis de), 33.
Guignard, 22.
Gulihermy (F. de), 9, 251, 256.

Guillemeau, comte de Saint-Souplet (Anne-Claude), 194.
— , marquis de Saint-Souplet (Anne-Nicolas-Camille-Eustache), 193, 195, 196, 237.
— de Saint-Souplet (Anne-Nicolas), seigneur de Saint-Cyr, 190, 191, 192, 194.
— de Saint-Souplet (Marie-Antoinette), comtesse de Rutant, 195.
— (Marie-Joseph), seigneur de Fréval, 192.
Guillot (Héloise), femme de Louis Jeanne, 117.
— (Jacques). Voir *Gillot*.
— (Louis-Juste), maire de Montagny, 168.
Guiry (Charles de), 207.
— (Catherine de), femme d'Antoine d'Acheu, 172.
Guyon (Philippe), curé de Lévevemont (?), 139, 140.
Hanin (Pierre-André), négociant à Beauvais, 122.
Haquet (Joseph), curé d'Hardivilliers, 121.
Hardeville (Catherine de), femme de Nicolas de Cléry, 204.
— (Charles de), 204.
— (Ferry de), 204.
— (Hélène de), 204.
— (Robert de), seigneur de Serans, 185.
Hasley (Mgr), évêque de Beauvais, 22.
Havard (Paul), fondeur de cloches, 117, 118.
Hébert (Benjamin-Octave), maire de Montagny, 169.
— (Jacques), 212.
— (Louis-Victor), 169.
Hémet, maire de Delincourt, 82, 83.

Henri III, 70.
Henry (François), maire de Parnes, 178, 179.
Hérault, conseiller municipal d'Enencourt-le-Sec, 102.
Herbst (Daniel-Conrad), fondeur de cloches, 125.
Hérest (Antoine), marguillier de Fleury, 113.
Héron de Villefosse (Antoine-Marie-Albert), membre de l'Institut, 71, 152.
Héron de Villefosse (Etienne-Marie), 71.
Hersan, instituteur à Boury, 28, 30, 32.
Hervieu (Nicolas-Louis), 64.
Hildebrand, fondeur de cloches, 208, 223.
Holtzer (Jacob) et Cie, fabricants de cloches en acier, 167, 253.
Houguenade (Hildevert), 91.
— (Philippe), 230.
Hubert (J.-B.), 83.
Jacob, Holtzer et Cie, fabricants de cloches en acier, 167, 253.
Janvier (Adolphe), procureur du roi à Laon, 142.
— (le conseiller Elie), 142.
— de la Motte (Louis), 142.
Jean de..., laboureur à Loconville, 162.
Jeanne (Blanche), 117.
— (Jules), 117.
— (Louis), 117.
Jégu (René-Urbain), lieutenant-colonel, 142, 168, 206, 207, 248.
Jehanne, mère de Jean Christian, 72, 73, 251.
Joigny (Antoine de), seigneur de Bellebrune, 153, 154, 158, 159, 253
— (François de), chevalier de Saint-Jean de Jérusalem, 158, 159.

Jolly (Paschal), 179.
Josset, 230.
Josset (Elie), 230.
Joubert (Amédée-Pierre Laurent de), 69, 70, 71.
— (Célestine-Marie de), 71.
— (Jean IV de), 72.
— (Laurent), médecin de Henri III, 70, 72.
— (Laurent-Nicolas de), 70.
— (Nathalie de), femme de Pierre-Félix-Geoffroy de Charnois, 71.
— (Philippe-Laurent de), 70.
Jourdan de Launay (Catherine-Geneviève-Philippine), femme de Philippe-Charles-Bruno d'Agay, 193.
Jubert (Marie), femme de Georges du Bec, baron de Boury, 28, 29.
Jugam (François), curé de l'Aillerie, 244.
Juhel, maire de Boutencourt, 52, 53.
— (Louis-Hildevert), maire de Trie-la-Ville, 225.
Jumeaux (François), marguillier de Fresne-Léguillon, 115.
Juttier, conseiller municipal d'Enencourt-le-Sec, 102.
— (Léon-Eugène), 102.
Labitte (Paul-Henri), 54.
La Boissière (Guillaume de), seigneur de Chambors, 138.
La Brosse (famille de), 81.
Lacharlière de Montharderet (Marie-Madeleine de), femme L'Epine, 67, 187.
La Chesnaye-Desbois, 9, 190.
La Cour-Balleroy (Emilie de), 72.
La Ferronnays (Ferron de). Voir *Ferron de la Ferronnays*.

Lafosse, membre du conseil de fabrique de Boury, 30.
La Fontaine (Jean Martin, dit), 92, 93, 94.
Lagrange (comte Joseph), général de division, 48, 250.
— (Emilie-Augustine-Marie), comtesse de la Ferronnays, 45, 47, 48, 49, 250.
Lainé, 248.
Laisné (François), bourgeois de Gisors, 104.
— (Pierre), fils du précédent, 105.
Lalouette, président du conseil de fabrique de Delincourt, 82, 83.
Lamathière (T.), 254.
Lambert (Colin), 59, 250.
— (Baltazar), receveur de Thibivilliers, 16.
— (Simon), 16.
— (Victoire-Véronique), femme de Charles-Louis Coeffet, 249.
Lamer (Jean), curé d'Eragny, 103.
La Millière (Chaumont de), 71.
Lamotte (Louis-François Becherand de), 154.
La Neuville. Voir *Baudry de la Neuville*.
Languedoc (Henry), chapelain à Enencourt-Léage, 94.
Lanquetin, conseiller municipal d'Enencourt-le-Sec, 102.
La Pagerie (Stéphanie de Tascher de), comtesse de Chaumont-Quitry, 72.
Laporte (Arnaud, baron de), intendant de la liste civile, 88.
— (Arnaud-Auguste, baron de), 82, 87, 88, 89.
— (Marie-Charlotte de), comtesse de Noinville, 82.
Lapoukhyn (Jeanne de Wenkstern, princesse), 37, 38.

Lardière (Thérèse), 118.
La Romery (Aubourg de), 33.
Larousse, 183.
Lasne (Simon-Pierre), curé de Villers-sur-Trie, 231.
Lastours (J.-B. de David, comte de), 135.
Latache (de Fay) (Louis-Camille), 110.
— (Pierre-Claude), 109.
Latare, graveur-tombier, 164.
Launay. Voyez *Jourdan de Launay*.
Laurent de Joubert (Amédée-Pierre), 69, 70, 71. Voir *Joubert* (de).
La Vacquerie (Augustin-George-Louis de), seigneur de Flambermont et de Loconville, 164.
La Viefville (Marie-Anne de), abbesse de Gomerfontaine, 139.
Le Barbier (Françoise), veuve de Pierre Aux Couteaux, 122.
Le Bastier (André), seigneur de Rainvillers, 113.
— (Guillaume), 113.
Lebeau (A.-E.), 175.
— (L.), 175.
— (famille), 173.
— (Jeanne-Athénaïs), femme Lebelgue, 178.
Lebelgue, 178.
Le Bouteiller de Senlis (Jacqueline), femme de Pierre de Beaumont, 9.
Le Bret (famille), 137.
Le Bret (Frédéric), curé de Bachivilliers, puis de la Neuville-d'Aumont, 6, 90, 91.
Le Carpentier, notaire à Chaumont, 164.
Le Charpentier (Henri), 222.

Le Clerc (Marie), femme de Nicolas Thomas, sieur de Lattainville, 138.
Leclerc (Marie-Anne), veuve Defrance, 84.
— (Nicolas), fondeur de cloches, 192.
— (Pierre), instituteur à Parnes, 179.
— de Lesseville (Denis-Marie-Charles), 33.
Lecoings (Nicolas), notaire à Gisors, 77.
Lecordier (Charles), curé de Lattainville, 139.
Le Cordier (Jean), 80.
Lecuirot (Eugène-Pierre), 169.
Lecull, fondeur de cloches, 102.
Lecuyer, 230.
Le Daën du Cosquer (Louise-Marie Pinedde), vicomtesse d'Espériès, 220.
Ledieu (Alcius), 253.
Ledru (P.-A.-J.), curé de Lierville, 157, 158.
Le Duc (Amand-Fidèle), capitaine de cavalerie, 219, 220, 225.
Leduc (Charles-Joseph), conseiller du roi, 215, 219.
Lefebvre aîné, notaire à Chaumont, 160.
— (Charles), notaire à Chaumont, 93, 159.
— (l'abbé P.), 206.
Lefelle, curé de Hadancourt-le-Haut-Clocher, 117, 118.
Legault (Jean), charron, 179, 180.
Le Gendre (Pierre), seigneur d'Halincourt, 185.
Léger (Pierre-Augustin), filateur à Hérouval, maire de Montjavoult, 172, 173.
Le Grain (Françoise-Louise), 164.

Le Grain (Louis-Gabriel), marquis du Breuil, 164.
Le Harenger, notaire à Chaumont, 112.
Le Harranger (Jean), laboureur à Chaudry, 177.
Le Hochard (Catherine), veuve de Claude de Boulainvilliers, 20.
Lelarge (Adolphe-Michel), avocat au Conseil d'Etat, 68, 69.
— (Simon-Michel-Pierre), maire de Chaumont, 65, 66.
Lelièvre, instituteur à Boutencourt, 52.
Lemaire (Armand-Marie), 237.
— (Louis), 230.
Le Maire (Pierre), maître d'école d'Hardivilliers, 121.
Le Mercier (Jean), 9.
Lemoyne de Bellisle (Geneviève-Joséphine-Emilie), comtesse des Courtils, 26, 233, 234, 236, 239.
— (Jean-Baptiste), seigneur de la Villetertre, 24, 26, 232, 233, 234, 236.
Lempereur (Remi), marquis de Guerny, 33.
Le Peincte (Nicole), prieur de Serans, 200.
L'Epinay (Charlotte Françoise de), femme de Louis des Courtils, 235.
L'Epine (Joseph), inspecteur général des postes et relais, 67, 187, 188.
L'Epine (Joseph-Maurice), 67.
— (Maurice), maire de Reilly, 187, 188.
Le Porquier de Vaux (J.-B.-Laurent), secrétaire général de la préfecture de l'Oise, 68.
Le Roussin (Gilles), 80.

Le Roux (Gilles), organiste de Saint-Jean de Chaumont, 61.
Leroux (M. et Mme), 236.
— (Paul), 236.
— (Prosper), maire de Senots, 198.
Leroy, 30.
Le Roy (Guillaume), 80.
L'Escalopier (de), capitaine de cavalerie, 194.
— (Angélique-Marie-Rosalie de), comtesse de Saint-Souplet, 194.
Lescuier (Jourdain), 60.
Lespée (Jean), curé de Senots, 198.
Lesseville (Denis-Marie-Charles Leclerc de), 33.
Lestrées (H. de), 182, 254.
Le Sueur (François), marguillier de Vaudancourt, 227.
Lesueur (J.-B.-I.), 175.
Le Tellier (Colin), 80.
Le Tenneur (Françoise), femme de Guillaume de la Boissière, seigneur de Chambors, 138.
Leteurtre, maçon, 243.
Letulle (Célestine), femme de Gabriel Ozane), 146.
Levasseur (Paul), notaire à Pontoise, 21, 22.
Le Viconte (Nicolas), 204.
Liégeault (Jean), prieur de Bouconvilliers, 19, 20, 249.
Liévin du Cauroy, curé de Fresne-Léguillon, 115.
Ligner (Philippe), seigneur en partie de Boutencourt, 16.
Ligny (Geufroy de), chapelain de la Sainte-Chapelle, 76, 77.
Limoges (Louis de), curé de Chaumont, 139.
L'Isle (Adrienne de), femme de Guillaume de Chaumont, 75.
Louette, 230.

Louette (Frédéric-Alexandre), adjoint au maire de Villers-sur-Trie, 230.
Louis XIII, 253.
Louis XVI, 88.
Louis XVIII, 47.
Louise de Gonzague. Voir *Damay*.
Luce (Aglaé-Julie), 83.
Luigné (Saguier de). Voir *Saguier de Luigné*.
Luillier (Jean), vicaire de Delincourt, 79.
Macleu (Marguerite), femme de Philippe Bouteville, 119.
Magnelin (Michelle), femme de François Laisné, 105.
Magny (de), 192, 204.
Mahuet (les), fondeurs de cloches, 172.
Maire (Louis), fondeur de cloches, 53.
Manneville (Gabriel-François de), 106.
Marchand (Claire), femme de Pierre Candon, 155, 156.
Marette, curé-doyen de Songeons, 118.
— (Dominique), président du conseil de fabrique de Hadancourt-le-Haut-Clocher, 117, 118.
— (J.-B.), curé de Glatigny, 118.
Marie (Eugène-Pierre-Isidore), 172.
— (Jacques), marguillier de Loconville, 164.
— (Jean), 59.
Marie (Pierre-Armand), maire de Montjavoult, 172.
Marie Angadrisma, institutrice à Liancourt-Saint-Pierre, 146.
Marsy (comte de), 138, 159.
Martel (Blanche-Marie-Armandine de), baronne de Laporte, 82, 87, 89.

Martel (Charles-Louis), comte de Fontaine, 84, 85, 86, 88, 89.
— (comte), 81.
— (Geoffroy), comte de Fontaine, 86, 88.
— (Jean), chevalier, 80, 81.
— (Louise), 86, 89.
Martignac (M. de), 40.
Martin (François), 50.
— (Jean), dit La Fontaine, marchand à Enencourt, 92, 93, 94.
Masson (Jean), 155.
Mauger, curé de Villers-sur-Trie, 230, 231.
Mauléon (Françoise-Catherine de), femme de Louis-Philippe de Fontette, 133.
— (Julie-Catherine de), religieuse de l'abbaye de l'Eau, 127.
Mauris. Voir *Morris*.
Mautemps (J.-B.), fondeur de cloches, 166.
Mauviel (Madeleine de), femme de Jacques Boullard, seigneur de Fay, 108.
Mayrac (de Nogué de). Voir *Nogué de Mayrac* (de).
Meaux (vicomte de), 44.
Meigniel (Amand), secrétaire du conseil de fabrique de Hadancourt-le-Haut-Clocher, 117, 118.
Ménard (Albert), 83.
Ménard (le général), 246.
Mesnil (Mariette du), femme de N., 200, 201.
Mesnil-Jourdain (Marie du), femme de Louis Audouin, seigneur d'Hérouval, 171.
Meyer (Edmond), 24.
Michel (Marie), femme Tassin de Villiers, 36, 37, 47.

TABLE DES NOMS DE PERSONNES.

Michel de Goussainville (François-Robert), seigneur de Boissy-le-Bois, 10, 11, 13.

Millin, 57, 187.

Minchet, curé d'Enencourt-Léage, 96.

Minel, curé de Trie-Château, 225.

Moinet (Catherine), femme de Michel Moreau, 99, 100.

Moisand (Constant), 197.

Mollandin (Jean-François), maire de Boissy-le-Bois, 12.

Mollandin (Thérèse-Brigitte), femme de François-Robert Michel de Goussainville, 10, 11, 12, 13.

Monneville (Jean de), 168.

Monnier (Henri), 182, 183.

— (Jean-Pierre-Etienne), 182.

Monsou. Voir *Delacroix-Monsou*.

Montagu (Robine de), femme de Guillaume de Chaumont, 10.

Montflambert. Voir *Fagnier de Montflambert*.

Montmarque (Catherine-Romaine), femme de Louis-Pierre Robert, seigneur de Lierville, 166.

Montmorency (Claude de), baron de Fosseux, 151.

— (Geneviève de), femme de Charles de Pellevé, 149, 151.

— (Mathieu de), 9.

Montsoreau (Albertine-Louise-Marie-Charlotte du Bouchet de Sourches de), comtesse de la Ferronnays, 39, 41, 43, 46, 47.

Monvoisin (Estelle-Alphonsine), femme de J.-B. Garnot, 145.

Morand (général baron Joseph), 217.

Moreau (Joseph), 252.

— (Michel), fermier d'Enencourt-le-Sec, 97, 98, 99, 100, 101.

— (Pierre), notaire à Pontoise, 21, 22.

— (Pierre-Jean), maire de Lèvemont, 141.

— (Robert), curé d'Enencourt-Léage, 95.

Morel (François), fondeur de cloches, 113, 121, 122, 209, 224.

— (Françoise-Adélaïde), femme de Pierre de Saint-Denis, 224.

— (P.-Charles), fondeur de cloches, 122, 139, 157, 209.

— (Pierre-Charles), deuxième du nom, fondeur de cloches, 18, 60, 113, 122, 186, 187, 227.

Moreul (Anne de), 192.

— (Marc de), seigneur de Saint-Cyr, 192.

— (René de), seigneur de Saint-Cyr, 188, 189, 190.

Morin, curé d'Eragny, 106.

— , membre du conseil de fabrique de Boury, 30.

Morin (Elie), 145.

— (Elie-Gabriel), 145, 247.

— (François-Elie), maire de Chaumont, 64.

Morin (Gabriel), 145.

Morlet (J.-B.), fondeur de cloches, 6, 30, 179, 225.

Mornay (comte Christophe de), 197.

— de Montchevreuil (Claude-Henri-Gabriel, marquis de), 197.

Morris (François), manufacturier à Gisors, 106.

Mouchy, maire de Courcelles-lez-Gisors, 78.

Mouflète (Alexis), marguillier de Reilly, 186.
Moulin (Hippolyte), sculpteur, 182, 183.
Moussy. Voir *Barjot de Moussy*.
Mun (Adrien, marquis de), 46.
— (Albert, comte de), 46.
Musset, député à la Convention, 217.
Napoléon I*er*, 39.
Nicol, curé de Boubiers, 19.
Noël-Gaugé (époux), 75.
Nogué de Mayrac (Michelle-Françoise - Laurence - Catherine - Claire de), comtesse de la Ferronnays, 49.
Noinville (comte de), 81.
Noüe (Françoise - Reine - Gabrielle de), femme d'André-Jacques-Auguste du Pille, 123.
Nyrop (C.), 125.
Obré (Monseigneur), vicaire général de Beauvais, 82, 83, 167.
Odde (Nicolas), trésorier des guerres, 9.
Ollivier (E.), graveur-tombier, 227.
— (J.), graveur-tombier, 81.
Orléans (duc d'), 25, 232, 236.
— (Henri d'), marquis de Rothelin, 138.
Oudaille (Marie), femme de Michel Moreau, 97, 98, 99.
Oudard (Jacques-Parfait), 109, 110.
Ovièvre, conseiller municipal d'Enencourt-le-Sec, 102.
Ozane (Félix-Gabriel), 146.
Palerne (Hélène-Emilie de), femme de J.-B. Lemoyne de Bellisle, 26, 232, 236.
Palmerston (lord), 44.
Paradès (Emélie-Adèle), femme de Pierre-Augustin Léger, 172.

Pardailhan (Treil de). Voir *Treil de Pardailhan*.
Paris (Louis), 220.
Paris (Marie-Anne de), femme de N. de l'Escalopier, 194.
Parnuit (Marie-Céleste-Amable), femme de François Morris, 106.
Pascallet, 254.
Pelletier (Benoit), boucher, 211, 212.
— (Hélène-Marguerite), 83.
— (J.-B.), curé de Serans, 141, 206, 207.
Pellevé (Charles de), seigneur de Jouy-sous-Thelle, 151.
— Charles de), seigneur de Rebetz, 149.
— (Louis de), seigneur de Liancourt, 150.
— (Philippe de), abbé de Saint-Paul de Verdun, 149, 150, 151.
Peltier (Charles), marguillier de Lattainville, 139.
Peltot (Henry), curé de Delincourt, 79.
Pépin (D*r*), 242.
Périgny (Poulletier de). Voir *Poulletier de Périgny*.
Perrier (Gilberte), femme de Jean-Pierre-Etienne Monnier, 182.
Perrochel (Charles-Augustin, comte de), 136.
— (James-Augustin, comte de), 131.
— (Louis-Auguste, comte de), 130, 135.
Petit (Roch), marguillier d'Eragny, 106.
Petitpas, fondeur de cloches, 166.
— (Marie - Françoise - Bonne), femme de Jean Delafosse, 18.

TABLE DES NOMS DE PERSONNES

Pétroz, membre de l'Académie de médecine, 167, 254.
Pichon, curé de Liancourt, 153.
Picquet, notaire à Gisors, 105.
Pie IX, 82, 83.
Pigeard, instituteur à Serans, 208.
Pihan (le chanoine), 81, 147, 150, 151, 152, 247.
— (J.-B.), maire de Boubiers, 18.
Pihan-Couturier, 241.
Pihan de la Forest, 159.
Pillavoine (Richard de), seigneur de Méré, 5, 6.
Pillon, curé de Boury, 30, 36.
— (Jean), 212.
Pinedde Le Daën du Cosquer. Voir Le Daën.
Pinthereau (Jean), procureur à Chaumont, 54, 55.
— (Marguerite-Françoise-Bonne), 214.
— (Nicolas), 55.
— (Nicolas-Louis), seigneur de Tourly, 214.
— de Bonnières (Marguerite-Françoise), 213.
Piollé, membre du conseil de fabrique de Boury, 30.
Pitre, juge de paix de Chaumont, 66, 67.
Plessis (Eug.), 182.
Poilleu (Marie-Ange-Caroline), femme Potard, 186.
Porquier (Charles), seigneur de Droitecourt, 57, 58.
Potard, 186.
Potier, curé de Saint-Etienne de Beauvais, 105.
— de Courcy, 141.
Poulletier de Périgny (Mlle), femme de M. Chaumont de la Millière, 71.
Poulletier de Périgny (Marie-Louise), femme de Laurent-Nicolas de Joubert, 71.
Poussin (Victor), 230.
Pozzo di Borgo (comte Charles), 46.
Prével, maçon, 107, 252.
Prévost (Alexis), curé de Lierville, 157.
— (Charles-François), curé de Lierville, 156.
— (Jean), 80.
Prévost-Feugueur (Isidore), maire de Villers-sur-Trie, 230.
Prévôté, trésorier du conseil de fabrique de Delincourt, 82, 83.
Quitry (Chaumont-). Voir *Chaumont-Quitry*.
Rabuté (Louis-Désiré), 230.
Rassen (N. de), marquise de Boury, 31.
Ravaschieri (T.), 45, 250.
Rémond (général baron), 180, 181, 182, 254.
Renard (Théodore), maire de Chaumont, 146.
Ricau (L.-A.), capitaine de la garde de Paris, 114.
Riquet de Caraman (Madeleine-Charlotte de), marquise de Chaumont-Quitry, 72.
Robert (Louis-Pierre), seigneur de Lierville, 157, 166.
Roffet (Jean), notaire à Chaumont, 100.
— (Nicolas), notaire à Chaumont, 5, 100, 111, 120.
— (Pierre), notaire à Chaumont, 5, 95.
Roncherolles (Marie-Marguerite de), 29.
Rond (E.-Désirée Drouard, veuve), 167.

Rothelin (Henri d'Orléans, marquis de), 138.
Rouget, curé de Parnes, 178, 183, 184.
— (Clémence), femme Mignan, 117.
— (Emile-Alexandre), 117.
Roullé, maire d'Eragny, 106.
Rousseau de Chamoy (Anne-Charlotte), marquise de Boury, 32, 33, 34, 35, 228.
Roussel (Gilles), 199.
— (Jeanne, femme de Gilles), 199.
— (Jean), prieur de Serans, 199, 200.
Roussin (famille), 81.
— (Gilles Le), 80.
Routtier, maire de Delincourt, 89.
Rutant (Amic-Ernest-Louis de), 195.
Saguier de Luigné (Clotilde-Louise), femme de Charles-François de Cléry-Serans, puis de René-Urbain Jégu, 141, 142, 168, 169, 207.
Saintard (Alexandre), maire de Civières, 174.
— (André), receveur de Lattainville, 139.
Saint-Denis. Voir *De Saint-Denis*.
Saintry (J. de), 253.
Saint-Souplet. Voir *Guillemeau de Saint-Souplet*.
Sanavalle (N.), femme de N., 96.
Sarazin (Arsène), 184, 255.
— (Camille), 185.
— (Nicolas-Philippe), 178.
Saussay (François-Charles Vallier, comte du), 121.
Sébire de Boislabé (Marie-Julie), comtesse de Boury, 228, 229.
Sébire de Boislabé (Pierre-Jacques-Charles), seigneur de Vaudancourt, 229.

Sédille, membre du conseil de fabrique de Boury, 30.
— (Julien), 144.
Séguier (François-Claude), seigneur de Liancourt-en-Vexin, 187.
— (Françoise), 186.
— (Pierre-Charles-Léonard), 186.
Seillière (baron), 150.
Senlis (Le Bouteiller de). Voir *Le Bouteiller de Senlis*.
Serans (Cléry-). Voir *Cléry-Serans*.
Seta (comtesse della), 12.
Simond (Marie-Michel), curé de Montjavoult, 172.
Sourches de Montsoreau (Albertine-Louise-Marie-Charlotte du Bouchet de), comtesse de la Ferronnays, 39, 41, 43, 46, 47.
Sourches Marie-Louise-Victoire du Bouchet de), marquise de Vallière, 182.
Stéhelin (Emile), manufacturier à Eragny, 106.
Stein (Henri), 125.
Talhouet (Marie-Françoise de), comtesse Lagrange, 48.
Tarlay (Charles-Etienne), maire de Boubiers, 18.
Tascher de la Pagerie (Stéphanie de), comtesse de Chaumont-Quitry, 72.
Tassin de Villiers (Guillaume-Athanase), 37, 47.
Terrié, 179.
Testu (Jean-Guillaume), s^t de Menouville, 247, 248.
Testu (Philippe-Guillaume), seigneur de Balincourt, 248.
Thériot (les), fondeurs de cloches, 166.
Thomas (Henry), seigneur de Lattainville, 136, 138.

Thomas (Nicolas), s' de Lattainville. 138.
Tournel (André), curé de Boutencourt, 53.
Treil de Pardailhan (Ambroise), 129.
Trousseville, maire de Boury, 30.
— (Virginie-Adélaïde), femme de Joseph-François Fourment, 178.
Tuncq (général), 217.
Urre (Henry-Antoine, comte d'), 25, 27.
Valentin (Paul), maire d'Enencourt-le-Sec, 102.
Vallier (Francois-Charles), comte du Saussay, 121.
Vallière (Charlotte de), femme de Pierre-Robert Bobierre, 182.
— (Joseph-Florent, marquis de), 182.
Vallon (Pierre), avocat, 216.
Vaudran (Philibert), 230
Vaugon (Marie-Elisabeth), femme de Gabriel Morin, 145.
Vaux (Le Porquier de). Voir *Le Porquier de Vaux.*
Vertu, 143.

Vesly (Léon de), 134, 135.
Viallet, 30.
Vicence (Caulaincourt, duc de), 177.
Victoria (la reine), 44.
Viel-Tétrel, fondeur de cloches, 83, 169.
Villefosse (Héron de). Voir *Héron de Villefosse.*
Villefranche (J.-M.), 183.
Villers (Barbe de), femme de Jean Marie, 59.
— (Jacques de), prêtre, 59.
— (Philippe de), lieutenant du prévôt de Chaumont, 58.
Villiers (Jean de), 9.
Villiers (Guillaume-Athanase Tassin de), 37, 47.
Vinet (Henry), syndic de Marquemont, 166.
Wargnier (Pierre-Marie), 230.
Wattebled (J.-B.-Marie-Nicolas), 53.
— (Nicolas), maire de Boutencourt, 51, 52.
Wenkstern (Jeanne de), comtesse d'Alopeus, puis princesse Lapoukhyn, 37, 38.

LISTE DES GRAVURES

HORS TEXTE.

 |Pages.
---|---

1. BACHIVILLIERS. — III. - Epitaphe du cœur d'Antoinette de Gaudechart, 1550.................................... 6

2. BOUCONVILLIERS. — XXI. — Fondation par le prieur Jean Liégeault, vers 1570 20

3. COURCELLES-LEZ-GISORS. — LXXXVII. — Pierre tumulaire d'Etienne Bertran, curé de Courcelles, 1413. (Dessin de M. J. Le Bret.)................ 76

4. PARNES. — CCXIV. — Encadrement de l'inscription tumulaire de Jean Legault, 1521. (Dessin de M. L. Fort.).... 180

5. SERANS. — CCXXXIV. — Partie supérieure de l'épitaphe de Jean Roussel, 1514. (Dessin de M. J. Le Bret.).. ... 200

6. LA VILLETERTRE. — CCLXXVII et CCLXXVIII. — Médaillons de MM. Lemoyne de Bellisle et des Courtils, xix⁰ siècle. (D'après des photographies de M. Lamaury.). 234

7. CHAUMONT. — LXXXIV. — Pierre tumulaire de Jean Christian et de Jeanne, sa mère, 1328. (Dessin de M. J. Le Bret.)..................:............................ 251

BEAUVAIS, IMPRIMERIE D. PÈRE. — A. CARTIER, GÉRANT.

www.ingramcontent.com/pod-product-compliance
Lightning Source LLC
Chambersburg PA
CBHW071420150426
43191CB00008B/988